赋能合伙人

EMPOWER EXECUTION

谢东记 ◎ 著

当代中国出版社
Contemporary China Publishing House

2020年·北京

图书在版编目(CIP)数据

赋能合伙人 / 谢东记著 . -- 北京：当代中国出版社，2020.5
ISBN 978-7-5154-1020-3

Ⅰ．①赋… Ⅱ．①谢… Ⅲ．①合伙企业－企业制度－研究 Ⅳ．① F276.2

中国版本图书馆 CIP 数据核字（2020）第 038523 号

出 版 人	曹宏举
责任编辑	陈 莎
策划支持	华夏智库・张 杰
责任校对	康 莹
出版统筹	周海霞
封面设计	回归线视觉传达
出版发行	当代中国出版社
地　　址	北京市地安门西大街旌勇里 8 号
网　　址	http://www.ddzg.net　邮箱：ddzgcbs@sina.com
邮政编码	100009
编 辑 部	(010) 66572264　66572154　66572132　66572180
市 场 部	(010) 66572281　66572161　66572157　83221785
印　　刷	三河市国新印装有限公司
开　　本	710 毫米 ×1000 毫米　1/16
印　　张	16 印张　240 千字
版　　次	2020 年 5 月第 1 版
印　　次	2020 年 5 月第 1 次印刷
定　　价	48.00 元

版权所有，翻版必究；如有印装质量问题，请拨打（010）66572159 转出版部。

推荐序一

"没有成功的企业,只有时代的企业。"每一个时代都有其必须遵守的经营机制,走对了路,企业自然容易成功。对于当下的企业来说,执行合伙人制度就是时代的选择,海尔已经率先走上了这条道路,成为以合伙人制度为基底的平台企业。企业要想快速适应时代的变化,必须摒弃旧的管理制度,建立新的合伙人制度。我推荐《赋能合伙人》因为它呈现了最系统、最结构化、最具准确性的合伙人机制。这本书是最近几年同类书中的翘楚。书中通论合伙人制度的搭建轨迹与方法,案例鲜活,极具参考价值,且通俗易懂,专业术语通俗化,晦涩数据生动化。作者谢东记是一位在企业经营管理学方面颇有建树的学者,其独创的"赋能式合伙人"理念已经在多家大型企业得到实践,并取得成功。如果你希望企业从原来"制造产品的加速器",变成"孵化创客的加速器",本书就是你必须要深入阅读的。

中国实学研究会副会长、中储粮培训中心总经理 杨建国

推荐序二

"用工荒"的现实困境和挑战,迫使企业人力资源工作者转变思维模式和管理模式。从成本管理转向产出管理,再进入人力资本投资管理,这将成为中国人力资源管理的转型路径。人力资本投资不仅要投入钱,投入政策,更要投入心、投入情,让制度理性和领导艺术软硬兼施。而要实现上述目的,需要为企业建立起合伙人制度的整体框架,在此基础上规划管理意识,打通管理障碍,升级管理方式,最终实现"人才队伍战略化,人才管理体制战略化,人力资源部门能力战略化"。《赋能合伙人》一书就是帮助我们建立合伙人制度的重要参考,该书结构新颖,脉络清晰,观点独特,基于合伙人制度的前尘与现状,再从概念、模式和标准直线切入,辅以激励,实现最终落地,最后结合对法务的了解,让落地真实有效。

特买网总裁兼特买大学校长、四川大学商学院
第四届教学委员会委员　刘毅

| 推荐序三 |

北大纵横的合伙人体系是怎样建立的？

从1996年到2016年的20年间，北大纵横完成了5次创业，就像美国总统选举一样，4年一次。数次创业不是被动地推倒重建，而是主动地从头做起，寻求更加优胜、更加符合时代发展的经营模式。正因如此，北大纵横逐渐成为知识领域的老大，得到了应有的尊重。

作为北大纵横的领军者，我是自豪的——企业活了20年，成了行业翘楚，也是国内首屈一指的自主创新性企业。

如果说做企业的第一轮创业是解决生存问题，那么第二轮创业就应该谋求发展，北大纵横也是这个路径，只不过在第二轮创业中加入了一点其他因素——合伙人体系，北大纵横的第二轮创业要在解决合伙人体系问题的基础上谋求更大的发展。

这个过程无疑是艰难的。2000年的国内商业环境并不具备合伙人制度生存发展的土壤，只得到国际上寻找机会。北大纵横将标杆定位为五大国际级咨询公司，然后利用一切途径了解他们的合伙人体系是如何建立的，他们的管理模式是怎样构建的，他们的总部与各个国家之间的关系……通过不断地借鉴与学习，北大纵横不仅摸索出了属于自己的合伙人之路，还有意识地在中国播撒下合伙人制度的种子。

《赋能合伙人》一书将合伙人体系相关内容娓娓道来，蕴含非常深刻的理论认知，所举案例直接而透彻，能够直击问题本质，详尽而深入地将合伙人制度建设过程中的难点、易错点、乱象点和规避点全部讲述清楚。将这些"点"一一击破之后,就会发现合伙人的影响力与合伙企业的高效性已经呈现。

这不是一本简单的合伙人制度的论述著作,而是一本能够帮助各行业、各阶段、各类型企业家快速构建起最高效、最稳固、最符合时代发展的合伙人制度的宝藏。

中国著名管理学专家、北大纵横管理咨询集团创始人　王璞

目录

前言

现状篇

合伙人制度兴起的时代背景
科技走在时代之前 / 2
思维激变引发社会变革 / 6
人才管理的重重困境 / 12
劳资关系的力量翻转 / 19
只有两种制度可以选择 / 23

案例篇

合伙人制度是历史的留存
合伙人制度的萌芽及发展 / 32
合伙人制度下的互联网企业 / 41
合伙人制度下的非互联网企业 / 53

概念篇

合伙人制度的基本概况
合伙制的定义及特点 / 64
合伙制企业的独特性 / 70

合伙人机制适用的企业类型 / 74

　　企业发展阶段与合伙制的选择 / 78

　　最强合伙制模式 / 82

模式篇
合伙制模式与合伙制理念的高度匹配
　合伙人类型的选择 / 88

　合伙制的三种基本模式 / 90

　合伙制的四种分享模式 / 93

　合伙制的四种共担模式 / 96

标准篇
合伙人制度的机制设计
　实施合伙人制度的关键点 / 102

　合伙人的基本条件 / 104

　合伙人的进入标准 / 107

　合伙人的运行标准 / 115

　合伙人的退出标准 / 123

　合伙人的监督标准 / 132

激励篇
合理激励确保合伙人制度的顺利实施
　合伙制激励的类型 / 136

　合伙制激励的模式 / 141

　股权结构合理划分 / 149

　"股权池"与股权成熟模式 / 159

　股权激励的八种类型 / 162

　股权激励的八大要素 / 169

股权激励相关：几种股权行为激励企业前行 / 178

落地篇
合伙人制度的实操保护
定方向：以未来走向为企业发展奠基 / 184
定机制：四项必要机制强化合伙人制度实施效果 / 190
定保障：五项终极保障让合伙人制度顺利落地 / 193
优支撑：天时、地利、人和，强渡终极难关 / 198

法务篇
合伙人制度的法律问题与风险控制
股权划分中的股东问题 / 202
合伙人制度的章程问题 / 207
合伙人制度的财务问题 / 211
合伙人制度的税务问题 / 214
合伙人制度中的HR问题 / 217

实践篇
通过案例分步解析合伙人制度
某创业企业合伙人模式设计 / 224
某成长企业合伙人模式设计 / 227
某成熟企业合伙人模式设计 / 233

参考文献 / 238

后记 / 239

前 言

合伙人时代,得合伙人者得天下

雇佣时代已经结束,合伙人时代已经到来!

距离第一次看到这句话,有20年了。当时的感觉是什么呢?无感!因为在雇佣制盛行的时代里,就有人说雇佣制就快消亡了,犹如痴人说梦一般。接下来的日子里,我又在一些经典书籍和一些商界大咖那里看到或听到类似的言论。

我提醒自己:必须要注意了,这其中一定具有重大意义。

正是这份留意,牵引我逐渐走上了与企业家为友、与经营者为伴的生涯。在不断地学习、探索、精进的过程中,我也成了"雇佣时代已经结束"的坚定拥趸。而且,这句20年前的言论,到今天更能够盖棺定论了。

不可否认,虽然当下合伙制、合弄制、阿米巴等新兴组织已经风靡天下,但这个结论仍然会遭到反对。因为不但有雇佣制转合伙制的企业产业,也有合伙制转雇佣制的企业开始出现(如黑石公司),依然有人只看到表象——"谁说雇佣时代结束了,不是还有那么多大小企业是雇佣模式吗?"的确是这样,但我想问一句:这些雇佣制企业的现状如何?是蓬勃向上吗?能引领未来吗?是被学习的对象吗?

在回答这几个问题之前,来看一组对比:

```
A 企业            B 企业
过程控制 ⟷ 结果导向
等价交换 ⟷ 不断成长
制度监督 ⟷ 愿景使命
奉命执行 ⟷ 积极参与
服务命令 ⟷ 共担风险
接受创新 ⟷ 共力创造
限制利益 ⟷ 共享收益
薪酬预期 ⟷ 薪酬突破
```

这八组对比，左边纵列是一个整体（A企业），右边纵列是一个整体（B企业），现在开动"小宇宙"，对比左右两列，看看A与B两家企业，哪家的前景更光明？如果两家企业是竞争对手，谁将是胜利一方？

这是一项很专业的调查，调查的对象包括知名企业家、普通经营者、创业者、在校大学生、高级白领、一线蓝领、销售人员、研发人员等。得到的答案非常一致，100%的人都认为B企业有光明的前景，且必将击败A企业。

A企业就是现存的雇佣制模式的代表，B企业是合伙制企业的一员。A企业纵列的八项就是雇佣制企业模式的常规状态，B企业纵列的八项则是合伙制企业模式下的常规状态。

可以看出，在合伙制时代到来之前，雇佣制的八项也非常不错，能够有效控制过程，与人才形成等价交换，制定出高效的制度和监督体系，具备执行性和服从性，不排斥创新，限制利益能控制收益情况，给予员工符合预期的薪酬。如果一家企业正确地做到这些，定然不会失败。

但是"货比货"之后呢？雇佣制遭遇合伙制，雇佣制原本的优势就荡然无存了，还会在层层对比中尽显劣势。

结果导向代替了过程控制，但过程的严谨度不降反升；

人才从"付出劳动换取酬劳"变成"不断成长提高价值"，这是本质上的跃升；

雇佣制下的企业制度与监督措施是两根束人的"绳子"，合伙制下的愿景与使命则是两道耀眼的"光柱"；

当奉命行事的被动性变为积极的主动性，提升的不仅是执行力，还有责任感、服从性和忠诚度；

对命令的服从是无奈的选择，对风险的共担则源自内心的选择；

从不排斥创新但也不主动创新，到力求创新和合力创新，表面看是创新动能的改变，实则是个体内在的蜕变；

从员工的收益被限制，到企业的收益被限制；

从员工的收益可预期，到员工的收益可突破。

很显然，在实施合伙人制度后，企业从流程掌控、人才延揽、执行力度、创新能力、风险控制、收益分配等各方面均优于雇佣制企业。无论"单独对战"还是"组团火拼"，雇佣制企业都落于下风。所以，一家高效的雇佣制企业或许不会失败，但在合伙制的时代也无法触及成功的天花板；但一家优质的合伙制企业不仅会远离失败，还会突破成功的天花板，迎来更加美好的未来。

这就是合伙人时代下合伙制企业的优势。如果一家企业从成立之初就采用合伙人制度，就相当于出生在罗马；如果一家企业在经营过程中果断转舵采用合伙人制度，相当于选择了最近路径奔向罗马；如果一家企业在兜兜转转之后才不得不采用合伙人制度，则相当于绕了一大圈才走上通向罗马的正路；如果一家企业拒绝采用合伙人制度，那我只能说，这样的企业永远没机会到达罗马，终将为"任性"付出代价。

总而言之，在这个时代，得合伙人者得天下！

那么，究竟什么是合伙人制度？这个问题不是一段前言就能解答的，需要接着往下看，我们将一点一点揭开它那并不神秘的面纱！

现状篇

合伙人制度兴起的时代背景

任何新兴事物的出现都离不开大环境,只是某些因素在必要的时候起到了催化作用,成了改变大时代的特殊背景。对于合伙人制度来说,科技发展、思维蜕变、雇佣关系等诸多因素,都是组成特殊背景的"X因素"。

科技走在时代之前

科技与时代，谁走在前面？

答案有两个："时代带动科技"或"科技引领时代"。要回答这个问题，需要从现实状况入手。

一项科技的诞生，往往能改变现有的生活方式。1993年，问世了世界第一款智能手机IBM Simon。到了2007年，第一代iPhone发布后，智能手机彻底改变了世界。曾经不敢想的神奇，如今成了不稀奇的常态。

当人类的生活方式有了颠覆性改变，就说明新时代到来了，而任何"以新替旧"都是拜科技发展所赐。所以，"科技引领时代"是正确答案，科技永远走在时代之前。当科技发展到一定程度，必有新兴模式代替旧有模式。

一、"工业4.0"时代

"工业4.0"就是"第四次工业革命"（或"第四次科技革命"）的网络化表达。2013年4月7日至11日，在德国汉诺威举行的工业博览会上，"工业4.0"概念受到极大关注。舆论认为，作为工业领域的全球领先展会，汉诺威工业博览会推动并认定了"第四次工业革命"。

其实早在2006年，德国政府就通过了《未来项目——"工业4.0"》。不仅是德国，世界上主要国家都在提前布局"工业4.0"，抢先为本国经济发展铺路。这不是"炫技"，而是强压力下的未雨绸缪，因为在科技发展日新月异的今天，一朝落后可能意味着长期落后，到时候再追赶就相当不易。

既然有第四次，就一定有第一次、第二次和第三次，那么，前三次科技革命都带来了哪些领域的显著变化呢？

第一次工业革命开创了"蒸汽时代"（1760~1840），标志着农耕文明向工业文明过渡，是人类发展史上的奇迹时期。

第二次工业革命使人类社会进入了"电气时代"（1840~1950），石油成为新能源，电力成为新动力，钢铁成为新载体，重工业兴起，交通迅速发展，形成全球化的国际政治、经济体系。

第三次工业革命引领人类社会进入了"信息时代"（1950~2020），全球信息资源交流更迅速便利，全球化进程显著，世界政治经济格局进一步确立。

前三次工业革命累加起来只有260年，但人类发展进入空前繁荣时期，只是代价巨大，旧能源和不可再生资源过度消耗，生存环境破坏严重，生态成本急剧增加。在科技持续发展和旧经济体系亟待改变的共同作用下，"第四次工业革命"不可避免地到来了。

"第四次工业革命"也称为"绿色工业革命"，是以人工智能、机器人技术、虚拟现实、量子信息技术、可控核聚变、清洁能源、生物科技为技术突破口的工业革命，是绿色要素投入的技术跃迁，并将最终惠及整个人类。

"工业4.0"的实现基于"网络物理系统"的出现。网络物理系统将通信的数字技术与软件、传感器和纳米技术相结合。与此同时，生物、物理和数字技术的融合将改变我们今天的世界。

这时，你是否看出工业革命的本质？人类本身依靠科技发展制造出非人类的产品来替代人类工作，既能减轻人类工作量，又能提高工作效率（见表1-1）。

表1-1 工业革命的替代属性

工业革命序号	对劳动力的取代（体力）	对劳动力的取代（脑力）
第一次工业革命（蒸汽）	小部分	X
第二次工业革命（电气）	大部分	X
第三次工业革命（信息）	X	小部分
第四次工业革命（智能）	X	大部分

注："X"代表未发生。

从"工业1.0"到"工业3.0"，中国不是落伍者就是边缘者，没能跟上时代的步伐。但到了"工业4.0"，我们第一次与时代并轨了，与发达国家站在了同一起跑线上。这是中国的机会，更是中国企业的机会。

以华为等一批高科技企业为首的中国企业，不仅参与了"工业4.0"，还成了某些领域的科技排头兵，"中国制造"不仅再次被点亮，还成为掌控者。

作为中国企业，不仅要积极掌握科技发展的新路径，也要准确把控企业经营的新模式,实现从科技到经营、从创新到管理的全方位跃迁。为适应这种跃迁,企业必须从根本上转变经营理念,打开合伙人的大门,制订合伙人的制度。不论你愿不愿意实施,都必须实施、尽快实施、彻底实施。

二、高科技,也是高压力

曾听人说:"现在是高科技时代了,生意好做了,不像以前,想和客户建立联系都不容易。"

看起来这是一句正确的话,科技在助推时代发展,那么裹挟于时代洪流中的企业也在受科技的助推。有了外在的推动力,企业前行的动能也将增大。但是,相对论在此时发挥了作用——相对于推动力的增加,前阻力和后拉力也会增加。

这种阻力和拉力通常也来自高科技,所谓"成也萧何,败也萧何"。高科技加持的不只是某家企业,而是所有企业,至于能否被加持上或者加持了多少,由企业自身的综合状况决定。但在同受加持的情况下,哪家企业对高科技响应及时、领悟到位、布局更早,哪家企业收效就会明显,也就有更大的机会突出重围,成为领军者。

在这种情况下,高科技就演变为高压力,任何企业都希望自己是高科技加持的宠儿,而非弃儿。这就需要加快脚步往前赶,就像华为作为世界通信领域的后起之秀,如今已经成为该领域的绝对龙头,成了别国政府的"眼中毒钉",但更成了全世界所有想尽快享有 5G 成果国家的"必备首选"。

华为的成功不是任正非一人的功劳,而是全体华为人不断努力的结果。在华为,无须号召,更不用动员,大家就会"撸起袖子加油干"。因为华为实行的是合伙人制度,任正非作为华为公司总裁,只占有 1.4% 的股份,更大的利益都分配给其他的华为人。

有了利益,人就有动力;有了动力,人们才愿意主动思考。在世界通信仍是 2G 的时代,华为人就开始思考 5G 了。之所以要跨越时代,就是因为科技飞速发展,稍有迟缓就会落后。华为人将压力变成动力,脚踏实地地在实现高科技这条路上走出了属于自己的道路。

三、人力资本和物资资本博弈的结果

在经济学家眼中,社会上有两类资本:一是物质资本(Physical Capital);

二是人力资本（Human Capital）。

物质资本是指长期存在的生产物资综合而成的资本，如厂房、设备、建筑物、运输工具和运输设施等。

人力资本是体现在劳动者身上的资本，例如，劳动者的知识技能、文化水平、技术能力、健康状况等。人力资源永远以人为转移，不随产品的流动而转移。想要获得人力资本的方式只能是人力投资，且投资比例与所得资本比例成正比。

人力资本与物质资本的本质区别，在于边际报酬形态的差异。物质资本随着资本应用的深入，其边际报酬呈递减趋势；人力资本则随着资本应用的深入，其边际报酬呈递增趋势。这种区别由人力资本和物质资本的本态所决定。比如一幢厂房或一台设备会随着使用年限的增加而老旧，资本价值必然折损，而一个技能水平一般的人，随着工作年限的增加，其技能水平一般也会相应提高，这表示这个人的人力资本价值提高了。

在传统的产业经济中，物质资本占据主导地位。获得的物质资本多，企业就很容易做大，也会促使其获得更多的物质资本，这是良性循环。

但随着知识经济的到来，人力资本的作用变大了，不论在数量上还是收益上都越来越快地拉开了与物质资本的差距，在经济发展中占据主导地位。

其实，人力资本的地位跃升不是一蹴而就的，更不是和平过渡的，而是在与物资资本的博弈中逐渐形成优势的。而引起人力资本地位上升的根本就在于科技的飞跃和对知识的重视。随着市场规模扩大，专业化分工程度持续深化，金融市场效率不断提高，物质资本越来越容易被复制，而人力资本很难被复制，高科技人才和创新型人才成为宝中之宝。

如今，企业的组织形式取决于物质资本和人力资本的搭建关系。如果一家企业是以人力资本为主，那么该企业必将或已经走上了合伙制之路，因为只有合伙制企业才能最快速地延揽人才，最具温度地留住人才，最大限度地使用人才。

在一家合伙人经营的企业中，人力资本会对企业文化的影响见图1-1所示。

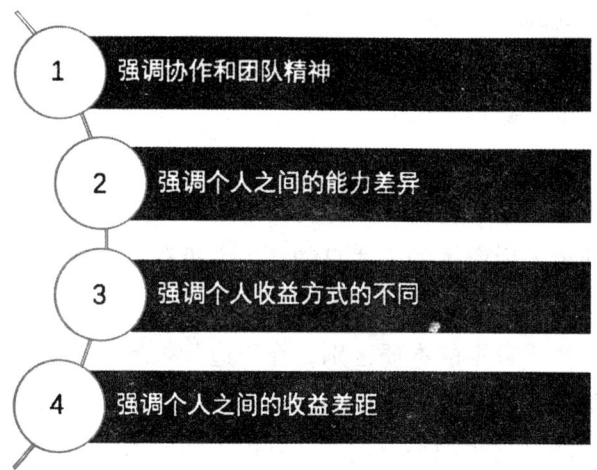

图1-1　人力资本对企业的影响

思维激变引发社会变革

在本书开篇,我们探讨了科技发展对于时代变革的重要意义。其实,科技发展的另一个结果是对人们思维方式的改变。

随着互联网的兴起,人们的生活发生了翻天覆地的变化,一条过去看得见、如今看不见的网络,将人们从单独个体追逐引领到合作、共生、并进之中。无论是否跟得上时代变迁的步伐,一种难以言表的焦虑正在社会中弥漫,那是一种怕被时代淘汰的焦虑。

在风起云涌的互联网大潮中,智能的浪头又迎面拍来,且更加汹涌,更具颠覆性。看看周边的事物,不断地被智能机器取代,一代新技术还未被熟悉,下一代又铺开了,更新的一代已在路上;再看看周边的人群,无不被智能机器改变着早已形成或刚刚形成的思维方式。如今的世界,不变的只有"不断的变化"。

于是,我们不可避免地形成一种全新的经济概念——知识经济。知识,从过去的高端事物降落为基础事物。在思维中形成"知识为主"的理念,对个体或整体都有好处。不过这需要思维上的革新，从本质上认清知识的重要性。

最后再说一种从人类社会诞生起就具备的精神——共享精神。彼时的共享与当下的共享不同，已由表象深入到本体，由被动升级为主动。这是时代的必然，也是思维突破的结果。

下面，我将从互联网时代的焦虑、智能机器的普及、知识经济的兴起、共享精神的突破四个方面，阐述当下人们思维的巨大变化，以及这种思维变化下的企业经营方式的改变。

一、互联网思维引发的焦虑

互联网焦虑症，你听说过吗？随着互联网时代的深入，互联网思维迸发出巨大的能量，但也带来了巨大的压力。这种压力在推动商业模式发生巨变的同时，也推动了人类思维的一次大转变，而谁转变得不够及时和彻底，谁就将被请下高速前行的时代列车。

作为企业的管理者，对这种转变的感受可以用"窒息"来形容。在互联网面前，传统的一切东西都被重构了，商业大环境也变化显著。传统企业产生了前所未有的恐慌，而新兴企业虽然迎来了史无前例的良机，却也看不清楚方向。

明明感觉机会近在眼前，却不知该怎么抓住；

已经预感了危险的步步紧逼，却看不清楚敌人是谁；

消费需求快速变革，但消费者越来越看不懂了；

曾经的经验几乎用不到，未来的经验到哪里积累？

"渠道为王"中的"渠道"仍然在，但"王"的地位没有了，钱该花到哪里呢？

……

以上并非全部，但由此足以看出互联网引发的焦虑症有多严重了。而且如同流感一样，这种焦虑蔓延得很快，但能找到特效药的人少之又少。

过去，必须变革，未来，又看不清。由于人类劣根性的存在，以及对技术变革的未来不可预知和无助感，人们对变革式的新技术有一种本能的抵触，尤其是当这种技术变革可能对个人事业和企业经营构成冲击时。

但是，总有一小部分人勇敢地站出来，率先了解新概念，解构新事物，搭建新思维，重塑新模式，将企业从被颠覆的不利局面中拉出来，成为颠覆者。

为了更好地消弭互联网引发的焦虑，企业进行合伙制改革是必要之举。传统靠一个人应对互联网巨变的情况，将因为合伙制的实施变成 N 个人群策群力。这时你会发现，互联网思维其实并没那么深奥和难以捉摸，当每个合伙人都贡献出自己的智慧时，轻易就能搞定了。

二、智能技术的普及

前不久，在某网站看到这样一个问题：当智能化承包了人类的衣食住行之后，人类的思维会发生什么变化？

回答者纷纷提出自己的见解。在阅读完人们的答案后，我深受启发，也深感人工智能对我们生存环境的影响巨大。下面我就说一说对智能机器普及的一些看法，以及由此引发的企业变革的一些思考。

当微信、微博改变了我们的社交方式，当各类新闻 App 拓展了我们看世界的视角，当网购平台一次次刷新着我们的购物方式，我们已经很清楚——智能技术，已经渗透到我们生活的点滴之中，由细微到宏观地改变着我们的方方面面。

随着我们对人工智能愈加依赖，我们的思维模式和行为方式已在悄然间被改变了。

曾经的网购流程是：有了购买的商品意向，到平台上选择商品，再将商品装进购物车，然后到购物车中仔细筛选，最后下单购买。这是完全的互联网模式，是基于网络建立起来的买卖方式。

如今的网购流程是：想要买什么东西，先到平台上随便搜一搜，而平台的预测库存技术可以基于用户需求（购买记录或搜索历史）进行智能推荐，随时敲击着我们脆弱的"省钱神经"。亚马逊的 Alexa（智能个人语音助理）和 Echo（智能音箱）可以直接吩咐 Alexa 代办。这就是人工智能，机器可以代替我们进行常规化思考，甄别出我们的需求，并最终实现我们的需求。

当下的思考形式还是常规化的，因为人工智能还处于起步阶段，如何更好地为人类服务，需要一步步摸索。但即便如此，人工智能的发展与推广应用，仍然极大地改变了人类思维方式，以至于大众的某些行为也随之发生了变化。

如今，我们已逐渐习惯日常生活中的人工智能，甚至期盼人工智能更快发展，尽快改变生活现状。比如，年轻人已经从适应"无现金"到认可"无现金"。但"无现金"也一定不是终局，还会有更智能化的技术出现，一批批地淘汰着今天的"方便"和"快捷"。

智能化是时代发展的必然，智能化也是高科技企业与时代接轨的最好标识。那么，打造智能化与享受智能化，不能只是高科技的、大规模的、顶尖级的企业，所有身处这个时代的企业都应该是参与者和创造者。

想要在这杯羹中分到尽可能多的一份，需要企业从最深处进行改变。那么能将企业引领上变革之路，并将变革彻底转化为价值的，是企业管理方式的赋能型变革，即合伙人制度替代经理人制度。

"一朝合伙人，终生责任人"，这是对合伙人很恰当的概括，因为要为企业生存发展担负起不可推卸的责任，也才甘愿拿出自己百分之百的能力和付出百分之百的努力去履行自己的职责，这种超强的责任感和工作态度是非合伙人制度下的企业人员所不具备的。

尤其在当下"一日三变"的智能时代，一家企业如果没有群策群力的智慧来源，是不足以应对时代的需求，所以有人说"合伙人制度的诞生是科技催生的"。

三、知识经济的兴起

1996年，西方国家组成的经济合作与发展组织（简称"经合组织"）发表了题为《以知识为基础的经济》的报告，其中首次出现了"知识经济"的概念，并将其定义为"建立在知识和信息的生产、分配和使用上的经济"。

这一定义得到了人们的广泛认同，它表明人类社会正在步入一个以知识资源为基础，以脑力劳动为主体，以现代科学技术为核心的，全新形式的生产、分配、消费的新经济时代。

知识经济作为一种新的经济形态，是对经历了200余年发展的工业经济的超越和创新，具有一系列崭新的特点。

1. 知识经济是以新科技革命为依托的信息化经济

它打破了过往工业经济时代企业的发展和繁荣取决于资源、资本、硬件技术规模的限制，将知识和信息的积累及利用作为追求发展的内在驱动力，从片面追求产品技术极致化和数量规模最大化，到强调产品的数字化、网络化、智能化。

2. 知识经济是以高科技人才为核心的人才经济

企业的竞争从规模化过渡到精致化，对人才的发掘和使用也有了新的认识，那些具备高技术能力、高素养加持的人才成为企业争夺的焦点。

3. 知识经济是一种全面创新的经济

创新已不局限于简单的技术层面，而是建立在最新高科技成果基础上的、在一系列新兴领域的开拓与创造。

4. 知识经济是促进人与自然相互协调、可持续发展的经济

曾经的发展是以破坏人类生存环境为代价换取的，虽然是不可持续的发展模式，但受限于不够发达的科学技术，只能以空间和环境换取时间与发展。在高新科技逐步成熟之后，企业发展与维护环境之间已经能够协调，比如新兴的新材料科学技术、有益于环境的高新技术（此两种来自联合国组织的分类），就是通过对环境的保护与修复而出现的新技术领域。

5. 知识经济是真正意义上的全球一体化经济

因为全球信息网络的开通，以及新技术的持续发展，全球信息资源共享成为现实，并被人类社会充分利用。

此外，知识经济的全面兴起，必将对人类社会的经济生活、政治生活及思维方式产生深远影响。具体的影响如表1-2所示。

表1-2 知识经济对人类生活的影响

序号	大方面	分支
1	知识经济的兴起使原有的生产力要素发生了根本性变化	劳动者由"体力型""技能型"转化为"科技型""知识型"
		由依靠物理机械原理制造的普通机器，升级为依赖高科技原理制造的智能化机器
		人工合成材料和复合材料取代自然资源制成的材料
2	知识经济的兴起使原有的资产形态发生了重大转变	工业时代注重对有形资产的投入，如货币、设备、厂房、能源等；知识经济则以无形资产投入为主，将智慧资本（知识资本化）作为企业成长的基础

续表

序号	大方面	分支
3	知识经济的兴起促使经济增长方式发生了根本性转变	工业经济时代,经济增长取决于实际物品、劳动力成本、资源状况、资金流动等;知识经济时代,经济增长取决于知识和信息的有效积累与利用,取决于科学、技术、管理等因素的转化程度,取决于人力资源效能的充分发挥和创新能力
4	知识经济的兴起使人们的思维方式、价值观念发生重大转变	形成与当今世界发展图景相适应的全方位开放意识,彻底突破原有的、潜在的封闭或半封闭限制
		形成与自然界协调发展的新观念,尊重自然和环境的价值,做到有力保护和及时补救
		创新意识大大增强,创新意味着生存、发展,否则定会被淘汰出局
		高等教育意识和高科技意识不断增强,未来个体的差距将由知识层级决定
		资源观念发生深刻变化,未来个体的发展很大程度上取决于对有效信息的获取、处理和运用能力
		社会价值观发生深刻变化,智慧资本作为一种无形资产迅速升值,拥有更多知识的人获得高报酬的机会大大增加
5	知识经济的兴起将进一步推动全球社会的整合	新技术的产生开辟了十分广阔的新产业领域,将进一步加速全球多极化进程。任何国家都可以利用自身智力资源在某个领域率先取得突破,在世界大市场中占据有利地位
		技术垄断时代一去不复返,各国在各自拥有优势的技术领域实现相互合作、优势互补,以寻求共同发展

总之,面对知识经济的巨大冲击,作为企业经营者,既要正视发展的客观事实,又要把握时代为我们提供的历史机遇,做一个拥抱变革、积极变革、引领变革的新时代企业家。

四、共享精神的突破

在讲述了智能技术与知识经济之后,我们很自然地想到"共享"。因为越来越多的现象已经说明,科技的发展已经让曾经的幻想变成了现实。就近看看我们生活的社区,虽然没有太"科幻",但也被科技改造得智能化了,让生活变得更有温度,也更有速度。

比如，买菜做饭没有心情，可以点开各类外卖 App 选购，各类美食应有尽有，并且送货上门，保证时间。

比如，希望自己出门便利，"最后 500 米"不再小步慢行，共享单车就在小区门口，免押金，蹬上就走。

比如，感觉身体哪里不舒服，但还没有到非去医院不可的程度，可以登录健康类 App，不用花一分钱，就可以与名医直接对话。

比如，上班走了，车位空置，而其他车辆又因为找不到车位而苦恼，就可以在相关平台上发布车位租赁信息，为自己挣一笔外快。

比如，家处风景区，房屋有空闲，何不将家进行一番装饰，在旅游类平台上发布出去，成为民宿中的一员，等着接待与你有缘的人。

……

以上是共享行为与共享经济，以及由此衍生出的共享精神。作为当代人，具备共享精神才能获得与成功握手的机会。而作为当下企业的经营者，具有共享精神更是重中之重，不仅要懂得利益共享，还要大度地将权利进行共享，这就是合伙人制度。

人才管理的重重困境

在任何时候、任何情况下，人才都是被争夺的对象。于是，"人才争夺战"和"人才保卫战"每时每刻都在上演着。大企业也好，小公司也罢，都围绕人才做文章，千方百计地为吸引人才和留住人才而角力。

在这场看不见的战争中，虽硝烟弥漫，实际效果却未必如愿，于是一些企业经营者困惑了：怎么我为人才做了这么多，可留给我的是突不破的困境呢？

为了人才不惜血本，导致用人成本增加了，可企业并未因此受益。

"人才战"如同"价格战"，都采用给人才开出优厚条件的方式竞逐，最终效果复归于零。

不参加"人才战",企业就面临无人可用的尴尬局面,发展必将停滞。

非理性的"人才战"最终导致人才愈多、企业愈小的"尾大现象",令企业叫苦不迭。

以上就是企业人才管理的重重困境。作为企业经营者,你与人才是怎样的关系呢?是否也如此进退两难,却又无法改变?

下面,我们针对各种困境进行详细解读。

一、需求旺盛,人力成本增加

"哎,现在招揽人才难啊!需要拿出更多的筹码才行。"

这是一位经营企业的朋友,对当下人才难求的感叹。不可否认,他的感叹是有道理的,人才就是难以得到的,容易得到的通常只能叫人手,不能叫人才了。

我问:"你觉得拿出多少筹码才能吸引到你想要的人才?"

他答:"待遇大幅提高,其他福利也可以上调。"

他是这么说的,也是这么做的。作为一家制造型民营企业,正处在快速发展阶段,前景非常好,他有这个资本。

招聘对象是中高层管理人才,招聘目标是同行业跨国公司人才。但这并不容易实现,小企业挖角大角色,第一道关就是薪资福利,还好他早就有所准备,开出的薪水约是候选挖掘对象现有年薪的 1.3~1.6 倍,福利也较之前有了大幅提高。果然如他所料,人才如期而至,一支高水平的人才队伍组建起来了。

下一步就是让人才们发挥能力,让企业实现更快发展了。但是,接下来发生的事情,却有些让人措手不及。

有了人才的加持,企业的经营驶入高速轨道,销售利润也大幅增加,人才确实发挥了作用,朋友一度为自己的"不惜代价"而高兴。但高兴之后的现实情况是,企业并未因此壮大,反而有萎缩的征兆。

这种局面的确令人很沮丧,是不是人才数量不够,没能拉动企业?曾经没有高端人才辅助,企业大踏步发展,有了高端人才之后,反而变成了原地踏步。那么,问题一定出在人才这里,却不是人才数量不够,而是给人才的支出增加了企业的运营成本,同时也收窄了企业的发展空间。

"在给予招揽的人才高薪后,有没有给其他核心员工提高薪酬?"

"一开始没有,因为怕增加人力成本。后来为了稳定人心,根据岗位性质,还是普遍上调了薪酬,幅度在5%~25%。这部分支出很大的,需要提高销售利润才能抵消。"

"那么,销售利润抵消了用人成本增加的部分吗?"

"勉强吧!所以,后来就通过加强绩效管理来解决这个问题。因为没有别的办法,可是给员工造成了不小的压力。为了安抚人心,在绩效管理加强的情况下,又一次提高薪酬,没有上次那么多,但已属无奈之举了。"

"如此一来,你们企业的人力成本就相当高了,这种情况下,再强的人才也难以做到强行拉高利润吧!更关键的是人力成本最后会转嫁到消费者身上,凭什么让客户为你的人才措施买单?招揽人才的目的本应该是降低销售成本,提高市场竞争力,为员工和用户带去更大的利益,如今适得其反了,到了必须要反思的时候了。"

通过这段对话,我们能够明白"吸引人才"和"用人成本"之间的对立关系。想要获得人才,就必须提高用人成本,而企业经营过程中任何成本的增加都是一种负担,尤其是这种尚未实现发展就先消耗支出的情况。

这是雇佣制企业面临的相当沉重的现实,很多企业在用人成本增加的同时,并未实现生产效率的同步提高。如果在竞争激烈的情况下,贸然提高产品售价(将用人成本转嫁给消费者),必然会导致企业竞争力的下降。当企业失去竞争力后,又能有多少资本去用高成本支出来留住人才呢?

二、参与"人才战",后果堪忧

打赢任何一场战争,都需要经济实力压阵,"人才战"也是如此。想要获得人才,增加对人才的投入是必要的,但投入的大小考验着企业经营者的神经。就像上一节的案例,给得多了,人才的确能来,却在一定程度上阻碍了企业的发展。

在美国职业篮球联赛(NBA)中有一支球队——休斯敦火箭队,他们一直有一颗总冠军的心,从当年状元秀选中姚明,与特雷西·麦克格雷迪组成

"姚麦组合",到2017年高薪签约克里斯·保罗,和詹姆斯·哈登组成"灯泡组合"。

火箭队毫不吝惜地给巨星提供顶薪,2018年同33岁的保罗签署了一份4年1.6亿美元的超级合同,为此彻底锁死了球队的薪资空间。但球队的成绩不升反降,2017年进了"西决",2018年折戟西部半决赛,外界对保罗这份合同的质疑声逐渐增强,认为火箭队用顶薪签了一位"养老巨星"。

2019年夏季,火箭队想要扭转"巨星抢夺战"失败所造成的不利局面,但保罗的大合同让球队完全没有了可以腾挪的空间。除非有其他球队愿意承担保罗的合同,形成交易,否则火箭队只能等待4年后保罗的合同到期后再做打算了。

NBA特殊的人才招募方式,使一支球队可以在长久沉寂之后,因为某个球星的加盟而迅速崛起。但若是一家公司呢?面对市场、大环境、新变革、竞争对手、后起之秀等种种因素,会有等待的机会吗?显然是不可能的。一着不慎,就有可能满盘皆输。

招揽人才的本意是希望借助人才的能力实现企业快速发展壮大的愿景,但如果人才招揽措施超过了企业可承受的范围,不仅无法给企业带来生机,还会将企业拉入死局。

可见,"人才战"是把双刃剑,要么利刃对外,杀敌于无形;要么利刃冲己,割血而养敌。

是什么造成了"人才战"的"可怕指数"不断攀升?总结之后只有一个原因,即企业的经营管理制度的滞后导致的必然结果。

雇佣制企业靠薪水雇佣员工来工作,付出的薪水与获得的价值成正比,人才就如同拿着"金钥匙"寻找"金锁头",能打开哪一把,由钥匙和锁头共同决定,当然前提是钥匙认为自己的所得值得去打开那把锁。这就是雇佣制的弊端,完全"看钱而定"。作为企业经营者要正确面对人才的"向钱看",毕竟这是人才的唯一资本,在没有相应的未来做保障的情况下,谁都希望多得到一些。

合伙制企业不单靠薪水来吸引人才,他们有着更多的"手段",一份与企业未来成长值绑定的股份合同,就足以让一个有理想、有追求的人才长久留下，加倍付出。因为企业成长了，人们自身的价值提高了，收获也随之增加。这是很简单的正比关系，任何人都能算明白，作为企业经营者不应该后知后觉，甚至不知不觉。

三、不参与"人才战"，将才难得

既然参与"人才战"能造成这么可怕的后果，那么就不去掺和了，咱们内部挖潜如何？

内部挖潜的确是发现人才的好方法，但只是"之一"。毕竟企业内部是小圈子，能淘到"宝"的机会很小，甚至有可能企业内部尚未出现值得挖掘的"宝"。而企业外部是巨大无比的圈子，包含了形形色色的人才，有些已经浮现，有的仍被重藏。

而且，企业内部挖潜是一种长期举措，贯穿了企业从成立到持续发展的各个阶段。也就是说，内部挖潜几乎每天都在进行，不一定哪天哪位内部人才就被发现了，就可以提拔用之。但对外求才是间歇行为，只有在某个时期才进行。在企业需要扩展业务、研发创新、处理危机、变革转盘等情况下，对应人才的加盟会让企业在最短的时间内，以最有效的手段，提高实质性的经营能力。

这种时候，企业就只能、也必须杀入"人才战"的大潮中，从波翻浪滚中尽快找出那个企业渴求的人才。

之所以要强调"企业渴求"，是因为在劳动力市场上等待被挖掘的人才未必都是高效能人才，而企业想得到的一定是高效能人才。

所谓高效能人才，就是那些学历高、能力强、职业素养好、具备抗压能力和有相应工作经验的人才。可以预见的是，这样优秀的人才一定是"稀缺品"，因此，那些得不到、找不到、看不到高效能人才的企业都只能"将就着用人"。对于得不到高效能人才的企业，我更多的是给予同情。企业经营者很清楚需要怎样的人才来引领企业发展，也知道什么样的人才是真正的人才，但因为种种原因无法得到；对于找不到高效能人才的企业，我想说的是"多去了解吧"，既然知道想用什么样的人才，就要通过多种渠道去想办法寻找这样的人才；对于看不到高效能人才的企业，我就只能"祝福"了，无目标、无战略、无制度的"三无企业"恐怕是很难拯救的。

如果企业很长时间内都得不到或找不到高效能人才，就需要从企业的制度上找原因了，是什么原因阻碍了企业与人才的对接？是什么原因让人才不愿意来企业供职？是什么原因让企业陷入对人才得而复失的窘境？

四、人才的话语权、选择权大增

有这样一句话："'人才战'的直接结果导致了人才机会的增加。"

很显然，这是一句抱怨，因为真正的人才被来回争夺，导致人才的选择权和与企业对话时的话语权大增。很多企业经营者发现，他们在与人才洽谈条件中处于下风，人才提出的要求甚至"不容反驳"。我想，这种局面是企业经营者们所不愿意看到的。但为了企业的发展，经营者们往往会选择"受一些委屈"，将主动权让渡给人才，自己甘愿为人才搭梯子。

那么，这种做法好不好呢？短期来看是好的，企业可以抢到心仪的人才，并使之在高薪、高福利、高重视度的情况下全身心工作。长久来看则弊端很多，因为人才一次性得到了最大可能的肯定，企业则一次性付出了最大限度的报酬，导致对人才的后续牵引力不够。

心理学上有一个著名的理论叫"延迟满足"，将本该获得的满足感在时间上拉长，分批次、分阶段地逐渐填满，这种方式可以有效抑制人类劣根性中的贪欲。比如，将一次本该获得的奖励设定为"10"，如果一次性给足"10"，对方就会很自然地想要得到"11""12""13"……甚至更多。如果将"10"分为若干份，每隔一段时间给一份，则对方所期望的只是其本该获得的（见图1-2）。这样做既有利于给予方控制支出，也有利于接受方控制欲望。

在任何时候都有必要控制欲望，如果一家企业无法控制员工对个人利益无限追逐的欲望，就只能是一盘散沙。当然，不是不让员工对个人利益有自己的欲望，但要建立在合理、合规、合法的基础上。

那么，未能成功抑制人才的贪欲会造成哪些不良后果呢？

1. 人才忠诚度下降

当一个人感觉企业"对不起自己"时，其对企业的认同感必然降低。这种"对不起"有些的确是企业没做到位，有些则是人才要求过多了。而导致人才要求过多的始作俑者是企业自己。

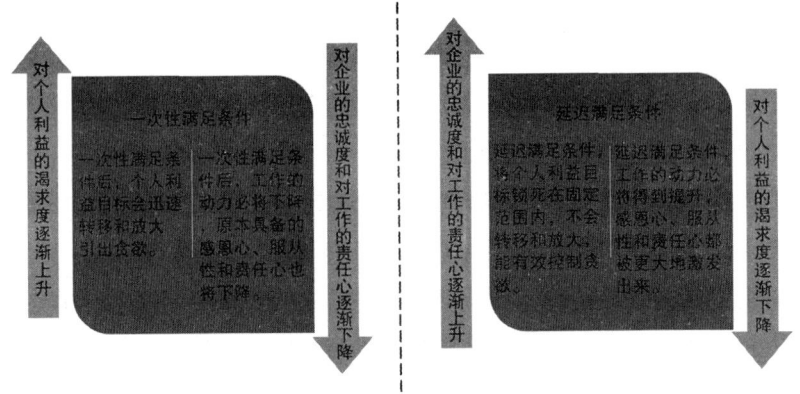

图1-2 "延迟满足"效应

2. 人才责任心下降

一个经常对企业有不满心理的人,自然无法全身心地投入到工作中,责任心也就无从谈起。

3. 人才服从度下降

服从,归根结底是一种自发心理,如果不能让一个人真心服从,就一定会产生"假服从"和"假作为"的状况。

4. 人才工作热情下降

有了上述3种状况,想让一个人具有工作热情如同天方夜谭。失去了工作的热情,也就失去了付出原动力,就算具有才华也无法发挥。

如果企业辛苦找来的人才渐渐出现了上述状况,那么作为企业管理者就需要反思了:为什么人才到了你这里都"渣化"了?一定是企业的管理制度出了问题,导致人才只能扭曲发展。

不可否认,经济发展到当前阶段,人才已经成为稀缺资源,必须争夺。但怎样争夺,拿什么来争夺,争夺来之后怎样安排,考验着每一位企业经营者。

有一点必须要明确:随着时代的发展,如今对人才的争夺不能只是简单的薪酬博弈,而应升级为"未来愿景博弈",也就是说哪家企业能让人才获得成长,其自身也将获得最大利益,并将具有网罗人才最大的资本。能给予人才这种"未来+愿景"的企业,无疑都是合伙制企业,它不再雇佣人才为自己工作,而是将人才拉入企业的经营层,用最实惠的利益和最具诚意的权利,彻底绑定人才的现在和未来。

劳资关系的力量翻转

为什么合伙人制度会成为新的管理思潮？

为什么企业实行合伙人制度是大势所趋？

想回答这两个问题，不能简单地用社会的发展、时代的必然或历史的选择作答，虽然这是正确的，但也是模糊的。我们需要从人类商业活动中劳资关系是如何发展到今天的形态说起。推动劳资关系发展变化的有政治、资本、科技、竞争大环境等多种因素，它们一步步将劳资关系从强权时代、交易时代，推入如今的利他时代。可以说，劳资关系的力量在当下已经发生了根本性逆转，曾经的资方独大现象早已不复存在，取而代之的是劳资平衡。

一、劳资关系的三个时代

在人类经济发展历程中，劳资关系先后发生过三次大的变化，后两次的变化都将之前被社会认定的劳资关系彻底打破，形成新环境下的、更具适应性的新关系。

这三个时代分别是强权时代（一个压榨、盘剥、掠夺横行的黑暗时代）、交易时代（能力可交易）、利他时代（考虑人才利益为主）。

强权时代存在于二战之前的西方国家中（我国自新中国成立后没有经历过这个时期）。这个时代的劳资关系是，劳方几乎没有一点权利，地位十分低下，劳动者的命运完全掌控在资本家的手中。资本家们为尽可能多地赚取利润，通常会采用一些看不见的手段榨取工人的"剩余价值"。

交易时代存在于第二次世界大战结束后至苏联解体前的西方国家中，我国则是在改革开放后开始的。随着科学技术的快速发展，掌握资金资本的资方的话语权被削弱，掌握科技资本的劳方话语权增强。企业想要发展，不能只靠投入和扩张，还需要人才的付出，尤其是中高级经理人员、专业技术人员、科技研发人员等。为此，企业必须要提高人才的地位，既要改善他们的薪酬待遇，也要给予与其能力相对应的福利待遇。但这一时期的企业给予人才的报酬仍是有限的，一个人在企业中的地位不完全由其个人能力而定，还会有很多外界干扰因素，比如裙带关系、考核失真等。因此，这时期能力与待遇的交易还有很多不足之处，让很多人才无法充分发挥自身价值。

利他时代，西方国家始于20世纪最后10年，我国则从21世纪初开始。企业对待人才和员工的态度发生了彻底改变，从"不得不"的被动心态，过渡到"求之不得"的主动心态。这是因为科技在进一步发展，企业对人才的依赖程度也更高，企业想要生存发展就必须以较高的薪酬、福利、职务来吸引人才加盟。

可以肯定的是，利他时代到如今并未结束。从最初只是简单地用更好的条件吸引和驾驭人才的"利他时代1.0"，到后来通过利益机制、教育培训导入更有效管理的"利他时代2.0"，再到如今开启合伙人制度的"利他时代3.0"，劳资关系在这一阶段终于驶入了平衡的轨道。平衡运行才能更快前行，因此可以预见，利他时代将迎来一个黄金发展期。

二、控制式管理的危机

控制式管理是雇佣制企业的常规模式，控制的核心就是固定性的工资、教条化的管理和程式化的工作，当然最终的结果就是看得见的"未来"。

当雇佣者以工资为代价换取被雇佣者的劳务、技术或其他能力，以实现自己的利益时，就形成了雇佣关系。雇佣者与被雇佣者在隶属关系上是服从与被服从、管理与被管理的关系，但关系的两边存在严重的不对等性（见图1-3）。

既然雇佣制能在相当长的时间内成为经营管理制度中的核心，说明其具备一定的优势。例如，在福利待遇、奖金津贴、养老医疗方面都很成熟，员工进入企业一干几十年的情况很常见。尤其是在松下幸之助开创了"终身雇佣制"后，消除了员工对于年老之后的顾虑。一份稳定有保障的收入，给予员工极大的精神支持，让员工对企业有依赖感，成为留住人才的重要因素。

总之，雇佣制是在经济发展水平有限、劳动力不足、人才短缺的情况下形成并巩固的，并存在了相当长的时间，企业需要雇佣关系这个"紧箍咒"

来限制和约束员工，更重要的是为了掌控人才。

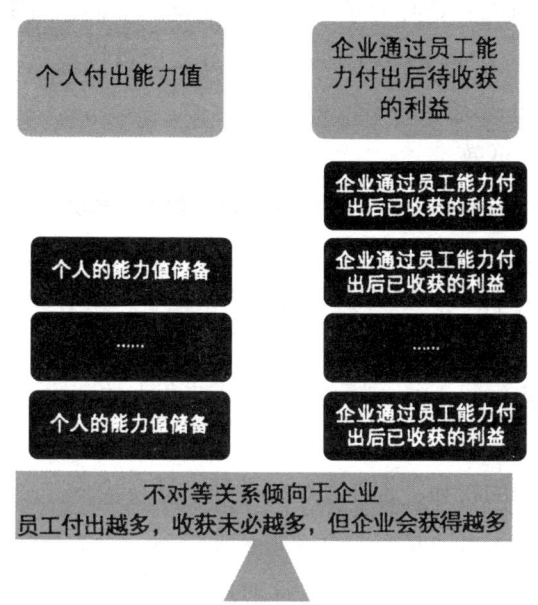

图1-3 雇佣制度下的不对等关系

随着互联网时代的到来，新兴领域不断出现，新兴企业开创了新的经营管理模式，雇佣制变得越来越尴尬，传统观念里工作力求"稳"的意识正在被逐步打破。工作需要的不再是稳定，而是有意义，有更多的可能性，除了基本薪酬的稳定外，还要有远期利益的保障，最大限度地体现一个人的价值。

那么，雇佣制度下的控制式管理究竟有哪些危机呢？

1. 无法逾越的部门墙

雇佣制企业的部门间有扇看不见、摸不着却人人都能感受到的"墙"。这堵墙放大了各部门间的利益之争，互不配合，互相推诿，甚至互相拆台。比如，客户投诉产品质量问题，销售部门推给市场部门，市场部门推给技术部门，技术部门推给研发部门。可见，部门墙的存在势必会影响企业的整体利益。

2. 人才受限

雇佣制企业都是金字塔式管理，层级较多，环节冗余，层层审批、层层请示的现象非常普遍。这种状况导致的后果就是人才资源受限，员工无法自主行动，就一定会压制员工工作的积极性和创造性。

3. 资源调配缓慢

雇佣制企业内部总是弥漫着一股官僚气氛，申请、组织、协调等工作往往需要跟多个领导沟通，卡在哪一关都会导致事情搁浅。如果涉及资源性问题，"各为其主"的思想会让事情更难进行。

4. 管理集权、低效

雇佣制企业因为层级多，就势必要加强管理，导致集权不可避免地出现。尤其是中小企业，企业经营者"一言堂"，其他人没有任何话语权。集权带来的直接后果是效率低下，因为企业只有"一把手"具有决策权，够一定级别的事情都要"一把手"拍板，这就要求"一把手"必须精力充沛、判断力强、决策正确，有一点做得不好，就会给企业带来很大的麻烦，甚至灾难。

5. 权、责、利分裂

雇佣制企业中的权利、责任和利益常处于分裂状态，比如权利人是A，但责任人是B，执行人可能是C。当A下达命令后，等着执行结果；B要对接到的命令负责，选择执行人C；C没有任何权利，在具体执行中困难重重。如果执行到位，A得到最大利益，B利益次之，C的利益最小，甚至没有。如果执行不到位，C因为是具体执行人，首当其冲会受到处罚，B会受到相应的连带处罚，A很可能会以领导者的身份对B和C进行处罚。这是极其错误的，但权、责、利被割裂开之后，这种现象就成了常态。如此必然会导致企业价值观倾斜、崩塌，因为不做事不犯错，越实干就越容易犯错。

以上是雇佣制企业会出现的五种危机，但过去没有更好的解决办法。如今合伙人制度逐渐成熟后，摆脱危机成为可能。具有高度预见性的企业已经抢先一步走上了合伙人之路，所谓"先发制人，后发制于人"，虽然比行动快的企业慢了一小步，但仍不失为大趋势之下的顺势而为，若在此全面变革的时期仍然作壁上观，则企业必将为时代所淘汰。

只有两种制度可以选择

经过长达数年的研究和反复论证,我们得出了一个基本结论:在劳资关系的利他时代,企业只有两种人才管理制度可供选择——职业经理人制度和合伙人制度。

下面,我们将对职业经理人制度进行详细介绍,对合伙人制度进行简略介绍。

一、职业经理人制度

"职业经理人"是指那些虽然不是老板(股东),却拥有经营管理企业能力,甚至比企业的实际控制人或经营者更善于经营管理企业的高级人才(见图1-4)。

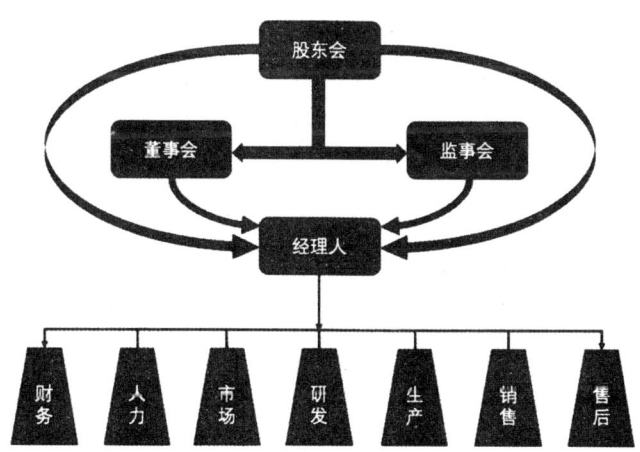

图1-4 职业经理人制度图示

在职业经理人制度下,经理人是管理核心,上要对股东会、董事会和监事会负责,下要领导企业各部门具体执行。一个职业经理人必须要承担起承上启下的作用,这是由这个职位产生的背景和应具有的能力所决定的。

职业经理人起源于最早开启现代企业制度的美国。随着第二次世界大战结束，世界再次进入经济高速发展时期，而美国本土未被战争波及，给企业的快速发展创造了机会。20世纪50年代，美国企业的地域规模、产销规模、人员规模都得到了空前发展，传统的家族式的、以老板为中心的管理模式愈发不能适应企业发展的需要。于是，一大批拥有良好教育背景、长期工作经验、优质人脉资源、高潜力加高素质的高能人才被提拔到重要管理岗位上，成为职业经理人。这被称为"将专业的工作交给专业的人去做"。

职业经理人的职业素养决定了他们能够在先进的企业里从事特定领域和层级的管理工作。他们擅长解决企业面临的经营管理难题；他们流动于各企业之间，终身从事管理工作；他们的一生可能从未创办过一家公司，却发展壮大了很多公司。

在那个时代，几乎每一家快速发展的企业都需要这类管理者，而事实也证明了职业经理人对于企业是非常重要的。正因如此，我国的企业在经历了改革开放之初的迅猛发展后，在西方跨国公司的企业管理文化的带动下，在全球化形成后的人才流动性增强的现实推动下，纷纷实施"以职业经理人为企业经营管理主体"的经营模式。

发源于西方国家，后又盛行于我国，已经历时几十年，模式非常成熟，是不是就能说明职业经理人制度是无往不利的？

没有一种管理制度能够长期不变，其都形成于特定的经济发展时期，也必将在另一种经济发展模式下被更先进的制度取代。就像如今我们追寻的"合伙人之梦"，在多年前我们追寻的是"职业经理人管理企业的梦"，多年后还会有新的梦。

职业经理人制度在我国已经走过了二十几年，但随着世界经济大环境的改变，以及科学技术的飞速发展，这种制度如今已经夕阳西下，距离落幕不久矣。

具体原因有以下三种。

1. 全球性经济不景气

最近10年，国际经济形势一直不乐观。我国经济曾经一直是以每年两位数在增长，但最近几年也有所放缓，除了国家经济政策调整外，受国际大环境的影响也是原因之一。西方国家的经济则普遍陷入糟糕状态中，即便是美国也连年承受就业率下降、经济增长缓慢的巨大压力。

在这样的环境下，职业经理人制度将成为许多企业的负累，因为职业经理人需要高额的薪资和福利。比如，一家年销售额3亿元的民营企业，如果引进3位高级职业经理人，每年要因此增加的直接薪酬支出为400万元。虽然看起来400万元之于3亿元似乎不算什么，但这400万元仅是直接支出，还有更多的间接支出。最重要的是由此引发的组织变革，更多能人被高薪聘用，必然导致企业用人成本的大幅增加。如果该企业的用人成本增长了1000万元，而年利润仅为10%左右，则该公司损失了3成纯利润。

有人会问：建立职业经理人制度，不是希望借此实现企业的发展吗？如果企业的年利润增加到20%，那么刨除增加的用人成本，纯利润是提高的。这个命题是正确的，也是职业经理人制度一直存在的根本原因，但别忘了前提——经济不景气。不是所有的职业经理人都具备在经济困境中引领企业向前发展的能力，所以，企业能否因为实施职业经理人制度而得到发展尚未可知，但多支出的用人成本可是真金白银。

2. 职业经理人自身存在的问题

一个以企业管理为职业、经常在不同企业间流动的精英阶层，就是职业经理人。这支队伍并非人们想象的那么整齐划一，而是良莠不齐，其中不乏"杂牌货"和"冒牌货"。下面来看看职业经理人队伍中会出现的问题。

（1）薪酬偏高。职业经理人是解决企业经营管理问题的行家里手，他们视每一次跳槽为提高薪酬的机会，因此他们普遍薪酬要求很高，一方面为了体现自己的价值；另一方面他们不相信企业的未来，希望当下拿到更多的钱。

（2）责任"偏瘫"。许多职业经理人只愿意在有限的工作时间和工作范围内，承担企业有限的责任。这种想法让一些职业素养不够的职业经理人产生了短期性和自利性心理，本该是"把企业扛在肩上一同前行"，变成了"把企业当成练级的垫脚石"。

（3）忠诚度偏低。当一名职业经理人渴望高薪，对企业未来不抱希望，只想承担有限责任，那么忠诚度也就无从谈起了。而职业经理人应该具备的素养中，忠诚是必需的。我们并不要求职业经理人要有"与船同沉"的船长精神，但作为一个"给钱办事"的职业，百分之百的专注、付出、真诚，做到"拿人钱财，替人消灾"是最低标准。

（4）意识偏斜。职业经理人通常十分珍惜个人品牌，因为此中蕴含着他们的价值。但现实中，很多职业经理人看到所服务的企业"快不行了"时，首先想到的是如何保持自己的价值，而不是"扶大厦于将倾"。事实是，这种意识偏斜并不能挽救个人品牌，相反只能损毁个人品牌。如果一个职业经理人成了"常败将军"，其职业生涯也几乎到终点了。

正是以上四点的存在，让职业经理人在经过了一段受欢迎时期后，逐渐让越来越多的企业望而却步。

3. 企业经营者的思维局限

用人与被人用是一对矛盾关系，用人的人与被用之人的想法总是矛盾的，这是人所处的位置不同形成的必然结果。

在企业经营者和职业经理人这对用人与被用的关系中，有主动权的始终是经营者。虽然经营者历经"人才战"的洗礼终于得到了心仪的干将，也在与干将的沟通中尽量让出话语权，似乎职业经理人占据上风了，但在面对企业的经营管理时，当初那个求贤若渴、谦虚恭敬的经营者仿佛一夜间消失了，转而变成了处处掣肘的"讨厌鬼"。这不是个别现象，而是普遍现象，所以很多实施了职业经理人制度的企业不仅没能成功，反而失败了，其背后不乏职业经理人自身的原因，但企业经营者仍要为此负主要责任。

（1）选错人——看重外在光环。那些聘请职业经理人却走向失败的企业，经营者通常都犯了一个错误，就是只看重职业经理人的"外包装"——学历、经历、工作年限、所任职务、取得的成绩等，如果再有 MBA 学历、著名公司总监以上职务的加持，那么企业经营者会以为终于请到了"大神"，企业做大将指日可待。但是，外在的往往不能决定内在的，对一个职业经理人来说，其最宝贵的资本往往是看不见的，比如眼界、忠诚、坚毅、开拓精神、工作热情等。

（2）选对人——授权但不放权。相较于选错人的失败，选对人而走向失败则更令人惋惜。职业经理人是需要大量权限才能发挥作用的。如果企业选择了走职业经理人路线，作为企业经营者就必须放权。但现实中很多经营者使用"阴谋手段"，表面上给职业经理人授权了，但并不真正放权，经常出来发表自己的"高见"，干扰职业经理人的正常运作。这样做的后果只有两个：要么职业经理人"识趣"，自己走人；要么职业经理人"死磕"，最终被踢出局。

（3）选对人——企业战略失序。如果说前两种是由企业经营者的性格弱点所致，那么这一种则是企业经营者的性格优点所致。这类经营者普遍具有远见、魄力、胆识，也有识人之能、容人之量和用人之术，具备一定的领袖气质。但因为急于求成，会要求职业经理人带领企业干出飞跃式的成绩。这种违背客观规律的要求，想达到几乎不可能，揠苗助长的结果是苗死掉了。

二、合伙人制度

我们通过较长的篇幅介绍了职业经理人制度的优势和弊端，主要是想让大家能更好地理解为什么职业经理人制度终将谢幕。下面用较短的篇幅介绍合伙人制度，为此后几篇的详细介绍打基础。

由上述可知，职业经理人制度走入了"死胡同"，越来越多的企业学会了跳出局部看世界，发现合伙人制度更符合企业发展的预期（见图1-5）。

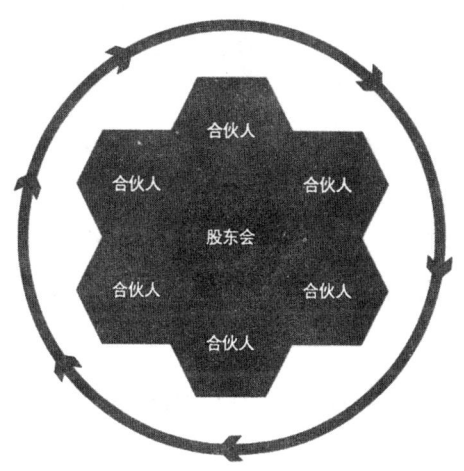

图1-5　合伙人制度

合伙人制度的兴起有着深刻的历史背景，就像之前提到的"劳资关系普遍进入了利他时代"。当下的"利他"具有明显的普惠性，初期只针对企业高层，中期开始向中层倾斜，如今已经扩展到了基层，有些大型企业的利他政策惠及企业的每一个人。

与利他政策完美匹配的就是合伙人制度。利他政策为每一个有能力、有忠诚度、有工作热情的人备上了丰厚的报酬，合伙人制度则给有资格享受利他政策的人打开了一扇通向财富、权利、地位和梦想的大门。

除了个人因素外，合伙人制度迅速被大多数企业关注和接受，还有三个推动因素。

1. 标杆企业的示范

做任何事情都有率先"吃螃蟹"的，实施合伙人制度也不例外。相比于西方企业，合伙人制度在中国起步较晚，却走得非常稳健，将一批原本就具有极强竞争力的企业带到了新高度。比如，阿里巴巴在2010年在管理团队内部试运行合伙人制度，2013年由时任阿里巴巴集团CEO的马云对外正式宣布实施。随后人们发现，华为、腾讯、万科、小米、海尔、苏宁等一大批企业都实行了合伙人制。不仅是知名公司，更多的受资本青睐的新技术创业公司，几乎无一例外地实行了合伙人制。

2. 管理专家的推崇

因为合伙人制度将成为未来发展的必然趋势，管理学领域的专家们自然不甘寂寞，他们以笃定的姿态向世人宣告合伙人制度是未来企业的首选。

3. 商业环境的助攻

合伙人制度的实施与被认可，最终还要落实到商业大环境上。就像前述的，"工业4.0"到来，拉升了智能技术、知识经济与共享精神，人才管理的困境与劳资关系的翻转，让企业经营者不得不重新审视企业的制度设定。

总之，在全世界范围内，在中国的各个角落，合伙人制度迅速收割着领地，越来越多的企业或主动或被动地行动了起来。

三、合伙人制度是对经理人制度的升级

是"老鼠在咬你家粮仓"还是"我们家的粮仓被老鼠咬了"？从职业经理人的角度来看，老鼠咬的是"你家粮仓"，我看到了只是提醒你一下，你派我去打老鼠，我就行动，否则我没有义务。从合伙人的角度来看，我也有利益在粮仓里，老鼠咬的是"我们家的粮仓"，不能任由老鼠横行，不用任何人指派，自己就抡起铁锹行动了。

这是两种身份导致的不同行为。其实，职业经理人和合伙人代表的是两种不同的精神，职业经理人强调职业化精神，合伙人则必须具备企业家精神。职业经理人能力再强，也是被雇佣的一方，他们的底线就是尽力完成自己的本职工作，其他的不在他们的考虑范围内；企业家精神则要求更高，核心是思企业之所思，虑企业之所虑，担当起合伙人这个身份赋予自己的责任。

马云对职业经理人和具有企业家精神的合伙人有个很形象的比喻："职业经理人和企业家的区别就像一群人上山打野猪，职业经理人开枪后野猪没有打死，朝我们冲了过来，这时候职业经理人丢下枪就跑了。而企业家看到野猪冲过来，反而会拿起柴刀和野猪搏斗，不是你死就是我亡。真正的企业家是无所畏惧的，企业家不是培训出来的，他们是从商场上一路披荆斩棘杀出来的，企业家无所畏惧。"

可见，职业经理人和合伙人的最大区别，就是是否具有共担精神，而这与企业对两者的要求有关。

企业对于职业经理人的要求是唯一性的——专业。职业经理人必须精通企业管理和资本运作，这就是职业经理人制度的初衷：找到专业人士经营管理企业并代表资本方处理与各利益相关方的合同关系。因此，企业并没有把职业经理人纳入共担风险的体系中，制度的设计决定了人的行为。

企业对于合伙人的要求则不唯一，有资本的、有能力的、有资源的、有人脉的……人人都有机会成为合伙人，但其中最关键的是要保持价值观的一致性。志同道合的人聚在一起，是基于共同目标做大事业，与企业是荣辱与共的。这一点和职业经理人正相反，职业经理人与企业是雇佣关系，双方始终处于博弈状态。合伙人是有资格参与企业决策的，这是共担风险的前提。

由此可见，合伙人制度是对职业经理人制度的升级，企业导入合伙人制度后，能够帮助企业快速收获更多的人才、更广的空间、更快的发展、更大的规模，等于用"平台＋合伙人"的动车模式升级了"企业＋股东"的火车模式，企业从此驶入跃迁晋级轨道，得以保持基业长青。

四、现代企业的用人要求

我们原本并没有写入这部分内部。在写作过程中我们意识到，不阐述现代企业的用人要求就无法让合伙人制度更有血肉。

企业的初创离不开人，企业的发展离不开人，企业的创新离不开人，企业的变革离不开人，企业走过的每一步都是由人主导的。所以，如何选人、如何用人、如何成就人，决定了企业的走向。如今企业经营管理进入了合伙人时代，那么在这个时代里企业的用人要求是怎样的呢？

1. 不是付钱给"人",而是付钱给"对的人"

阿里巴巴在 2010 年开始实行合伙人制度,管理团队由 30 名具有不同业务能力、经历背景的高层人员组成,共持有阿里巴巴 14% 的股权。该团队包含财务、人力、技术、战略、法务等多个领域的人才资源,最大限度地保证了团队的健康和均衡。

2. 合伙人制度将权力下放,保留企业最核心的人才

根据小米公司公开资料显示,雷军持股 77.8%,黎万强持股 10.12%,洪峰持股 10.07%,刘德持股 2.01%。几位合伙人各负责一块,充分授权,其他人绝不干预。因此小米的组织架构很简单,只有三级:合伙人→新主管→员工。

3. 鼓励内部创新和创业,让更多的人参与其中

合伙制企业对于人才的最大吸引力是有可创业的机会。海尔集团就在企业内部专门设置了创业基金,并与专业投资公司合作,给员工提供自由宽松的创业平台,支持员工进行内部创业。

因此,合伙制企业能相对稳定地吸引资金,凝聚人心,整合资源,传播重建,管控能量,在新经济形态下为企业的稳定发展发挥着核心作用。

案例篇
合伙人制度是历史的留存

合伙人制度,重新定义了创业的结果和企业的未来。在互联网愈发兴盛的今天,所有想获得成功的互联网企业,无不走上了合伙人的道路。非互联网企业想要继续谋求发展,也需要向合伙人制度靠拢。但合伙人制度并非当下独有,历史上已经有了相当成熟的合伙人制度。因此,合伙人制度是历史的留存、当下的必然和未来的趋势。

合伙人制度的萌芽及发展

问：合伙人制度是什么时候出现的？
答："工业 3.0"时代的后期。
答：知识经济兴起的时代。
答：互联网思维引发变革的时代。
答：伴随劳资关系的利他时代一同到来。
答：信息经济占据主导地位之时。

这些答案都不是错的。虽然合伙人制度是一个现代化概念，也是为现代新型企业服务的管理制度，但是，合伙人制度不是突然出现的，它有着自己的历史溯源。也就是说，在历史上就已经有了"合伙人"，只不过那时的"合伙人"受时代局限性的影响，有着属于其所在时代的特殊烙印。

一、罗马帝国的"合伙制"初体验

合伙制不是当代产物，而是一种古老的商业模式或组织形式的演化品。早在公元前 18 世纪，古巴比伦的《汉穆拉比法典》中就有了关于合伙原则及相关规定的记载。

可见，西方世界的合伙人思想已经存在了近 4000 年。我国在这方面也具有先觉性，因为上古留存的文献资料太少，现在仅能追溯到西周时期的合伙制萌芽，感兴趣的可以查阅《中国古代合伙制初探》。

到了公元前 800 年至公元前 600 年的罗马共和国时期，合伙制已经高度发达，《罗马法》对合伙制的性质和合伙人的权利义务进行了明确规定，合伙成为一种契约关系。

时间继续前行，科技已经可以支撑人类进行海上贸易。11 世纪，在意大利的佛罗伦萨一带，"康孟达"——一种新型商业组织形式出现了，就是普通合伙企业和有限合伙企业的前身。

当时，商人们为了规避教会禁止借贷生息的规定，纷纷开始拓展海上贸易，但因为缺乏航海经验，不想因此承担风险，便出钱找到职业航海家出海发展贸易，这就是"康孟达"形成的原因。盈利时，商人和航海家按照出资比例分配利润；亏损时，航海家承担无限责任，商人最多承担的是资本投入的损失。

很多人会觉得，"康孟达"对航海家不公平啊！又出钱又出力的，还要承担无限责任！在"康孟达"中，航海家相当于普通合伙人，身在前方，是贸易的具体操作人和负责人；商人相当于有限合伙人，身在后方，除了出资，并不直接参与贸易过程。为了让航海家对贸易更加尽心竭力，就必须让其承担更大的责任，甚至押上身家性命。

起初，"康孟达"是一次性约定，随着海上贸易的稳定发展，"康孟达"逐渐组织化，并向两个方向发展，一种是隐性合作，另一种是显性合作。隐性合作中，商人不显名，由航海家对外承担权利义务；显性合作中，商人和航海家都显名，两者共同对外承担权利义务。

通过对合伙制的溯源，可以知道合伙制比公司制更早地出现在人们的生产生活中，这是商人们在特定环境下的重大发明。虽然随着社会经济的发展，尤其是工业化进程的到来，公司制逐渐开始占据上风，甚至一度形成独霸局面，但合伙制并没有被淘汰出局，而是随着时代的进步不断优化，直到迎来真正的春天。

二、晋商的身股和银股

晋商在我国有着传奇般的地位，依靠着博大宽厚的经营胸怀、兼容并蓄的经营气度、求同存异的经营策略、自强不息的经营精神、勇于创新的经营智慧，积累起雄厚的资本，是明清时期最大、最成功的商帮。

今天，我们理性思考、重新审视那段纵横亚欧的晋商文化，发现其中最令后世拍案叫绝的就是身股和银股，这不仅让当时的晋商走向辉煌，对现代企业的发展也有借鉴意义。

在晋商繁荣的百余年间，票号经手汇兑的银两高达十几亿两，未发生过一次内部贪污、诈骗、卷款潜逃的事件。缔造这一奇迹的就是"人身顶股制",也叫身股制。

当时的晋商商号的股份都分为"身股"和"银股"。东家出钱,叫"银股",但并不参与对商号的经营管理,获得回报的依据是所出银股的份额;大掌柜、掌柜和伙计出力,叫"身股",获得回报的依据是自己的经营管理业绩和才能。

在这种关系之下,东家是商号的所有者,但不是经营者;掌柜相当于职业经理人,但可根据身股份额分享股份红利;伙计就是最末端的合伙人,也可根据身股份额分享股份红利。所以,当时的银股和身股的关系,恰好体现出了当今的货币资本和人力资本的关系,也体现出了委托和代理的关系。当时没有企业估值的说法,身股持有者手上的股份只有一个作用,就是分红。而银股持有者还有投票权、转让权和继承权,类似于今天的注册实股。

1. 银股和身股的取得方式

银股的取得以出资而定,商号的东家出资后,按照出资比例计算出银股份额,银股份额也可以是转让获得或继承获得。

身股的取得有两种情况:(1)东家开办商号时,聘任掌柜和有资历的伙计,事先约定身股若干,以合约形式确定下来。(2)商号在经营过程中遇账期分红,由掌柜根据每名伙计的业绩向东家推荐,经持有银股的东家们认可后,即可登入账册,写明何人获得身股若干。

2. 银股和身股的特点

(1)银股负无限责任。商号的盈亏、破产皆由银股持有者承担,身股持有者只分红不承担责任。

(2)银股、身股平等分配红利。实际上等于银股持有者让出相当部分的红利分给身股持有者。比如,某商号银股为18股,身股为14股,则账期分红按32股均分。

(3)银股享有永久的利益,身股享有业绩利益。银股持有者为商号的东家,因此可以代际传承。身股持有者为掌柜和伙计,只能按账期计算,离职或身亡即停止。但对那些业绩突出者,即使在身故后仍可延长一个或几个账期,称为"故身股"。

(4)银股和身股都是变化的。①作为商号的实际掌控人,持有银股的东家可以决定银股增补、抽出或新添股东;②身股持有者要视其业绩,或增加或减少或停止或剥夺。大掌柜的身股份额由东家决定；掌柜以下身股持有者的份额由东家和大掌柜议定。其中，银股的份额是不受限制的，东家可以根据实力和需求而定。身股则有上限，最高为1股，通常属于商号大掌柜专属级别；向下划分10级（1厘为1级）或20级（半厘为1级）。但凡事都有特例，日升昌票号的第五任大掌柜张兴邦顶一股二厘身股，蔚字五联号的创始人毛鸿翙更是顶两股身股。这充分体现了贤能者多增、平庸者无增的区别对待原则。

3. 身股和银股的"互制互补"关系

东家持有银股，有着对商号的控制权，可以解聘拥有身股的掌柜。但东家不参与经营，又需要掌柜来经营，这就形成了"互制"关系。身股虽然不能传承，但因为在总份额中占多数，在分红中占据了多数比例，干活的人会很清楚地知道，是在给自己干。即使在东家不作为的时候，他们为了维护自身利益，也会努力维持商号的良性运转。于是，银股持有者与身股持有者形成了劳资一体和短期效率与持续经营共生的局面。

（1）劳资一体，共奔前程。身股的收益范围大，至少能惠及总人数的1/3，因此晋商内部很少出现劳资矛盾，每到分红的时候，上至东家，下到伙计，都赚得盆满钵满，兴高采烈。

（2）短期效益和持续经营都有保证。每三四年分红一次，从大掌柜开始，想要得到分红，就必须做满年限，否则除了工资什么也得不到。

4. 身股对现代企业激励机制的启示

（1）利益分享，把蛋糕做大。利益不分享，员工与老板无法形成利益共同体，自然不会陪着老板同舟共济，更不可能以企业为家。利益分享出去，员工得到了实惠，看到了"企业好自己才能更好"的现实，会自觉地将自己的前途命运与企业的前途命运结合起来。大德通票号在第一个账期分红时共计有银股20股，身股9.7股，被23人持有。20年后，大德通票号的银股数量没变，身股数量增发到23.95股，被57人持有。20年时间，虽然东家银股数不变，比例上也逐渐小于身股，但因为商号愈发兴隆，每股分红的数量大幅增加，总体所得仍然剧增。就像如今马云在阿里巴巴的持股比例只有8%左右，虽然看着很少，但蛋糕太大，分完之后，他仍是中国首富。如果阿里巴巴只是一个很小的公司，马云即使100%持股，又能得到多少收益呢！

（2）考虑全面，长期保障。员工能否在一家企业长期留守，除了薪酬福利等待遇方面的考量外，还会考虑未来的保障。这也是为什么很多国有企业工资不算多，但仍然在人才争夺战中有优势的原因。民营企业可以向晋商学习，给予有突出贡献者永久分红权，不仅自己享有终生分红权，其家属可以在其身故之后继续享受1~3个账期的分红权。一个账期通常为4年左右，3个账期可以达到12年，这对家属的保障性非常强。

（3）严筛严选，过程严控。企业筛选人才从来不是件容易的事，必须保持长期的警惕性与制度性，才能确保招进来的是可塑之才。晋商的选人非常严格，必须满足两个硬性条件，一是山西人，二是要有保荐人推荐。学徒期的伙计没有工钱，只管吃住，满徒后开始按月发工钱。然后进入漫长的全面考察期，这一时期至少需要10年，或者是3个账期期满（12年），被考察人的工作态度任劳任怨，能力进阶符合预期，没有出现重大过失，才能在掌柜推荐下，经持有银股的各东家批准后，开始顶身股。从顶身股实施起，直到其离职或身故的较长时间内，如在职期间没有违反商号规定，没有出现特别重大过失，都可以保证获得丰厚的回报。如果在职期间出现违反商号规定或有重大过失的，经掌柜提议，可以暂停甚至废除其顶身股。可见，晋商对下属伙计进行了强有力的约束，并非迈入商号门槛就能搭上财富快车，也不是获得身股就能一劳永逸了。

（4）多元激励，多层需求。任何一个有理想的人，在企业中打拼，除了想获得经济报偿外，还期望获得更多方面的肯定，以满足精神层面的需求。在晋商商号中，拥有身股的伙计可以为称为"先生"，他们有权参与商号内的重要会议，能够查看"万金账"，这是对其管理权和知情权的保障。也就是说，晋商的激励手段是多元的，从称谓到权利到经济，犹如一张全面铺开的大网，网尽三晋英才。

晋商开创的银股和身股，将经营中的从属关系转变为合作关系，是资本、经营、管理和劳动等多种智慧的最佳配置。

三、美国联邦储蓄银行

美国联邦储蓄银行，简称"美联储（Fed）"，是美国货币政策的决策机构，根据《联邦储备法》于1913年成立。其主要职责有三项：制定并负责实施相关货币政策；对银行机构实行监管；维持金融系统稳定。

由于美国经济和股市在第二次世界大战后一向执世界之牛耳，因此美联储的一举一动都会影响世界各国的经济神经和货币政策。我们受篇幅所限和所写内容的制约，不可能将美联储的运作模式详尽阐述，在此仅对其组织机构进行介绍，由此看一下美联储是如何通过合伙人模式的组织结构让整个系统运转起来的。

美联储由联邦储备银行、联邦储备委员会、联邦公开市场委员会（都独立于联邦政府之外运作以行使其职能）及大约4800家成员商业银行组成。

1. 联邦储备银行

按照《联邦储备法》，美国将全国划分为12个储备区，每区设立一个联邦储备银行，其职责包括：支票清算，货币发行，管理和发放本区商业银行贴现贷款，组织关于货币政策操作的课题研究等。

所有联邦储备银行中，纽约联邦储备银行占据整个联邦储备体系25%的资产，再加上芝加哥联邦储备银行和旧金山联邦储备银行，它们共同控制联邦储备体系50%的资产。

2. 联邦储备委员会

联邦储备系统的核心机构是联邦储备委员会，其职责包括：制定货币政策，对公开市场操作享有投票权，制订法定准备金率，制订联邦基金贷款贴现率。

该委员会由7名委员组成，设主席1名，副主席1名，委员（通常是职业经济学家）5名，由总统任命，并经参议院批准。委员的任期为14年，不得连任。

为防止某一地区利益被过度强调，委员被要求必须来自不同联邦储备区。委员会主席则从7名委员中选出，任期4年，可以连任。

3. 联邦公开市场委员会

联邦储备系统中的另一个重要机构就是联邦公开市场委员会，其职责包括：利用公开市场操作影响市场上货币存量，确定货币总量增长范围，对联邦储备银行在外汇市场上的活动进行指导等。

该委员会由12名成员组成，包括联邦储备委员会全部7名成员，纽约联邦储备银行行长，其他4个名额由另外11个联邦储备银行行长轮流担任。

该委员会设有主席 1 名（通常由联邦储备委员会主席担任），副主席 1 名（通常由纽约联邦储备银行行长担任）。其他所有联邦储备银行行长都可以参加联邦公开市场委员会会议，但没有投票权。

作为美联储的成员银行，他们有哪些股东权利呢？

美联储成员银行的股本金和基本存款准备金没有利息，而按股本金的 6% 固定领取分红作为补偿（2008 年，美国国会批准美联储可以给基本存款准备金以利息）。此外，美联储发行多少现钞或者赚取多少铸币税，与美联储股东没有关系。而且股东股权的大小与投票权无关，一个股东只有一票。

因此，美联储是一个由国会授权成立的、由各会员银行联合组成的相对独立的机构。但所有合伙股东只有部分分红权和参与权，没有表决权和决策权，相当于自动放弃经营管理权的合伙人。

四、走"公司制 + 合伙制管理"路线的高盛

华尔街"85 号大楼"是高盛集团总部，能到这里边工作，能成为高盛合伙人，就意味着将拥有无尽的财富。高盛之所以引得人们趋之若鹜，原因就在于它的合伙人惩罚机制和激励机制的明确设定，使合伙人都具有强烈的风险意识和责任意识，由此形成了高盛特有的追求长期价值的企业文化。

那么，高盛的激励和约束机制有哪些呢？

1. 薪酬体系激励

高盛员工的薪酬分为三部分——基本薪酬、年终红利与长期福利。基本薪酬和年终红利的确定主要依据市场供需量、员工从业经验和能力水平，长期福利还要参考员工的工作年限和对企业的特殊贡献。为了达到吸引和留住人才的目的，高盛将员工的薪酬定于不低于 75% 的同业公司水平。此外，高盛的薪酬还要加上股东回报率——股东回报率 = 总效益 ÷ 总股本。

2. "三计划"激励

高盛的激励措施主要有股票激励计划、合伙人薪酬计划、特定捐献计划。股票激励计划主要针对非合伙人的内部员工；合伙人薪酬计划主要针对合伙人。高盛在上市以后，保留了合伙人制度的精髓。特定捐献计划主要针对公司董事会或由其任命的"特定捐献计划委员会"选择参加特定捐献计划的雇员。

3. 聘用协议约束

高盛的聘用协议中，对执行董事中参与公司利润分享的有限合伙人提出要求，即在事先确定的期限内，必须将全部工作时间奉献于高盛公司事务。当然，这份协议不是霸王条款，无论是执行董事还是高盛公司都有权以书面通知的方式终止聘用协议，条件是提前90天。

4. 非竞争协议约束

非竞争协议一共包括六种类型。

（1）保守秘密类。在内部信息的使用及披露上，高盛规定执行董事中参与公司利润分享的有限合伙人必须按照规定去保护这些信息。

（2）确保无竞争类。高盛公司的执行董事中参与公司利润分享的有限合伙人，在其与高盛终止聘用关系的12个月内，不得在任何竞争性企业（即与高盛公司的业务构成竞争的任何营利性企业，或在这样的实体中拥有相当利益的企业）中取得5%以上的所有权、投票权和利润分享权。

（3）员工留存类。当高盛的执行董事中参与公司利润分享的有限合伙人被公司终止聘用后，必须确保其在18个月内不得直接或间接地以任何形式，动员高盛公司的任何雇员去申请或接受任何竞争性企业的聘用。

（4）客户留存类。当高盛的执行董事中参与公司利润分享的有限合伙人被公司终止聘用后，必须确保其在18个月内不得直接或间接地以任何形式，动员高盛的任何一位客户让其减少与高盛公司的业务往来或者与高盛的竞争性企业进行业务合作。

（5）客户关系移交类。当高盛的执行董事中参与公司利润分享的有限合伙人被公司终止聘用关系后，被要求在90天的合作期限内采取一切合理做法维护公司的业务、声誉，以及合作的客户和企业的业务关系。

（6）损害赔偿类。一旦有人违反上述的非竞争协议，必须就损害做出赔偿。损害赔偿的金额分成两档，第一档是针对自始就服务于公司董事会、管理委员会或合伙人委员会的执行董事，赔偿金额是1500万美元；第二档是针对其他执行董事中参与公司利润分享的有限合伙人，赔偿金额是1000万美元。

5. 保证协议约束

每份非竞争协议的损害赔偿条款都有最初价值与实际赔偿金额，用与之100%等值的股票或其他资产进行抵押，以确保在违反非竞争协议后，赔偿能得以实施。但每份担保协议在下列任一事件发生时将自行终止：

（1）相关执行董事死亡；

（2）相关执行董事在聘用关系解除24个月的最长约束期期限结束后；

（3）高盛公司公开招股5周年之后。

总之，高盛集团与执行董事中参与公司利润分享的每一位有限合伙人都签订了聘用协议、非竞争协议及保证协议。

那么，高盛集团的合伙人制度有哪些优势呢？

第一，吸引优秀人才并长期稳定。高盛在全球有两万余名员工，但合伙人只有300名，名额极其宝贵。高盛合伙人的年薪都在百万美元以上，福利待遇丰厚，且持有公司股份。但高盛合伙人是"过山车式"的，每年都要考核，每两年更新1/4～1/3，且每两年还要进行一次"合伙人才库"的选拔，以员工的商业贡献值与文化适应性作为主要评价标准。成为"合伙人才库"的成员后，不但享有优厚的红利，还能以低于市价的折扣买进高盛股票，最重要的是有机会成为高盛的正式合伙人。

第二，高风险意识与强责任意识。实施合伙制意味着合伙人承担了由于业务失误或企业业绩下滑、业绩虚假带来的全部连带责任和经济损失。面临沉重的压力，合伙人必须要更重视产品的质量控制和风险把握。

第三，扁平组织与团队合作。高盛的组织是扁平化的，因此所有业务单位都是跨部门合作。在这样的团队中，每个人都有发言权，各自发挥所长，创意随时涌现，由大家共同承担一个项目。因此，在高盛的内部流行一句话："在高盛只有'我们'，没有'我'。"在其他公司将个人表现视为员工能力的水平线时，高盛将能否融入公司看成是人才的分水岭。

第四，"双头制度"下的责任共担。在高盛长达百年的发展历程中，较长一段时期由两个CEO共同领导。这种"联合CEO"能共同决策、共同承担责任。其实不仅是最高层，高盛的很多业务部门也由"双头"共同负责。"双头制度"确保了高盛稳健的经营方向，对风险的承担和金融的创新都有更好的心理准备和接受能力。

第五，合伙人制度塑造了团队至上的企业文化。在高盛内部，合伙人制度也是一种文化。高盛的合伙人制度与公司制实现了完美结合，形成了一种独特的、稳定的、高效的管理架构。在这种管理架构下，高盛将个人对财富、声誉、地位的野心成功转化成为真正的团队精神与价值追求，个人利益与集体利益实现了统一和融合。

合伙人制度下的互联网企业

全民互联网催生了互联网经济，很多新兴企业在新经济形势下，运用移动互联网技术结合互联网商业模式，在短时间内打垮了无数传统行业的龙头企业。

如今，互联网成为新一代创业大军的首选阵地。互联网企业的蓬勃兴起，也让更多的企业经营者思考企业的未来。于是，为互联网企业加持合伙人制度成为普遍做法。有些企业经营者是以尝试的心态做，有些企业经营者则是以笃定的心态做，因为他们坚信在不久的将来，企业管理必将是合伙人制度的天下。

下面，我们通过国内几家著名企业在实施合伙制过程中的某一亮点，综合性地看一看合伙人制度是如何在互联网企业展现高能的。

一、阿里巴巴——永远不会让资本控制企业

2018年教师节这一天，马云正式对外宣布，将在一年后的同一天交出阿里巴巴的"权杖"，重拾"教鞭"，回归"教师身份"。这意味着阿里巴巴管理层代际交替的"传承计划"正式启动。对于即将接任的集团CEO张勇，马云这样说："张勇是阿里合伙人机制下人才培育体系涌现出的杰出商业领袖，把接力火炬交给他和他的团队，是我现在最应该做得最正确决定。"

马云能够从容卸任，与阿里巴巴的合伙人制度密不可分。正如马云在宣布卸任决定的当天发表的公开信中所提到的："只有建立一套制度，形成一套独特的文化，培养和锻炼出一大批人才的接班人体系，才能解开企业传承发展的难题。而这一制度就是阿里的合伙人制。"

有着"逍遥子"之称的张勇能否成为阿里巴巴成功的第二代"掌门人"，需要未来去检验，毕竟传承从来都是一条荆棘路，打造长青基业，更考验

耐力。

虽然接棒董事局主席只是万里长征的第一步，但有阿里巴巴强大的合伙人制度做保障，平稳传承是绝对有保障的，因此马云也显得十分轻松，甚至已经做好了"退休后"的打算："我可以向大家承诺的是，阿里巴巴从来不只属于马云，但马云会永远属于阿里……大家知道我是闲不住的人，除了继续担任阿里巴巴合伙人和为合伙人组织机制做努力和贡献外，我想做回教育，做我热爱的事情会让我无比兴奋和幸福。"

其实，阿里巴巴的合伙人制早已是合伙人制度中的典范，既保证了创始人及其团队对企业的控制权，也有利于更有效地规划和实施企业战略，实现企业文化传承和长青愿景。因此，阿里巴巴是一家"永远不会让资本控制的企业"，即便是马云本人也要遵守企业合伙人制度。

那么，阿里巴巴合伙人制究竟有哪些值得学习的地方呢？

1. "标准明晰"是阿里巴巴合伙人制得以推行的前提

阿里巴巴的合伙人资格审核标准非常明晰，有效保障了合伙人制度的落地，排除了猜忌、隔阂、暗箱操作或"领导者拍脑袋决策"的可能。

（1）合伙人必须在阿里巴巴服务满五年；

（2）合伙人必须持有公司股份，且有限售要求；

（3）合伙人由在任合伙人向"合伙人委员会"提名推荐，并由"合伙人委员会"审核同意其参加选举；

（4）在一人一票的基础上，必须有超过75%的合伙人投票同意被推荐者加入，合伙人的选举和罢免无须经过股东大会审议或通过。

2. 保证控制权——避免资本控制企业

阿里巴巴合伙人制的一个核心作用，就是解决创始人在股权所有权较少的情况下，继续对企业保持控制权。通过建立一个对董事会成员具有提名权和任免权的合伙人团体，使所有权与控制权分离，控制董事人选，进而决定企业的经营运作。

（1）合伙人拥有提名董事的权利；

（2）合伙人提名的董事须占董事会人数一半以上（因任何原因董事会成员中由合伙人提名或任命的董事不足半数时，合伙人有权任命额外的董事，以确保拥有半数以上的董事控制权）；

（3）如果股东不同意选举合伙人提名的董事，合伙人可以任命新的临时董事，直至下一年度股东大会；

（4）如果董事离职，合伙人有权任命临时董事以填补空缺，直至下一年度股东大会。

不仅如此，另有其他策略巩固阿里巴巴合伙人制，比如提高更改合伙人制的难度、与大股东达成一致协议等，从而保证了合伙人制度的长期性和稳定性。

正因为有了强大的规则保障，马云才对自己一手打造起来的阿里巴巴合伙人制充满信心，而阿里巴巴的合伙人制又是整个传承计划的制度基础。因此，在公开信中，阿里巴巴合伙人制被多次提及："最了不起的是我们已经变成了一家真正以使命愿景驱动的企业。我们创建的新型合伙人机制，我们独特的文化和良将如潮的人才梯队，为公司传承打下坚实的制度基础。事实上，自 2013 年我交棒 CEO 开始，我们已经靠这样的机制顺利运转了 5 年。"

二、小米——提供了可选择的报酬

在创办小米之前，雷军没有尝试过硬件创业，因而对这一块无论是人还是事，想要搞定都不容易。但雷军知道，搞定"事"的前提是要搞定"人"，于是寻找靠谱的硬件工程师成为首要任务。

但成熟的硬件技术人员，谁愿意来这个一穷二白的新公司呢？业务不够成熟的，雷军又不想用。于是，凭借在业内多年打拼积累下来的人脉，他列出了 90 多人的"强挖名单"，接下来是连续数天的"电话粥"和"茶话会"。往往为了说服一名硬件工程师加盟，要连续攀谈几个小时，但得到的回复都是担心小米模式不能盈利。

其实这种担忧是正常的，一名硬件工程师在大企业承受着很大的工作压力，但也享受着很高的薪酬福利。如果转到小米这样的初创公司，工作压力只升不降，薪酬则只降不升，这种落差不是谁都愿意承受的。

但雷军始终坚信，想要得到"对的人"本就是困难的。在他坚持不懈的努力下，一些人终于"顶不住了"，甚至有的合伙人在后来谈及此事时半开玩笑地说："不答应不行啊，聊到体力不支了。"

可以说，小米成立的元年，雷军大部分时间都用在寻找合伙人上。如今看来，他一手搭建起来的团队无疑是成功的。好的团队是产品的保障，创业成功的必要条件之一就是拥有好团队。

随着人才一个一个被挖到公司，雷军要面临的是如何绑定他们，还要尽可能地减少创业期间的人力支出。有一个好办法就是推行全员持股、全员投资计划。小米起步阶段的56名员工，自掏腰包共投资了1100万美元。这其中还有一个传奇性的故事，当时唯一的一位女员工为了投资小米卖掉了嫁妆……

毫无疑问，让别人投资了，就会承受比正常创业更大的压力，雷军认为"这部分员工实际上都是他的老板"，每个人都能问他："雷总，咱们的公司办得怎么样了？"

关于小米的发家史，此处不再赘述。到2018年，小米上市了，市值直逼千亿美元，成为近几年来全球最大的IPO，财富盛宴就此展开。按照雷军的话说，"终于实现了'飞猪梦'"。

在最令人兴奋的分钱环节，可以想象，最原始的那些投资者收获到的一定是令人咋舌的财富。那位卖掉嫁妆的女孩现在可以得到价值更高的回报了。

小米一共14000多名员工，有5500多人拥有公司期权激励，比例相当大。之所以形成大量员工持有期权的局面，跟小米提供的可选择的报酬有关。任何人加入小米时，面临三个选择条件：①可以选择和跨国公司一样的报酬；②可以选择2/3的报酬+股权；③可以选择1/3的报酬+股权。提供股权激励的门槛设置得很任性，任何工作表现好的员工都可以得到，比如客服人员只要工作半年以上，符合考核标准就给期权。

最终，10%的人选择了1/3的工资，80%选择了2/3的工资，剩下10%的人选择跟跨国公司一样的报酬。

三、韩都衣舍——赋能型的小组制

韩都衣舍从2008年由做代购到做自有品牌，10年时间发展成为估值36亿元的名牌企业。如今，韩都衣舍的款式开发能力已是世界第一。ZARA全球总的开发款数是每年18000款左右，韩都衣舍仅女装的年开发款数就超过20000款，整个集团年开发款超过30000款，且售罄率做到95%。

韩都衣舍的发展与其独创的小组制密不可分，也可以说是小组制让韩都衣舍迅速崛起，成为可以与国际品牌争锋的大企业。

当传统企业在"公司+雇员"的组织框架下依然如鱼得水时,韩都衣舍作为一家名不见经传的小作坊,却决定摒弃这种结构稳定又分工明确的层级管理模式,进而开创新时代企业的新组织模式——小组制,即管理或服务平台+业务平台去支持前端的灵活创新,以"多个小前端"去实现与"多种个性化需求"的有效对接。

韩都衣舍的小组制究竟是怎样的呢?

1. 公司予以小组全力支持

公司成立企划中心,统筹全局。其主要职责是根据历史数据,参考年度的波峰波谷节奏,制订整体目标;再用售罄率倒逼各个链条,做到单款生命周期管理,将品类目标分解到各个小组,各小组在年度、季度、月度都有非常详细的考核指标。

此外,韩都衣舍的管理架构摒弃了传统的"金字塔结构",而采用"倒三角架构",董事长兼CEO赵迎光称之为"倒三角的服务型组织",目的就是为各小组服务(见图2-1)。

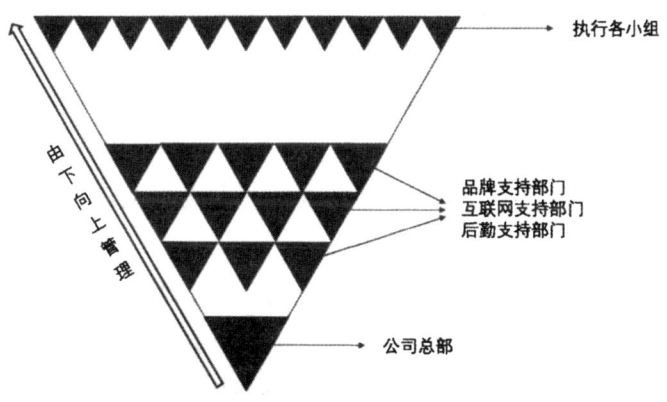

图2-1　韩都衣舍"倒三角服务型组织"

由上图可以看出,这种倒三角的服务型组织分为三层:(1)企划、视觉、市场等品牌支持部门;(2)供应链、物流、客服、IT等互联网支持部门;(3)人力、行政、财务等后勤支持部门。整个公司以小组为中心,其他所有部门全是小组的支持部门,所有公共资源与服务都围绕着小组去做。

2. 小组制的成员构成

正常情况下每三人一组,常规配置为:

一名设计师，负责产品的研发设计，核心工作是在市场上寻找热点和流行元素，确定哪种面料、款式、颜色、尺码更能引起消费者兴趣；

一名运营专员，负责推广页面的制作，主要工作是对卖点进行提炼以及产品包装、视觉效果设计等；

一名货品专员，负责采购和供应链组织，工作内容包括打样、下单、协调生产、采购、库存管理等。

小组整体负责非标准化的环节，如选款、页面制作、打折促销等（标准化环节如客服、市场推广、物流、摄影等由公司负责）。

小组由员工自由组成，不合适可以退出，实行重组。于是，韩都衣舍有一种常见的"怪现象"，公司内部贴满了挖人海报，各小组之间上演着挖角与反挖角大战。

3. 组长决定组内奖金分配

公司只对小组整体进行考核，并根据考核标准分配奖金。具体每组的奖金分配由组长依据公司统一考核标准进行分配。考核标准是公开的，避免了组长营私舞弊的情况。组长也有部分权限调整奖金分配，通常是为了留住人和激励下属。

比如，某小组业绩优秀，当年第三季度获得24000元奖金，根据公司考核规定，组长自己可得到12000元，两位组员各得到6000元。但组长考虑要留住优秀组员，就在自己的奖金中拿出4000元均分给两位组员，这样三个人都拿到了8000元奖金。

再比如，某小组业绩一般，当年第二季度只得到1600元奖励，公司规定组长可得700元，两位组员各得450元，组长想要激励两位下属，每人分给了800元。这种时候，组员可以选择与组长同舟共济，想办法提高小组业绩，也可以在认为该小组没"钱途"的情况下，脱离组长另谋高就。

4. "先离婚，再恋爱"的重组机制

（1）允许一人小组。这是为了帮助组员实现自由重组而设计的另一种机制。根据韩都衣舍的规定，任何组员都有权利在任何时候选择脱离当下小组。但如果在还没离开当下小组的情况下，就与其他小组探讨重组事宜，显然对当下小组和即将成立的新组造成不良影响。为此，公司设计了"一人小组制"，让组员们先办"离婚"，恢复"单身"后，才可以开始"新恋情"，进行重组，这就避免了因"婚外情"而引发纠葛的情况。

（2）建立财产分割制度。一个人想要离婚，必然会涉及婚前财产，或许还有婚前债务，该怎么处理？在韩都衣舍的小组制中，组员离开原小组后，其婚前财产（奖金）可以记录在公司账目上，到时统一发放。但婚前债务（库存）呢？比如，有人要脱离原小组，但有30万件的库存未处理，有好卖的有不好卖的，怎么分？留下来显然不合理，后来者没有义务给前人填坑。为此，公司建立了财产分割机制，必须将属于自己的库存带到新小组，在规定的时间内消化掉，这种机制有助于和平分手和顺利重组。

（3）设立培养费。韩都衣舍的小组数量并不固定，优秀组员可以从原小组中脱离出来成立自己的小组，不合格的组长也可能被剥夺资格重新成为组员。如果是优秀小组的组员出来单干，一年内须向原小组付10%的培养费，这样既是对原小组的尊重，也能让组员充分地自由竞争。

（4）给组长定位。业绩差的组长一定会被剥夺组长资格吗？不一定。连续两年业绩差的，就有失去组长资格的风险。但不是所有的组长都具备提增业绩的能力，有些组长更了解企业文化，适合带新员工，那么，这样的组就要保留下去，让组长发挥带新人的优势。这就如同教小学用小学老师，教大学用大学老师一样，是比较合理的搭配。而且，这些被定位为带新人、传承企业文化的组长们，也知道自己的能力上限，拿低一些的工资也心甘情愿，会踏实地在公司干下去。

5. 小组的权限

在说完了小组的组成、脱离与重组的情况后，接下来看看小组的权限。这是很重要的，既要小组加速跑，还要小组跑得好。

小组最主要的权利体现是资金额度的自由支配权。该额度与小组的销量直接挂钩，卖得越多，额度越大。同时，小组还拥有如下权利：

（1）款式决定权。包括各款式多少个颜色、多少个尺码、库存数量等。

（2）各款式定价权。包括先期定价和后期调价。

（3）促销活动选择权。包括打折节奏和折扣程度。

（4）广告位的自由竞价权。主要商定是否参加网站平台上的活动。

以上这几项权利在其他服装公司，就是只有老板才有的权利，但在韩都衣舍，当上组长就等于先过了一把老板瘾。

6. 小组的考核与奖励

韩都衣舍的奖金制度非常透明和清晰，计算公式为：

小组奖金＝销售额 × 毛利率 × 提成系数

其中，提成系数与业绩完成率、毛利率、库存周转率等有关。

小组的奖金额是各小组成员自己干出来的，公司不会干预。在各考核期末，各小组根据公司规定的考核标准，可以算出来自己能拿多少钱，想多挣钱就努力干。

为了给各小组打强心剂，公司每天早上会公布前一天的销售排名，可以想象，不管排到第几，内心都是波涛汹涌的。力争上游、不甘落后是每个勇于竞争的人的心理常态。

在这种机制下，组长们会自觉地以老板的思维方式去看数据、定策略、关注毛利和库存指标，积极主动提高业绩。

不仅是各小组，管理小组的人也有一套考核标准。目前，韩都衣舍有300多个小组，为了方便管理，设立了若干主管和经理职位，专职为小组协调资源，算是名义上的上级。主管和经理的奖金与小组的计算公式一样，他们也有动力去帮助小组完成任务。

在考核对于小组制的加持上，赵迎光说："如果说授权是事业合伙制的核心，考核就是事业合伙制的关键。"

7. 公司对目标的控制

既然给予了小组极大的权限，也设定了诱人的奖金制度，还必须加强对目标的控制，否则就容易演变为"不择手段的游戏"。

公司按历史数据制订年度总目标，企划部会跟每个小组谈各自组的目标，再依此将总目标分配到各小组，小组按目标任务获得一定数目的资金额度。记住，目标也是对小组工作的约束，是一种责任。但责任不仅是销售额，还有对毛利率和库存周转率的要求。

比如，公司基于去年的数据，确定今年的增长率是40%，销售目标是10亿元。A小组去年销售100万元，今年的目标设定为140万元，并给予70万元资金自持。

此时会出现两种情况，一种是乱报额度，另一种是摊派额度。

（1）乱报额度是指小组为了获得更高的资金支持而将目标额度报得很高，

就像 A 小组，目标定在 140 万元很合理，也有激励作用，但组长报了 200 万元的目标，只为得到更多资金支持。对于这种情况，公司可以用奖金考核加以限制。如果 A 小组坚持报 200 万元的销售目标，公司提供 100 万元资金支持，该小组完成至少 90% 方可通过考核获得奖金，低于 90% 则无奖金。这就避免了乱报目标的现象，毕竟没人愿意白辛苦。

（2）摊派额度是指因为怕目标报高了不易达到从而影响小组获得奖金，而将目标故意报低。这种情况显然也不利于公司发展，公司需要进行干预，在分析之后将小组目标上调至合理范围，但需要与小组成员协商，确保上调份额不影响完成情况，以打消小组的抵触心理。

8. 与小组制配套的组织设计

关于这一点，我们重点介绍"竞争—投诉机制"。

前面说过，小组负责有竞争机制的非标准化部分，可以有效调动各小组的工作积极性。但给前端各小组提供服务的其他后端小组呢？前端小组是由设计师、运营专员和货品专员组成的一线小组，后端小组则是为前端小组提供保障的各部门的小组，比如材料部门、视觉部门、IT 部门的小组等。

材料供应有至少两个以上的小组同时存在，它们是竞争关系，网罗自己的"客户（各前端小组）"，前端小组可自愿选择在哪个材料小组下单，如有哪个供应小组服务不到位或者口碑不佳，就会影响在"客户"心中的印象，从而影响自己的业绩。

视觉部门中的摄影环节也至少有两个以上的小组，它们也要尽其所能地网罗"客户"。如果哪个摄影小组让"客户"认为水平不行或服务不行，就会立即被踢开，业绩将大幅下滑。

正是这样的竞争机制，促使内部机构主动地、不断地提高综合能力，同时也有效避免了腐败情况的发生，更重要的是确保了公司整体运营的流畅性。

其实，这些后端小组还要承受被前端小组投诉的压力。毕竟作为小组组长，要为全组负责。一次，有位组长投诉一个材料供给小组，因为对方拖延了供货时间。"如果为了自己，少拿几百块钱奖金无所谓，但我还有两个兄弟，他们要养家糊口。如果这个事情耽误了，小组的奖金少拿了，我怎么向两个兄弟交代？"

看看，韩都衣舍的组长们都很彪悍。当运营管理部门接到投诉后，会根据内容及时召开会议解决问题,这种自上而下的信息反馈,效率非常高。因此,后端小组的组长们就彪悍不起来了,反而培养出了很好的服务意识。就像赵迎光说的:"我们的行政后勤服务意识好,是被投诉出来的。"

以上是对韩都衣舍小组制的分析。

最后,我们以较短的篇幅总结一下,韩都衣舍的小组制为什么被称之为"新时代企业的新组织模式",它解决了旧有组织结构的哪些难题。

(1)极大提高了运营效率。只要在公司规定的范围内,产品小组完全可以按照自己的意愿控制产品开发等运营环节。同时,根据消费者需求,对产品不断进行改进,提高消费者的体验感。

(2)极大降低了库存风险。销售额、毛利率和库存周转率,是每个"小前端"业绩考核的核心指标。为了获得更多提成、更大利润,每个小组会根据公司提供的各种参考数据,预估销售量,下订单时遵循"少量多次"的原则,库存风险得到严格控制。在新产品上架15天后,韩都衣舍通过系统的数据模型,将产品划分为"爆、旺、平、滞"四类,企划中心对不同级别的产品有不同的营销策略,这样使整个产品端反应更灵敏,能有效控制风险。

正因为有这样两个核心优势,韩都衣舍的年度库存周转率可以达到6次以上,当季售罄率可以达到90%~95%。

四、华为——合伙人制度的发展是渐变的

华为早在1990年就推出了员工持股概念,拟让员工成为企业的事业合伙人。与其他企业的事业合伙人制度不同,华为的合伙人持股平台是"工会委员会"。这个阶段的合伙人收益主要是固定的股票分红。

华为创始人任正非曾告诫员工:"在公司改变命运的途径有两个,一是奋斗,二是贡献。"在号召大家奋斗、贡献的同时,任正非也给大家吃了一颗定心丸,他有一句"分钱名言"是这样说的:"在华为20年内所做的最重要的事,就是分钱。把钱分好了,组织就活了。"

员工奋斗与组织分钱,其实就是合伙人裂变模式的基本内涵。基于这一理念,华为建立了独特的分钱机制——华为股权激励计划。

1998年,华为高层赴美考察,目的就是学习期权激励和员工持股计划。

最终他们带着"虚拟受限股"激励制度的学习成果回国。经过一番理论性的争辩，华为决定实施虚拟受限股权激励计划。

2001年7月，华为公司股东大会通过了股票期权计划，推出《华为技术有限公司虚拟股票期权计划暂行管理办法》，并得到了深圳市体改办的批复同意。该计划的重点内容如下：

（1）华为公司员工持有的原股票被逐步消化吸收，转化为"虚拟受限股"（以下简称"虚拟股"）。

（2）华为的虚拟股没有公开的市场价格体系参照，采取的是每股净资产的价格，但具体计算方式不予公开。

（3）持有虚拟股的员工的权利仅限于分红和股价增值收益，不涉及产权。因此，掌握实际权利的仍是华为控股股东会。

在该计划推出后，华为实施了相应的员工持股改革：新员工不再派发长期实行的1元/股的股票，老员工的股票也逐渐转化为期股——虚拟股。虚拟股由华为工会负责发放，发放标准是员工的工作水平和对公司的贡献，两者的均值决定其获得的股份数（对应了任正非说的"一是奋斗，二是贡献"的改变命运途径）。员工获取虚拟股的价格以公司当年的净资产价格为准。拥有虚拟股的员工，主要收益发生了变化，除了可以获得一定比例的分红外，还可以获得虚拟股对应的公司净资产增值部分。

从2002年开始，华为公布的当年虚拟股执行价是逐年递增的。2002年每股净资产2.62元，2003年每股净资产2.74元，2006年每股净资产3.94元，2008年每股净资产达到4.04元，员工的年收益率达到了25%~50%。

由此可见，该计划实施后，员工从虚拟股中获得收益的大部分不再是固定的分红，而是其对应的公司净资产的增值部分。从固定股票分红向"虚拟受限股"的改革是华为激励制度从"普惠"原则向"重点激励"原则的转变。

为了让激励更具效力，2008年华为再次调整虚拟股制度，实施"饱和配股制"。规定员工的配股上限，每个级别达到上限后，就不再参与新的配股。比如，级别为13级的员工，持股上限为两万股；级别为14级的员工，持股上限为5万股。这一规定让手中持股数量巨大的华为老员工们配股受到了限制，给新员工的持股留下了空间。

但是，无论是"虚拟受限股"还是"饱和配股制"，都属于长期激励，很容易形成"双刃剑"。在企业供职年限长的老员工，因为拿够了虚拟股份额，可以躺在股票收益上混日子，导致内部分配愈发不公，背离了华为"以长期奋斗者为本"的核心价值观，这是华为绝对不能容忍的。再有，当时执行的虚拟股激励虽然是舶来品，但经过多年实行后，已经带有严重的中国特色，导致华为在激励模式上无法与国际接轨，对大批外籍员工的激励效果很差，也在很大程度上阻碍了华为全球人才的流动。

为此，华为再一次对股权激励制度进行改革，于2013年推出了"TUP计划"（Time Unit Plan），即"时间单位计划"。

这是一种现金奖励型的递延分配方法，属于中长期激励模式的一种。每年根据员工的岗位、级别、绩效等因素，给员工配置一定数量的期权，期权不需要员工购买，5年为一个结算周期，接近于分期付款。预先给出获取收益的权利，但要想将权利全部兑现，需要在未来凭表现逐年实现。

比如，2014年给A员工配了5000股，当期股票价值为5.15元/股，规定当年（第1年）没有分红权。

2015年（第二年），A可以获取 $5000 \times 1 \div 3$ 的分红权。

2016年（第三年），A可以获取 $5000 \times 2 \div 3$ 的分红权。

2017年（第四年），A可以全额获取5000股的分红权。

2018年（第五年），在全额获取分红权的同时，还要对A持有的虚拟股进行股票增值结算。如果当年股价升值到6.15元/股，则第五年A能获取的回报是：2018年分红 $+5000 \times (6.15-5.15)$。同时，对A所持有的这5000股进行权益清零。

注意：除了涉及分红和股本增值，其他方面与涉及所有权性质的股票没有任何关系。

可以看出，华为的5年TUP，前四年递增分红权收益，最后一年除了获得全额分红权收益外，还可以获得5年中股本增值的收益。

TUP与现行的虚拟受限股结合，可以解决任正非多次批评的"财富过度集中到部分人手中,从而导致基层员工无缘分享公司发展红利"的问题。

正如华为轮值CEO郭平所说的:"TUP计划本质上是一种特殊的资金,是基于员工历史贡献和未来发展前途来确定的一种长期但非永久的奖金分配权力。"

华为合伙人计划的发展历程(见图2-2)。

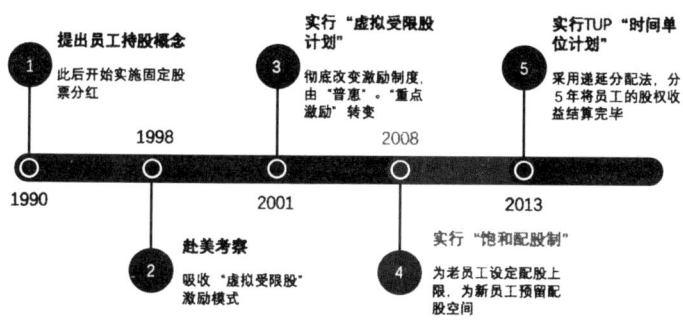

图2-2　华为合伙人计划的发展历程

合伙人制度下的非互联网企业

在互联网时代,传统企业受到了前所未有的冲击。很多传统企业第一轮就没能顶住,成了对手上位的垫脚石。也有一些还在顶着,但日子并不好过,总是徘徊在"突然死亡"的边缘。但也有一些传统企业不但成功顶住了,还活得很好,甚至反手给了互联网企业重重一击。

同是传统企业,为何差距如此大?其中定有隐情。这个隐情的主线就是企业制度发生了根本性变化,合伙人制度取代了传统的雇佣制度,让企业夺回"大势",再战乾坤。

一、万科——从职业经理人到事业合伙人

现如今,社会经济正处于速度换挡、结构调整的关键节点,传统的商业模式正在遭受冲击。在相当紧迫的环境下,企业革新迫在眉睫,而能够有效引领企业进行快速且正确革新的不再是擅长守旧的职业经理人,而是更加了

解当代企业运营机制,并能在复杂环境中有所突破的企业家。企业家不是传统意义上的企业创办人,而是参与企业经营的合伙人。

万科作为中国房地产业的龙头之一,在传统经济一统天下的时代迅速做大,又在新旧经济交替的时代坐稳头把交椅,但在新经济成型之后,庞大的万科系统也必须转型。为此,王石也被牺牲了,因为他一直称自己是"职业经理人",但在退位时他强调万科实行事业合伙人制度。

万科的合伙人裂变模式,可以称为事业合伙人制,其主要内容有两点:一是集团层面的合伙人持股计划;二是项目层面的跟投合伙制。

合伙人持股计划是企业管理常见的合伙人模式,基本上企业采用合伙人制必须进行设计,但根据各企业的不同状况,在具体数据上有所差异。

跟投制就是除了万科的高层(董事、监事、高级管理人员等)之外,其他员工可自愿参与公司项目投资,投资总额不超过所投项目峰值的5%。这种跟投制正是万科事业合伙人制的创新突破点。

那么,以合伙人持股和项目跟投为核心的事业合伙人制对于万科有什么重要意义呢?

1. 集团合伙人持股计划

该计划的目的是经营层通过增持公司股份加强对公司的控制,是传统的股东治理路线。

2014年5月,万科A(000002.SZ)率先推出事业合伙人计划。到当年9月,根据万科发布的公告显示,合伙人计划实施后,其共持有本公司A股股份359036339股,占公司总股本的3.26%。

实现的过程分为三步:(1)万科员工将"EP(超额净利润)资金"委托盈安财务顾问有限公司打理,期间成立信托计划(普通/一般合伙人);(2)盈安财务顾问有限公司、上海万丰资产管理有限公司(有限合伙人)和华能信托(有限合伙人),共同成立盈安财务顾问企业(有限合伙);(3)由盈安财务顾问企业设立国信证券资产管理计划,并进行外部融资,买入万科股票(见图2-3)。

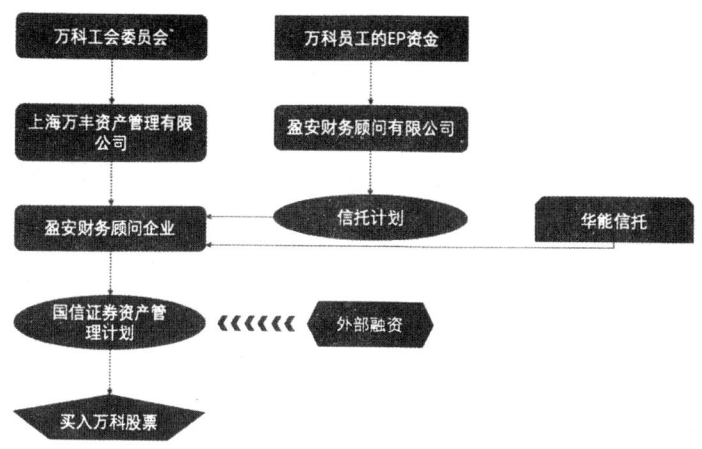

图2-3　万科的集团合伙人持股计划的实施过程

这种合伙人持股计划有三点优势。

（1）集体优势，撬动杠杆。资金来源是集体性的，由万科事业合伙人集体委托管理的EP账户，利用"盈安"外部融资，杠杆至少为1∶2。

（2）增加股比，加大控制。管理层可以拥有更多的董事会、股东大会的表决权，对于夯实控制权意义重大。

（3）绑定员工，关注市值。强化了管理层与股东之间的共同进退关系，对二级市场也是一针强心剂。

2. 项目跟投合伙机制

员工以自有资金参与投资万科旗下的新建地产项目，其中公司的一线管理层、项目直接操盘团队以及项目的所有参与者必须跟投，其他员工自愿跟投。其中，一线管理层和项目直接操盘团队的起投资金不少于20万元，项目层面参与者的起投资金通常不少于5万元（各项目之间会有差异）。项目被要求必须跟投的人员可以在支付市场基准贷款利率后，选择受让份额。

基于这样的项目跟投合伙机制，万科可以达到以下目的：

（1）责任共担，利益共享。跟投之后，公司的一线管理层和项目的直接管理人员都会自觉增加对项目的关注度，以"投资者+管理者"的身份更高效地发挥工作热情，将工作执行到位。

（2）建立机制，进退有序。在跟投计划满18个月后，若跟投人员想要退出计划，可以按照同期贷款基准利率付息兑现收益。

（3）加强管理，设置上限。跟投的上限是项目资金峰值的5%，确保了跟投者既有利益可以分享，又不至于权力过大而干扰项目实施。

二、永辉——增量利润的再分配

大型连锁超市属于传统企业，它存在一种人尽皆知的现象，就是一线员工干着最脏、最累、最粗的活，却拿着最低的薪水。这是因为超市的一线岗位所需要的员工都是极容易被替代的，不需要特殊的技能，不用有多高的学历，都是一些随手就能干的活，能够从事的人非常多，因此整个行业的员工流动性非常高。而且，这些超市一线从业者也深知自己能力不够，在社会上竞争力差，能找到一份工作不容易，即便工资低微也会继续干下去。但这并不意味着员工可以任劳任怨地干，相反他们并不情愿，干起活来就是"当一天和尚撞一天钟"的心态。

一次，永辉超市掌门人张轩松来到一家门店，看着每月拿2000多元的一线员工无精打采地工作，他很受触动："他可能刚够温饱，怎么可能有干劲！"顾客从员工脸上难以看到的笑容，张轩松同样看不到，他看到的只是员工的"粗暴"，码放蔬菜就是"随手一丢"或者"往那一砸"，受过撞击的果蔬会加速变黑变烂。很多员工作多年，不可能不知道这一点，但他们依然如此，因为果蔬的好坏与他们无关，顾客的反应与他们无关，超市的损失与他们无关，超市的利润更与他们无关。既然都无关，消极怠工就成了必然。

经过数次"微服私访"，张轩松意识到，不能再这样继续下去了，必须有所改变。不能只关注如何获取外部客户，即维系老客户和吸引新客户，更应该重视自己的"内部客户"——一线员工。

一线员工对消费者的购买行为几乎有决定性影响，据数据统计，至少有80%的客户会因为服务员的态度决定自己是多买点还是少买点或者不买。可见，一线员工虽然与企业管理层距离最远，但给企业带来的影响是最直接的。

关于如何提高一线员工的工作积极性，在永辉之前很多业内企业做过各种尝试，都是"换汤不换药"——在薪酬上做文章。单纯地给员工涨工资，涨多少合适呢？涨多了企业吃不消，涨少了员工没感觉。永辉超市在全国有6万多名员工，如果每人每月增加100元工资，永辉一年就要多付出7000余万元薪资，大概相当于年净利润的10%。企业为此将付出巨大的经济代价，可员工的感受如何呢？每月多挣100元，对生活的改善几乎起不到多大作用，也就谈不上激励效果了。

看来，上调工资犹如做代价巨大的无用功，得不偿失。因此，既为了增加员工的薪酬，也为了节约成本（主要是果蔬的损耗），还为了提高营业收入（吸引更多顾客来消费），实行合伙人制势在必行。于是，永辉超市在执行副总裁柴敏刚（现已离职，文中所有柴敏刚的言论都是其在永辉任职期间的言论）的指挥下，对一线员工实行"合伙人制"激励。

1. 试点先行的"合伙制"

2013年，永辉超市引入了"合伙制"。起初只在福建大区进行试点，而且只在生鲜品类的销售岗位试行。试点期间，结合企业所在的行业特性和自身特点，逐渐对合伙制进行革新，发现"新式合伙人制度"给一线员工注入了强大的活力和旺盛的斗志。

2014年，永辉超市在全国范围内推广合伙制，合伙人制度的阳光普照到了每个基层岗位。

对于这段试错的历程，柴敏刚表示："这也是一个试错的过程，我们希望能够在未来找到一个科学的机制，与每一位员工共享利益……永辉合伙人制度，最多的时候有七八个版本，到目前也是根据区域的不同，存在两三种方案。"

2. 增量利润的再分配

增量利润是永辉合伙制的精髓，是公司总部与"经营单位"根据历史数据和销售预测制订的业绩标准减去实际经营业绩后超过的增量部分。增量部分的利润按照公司总部与经营单位事先约定的比例进行分配。

因为永辉有6万多名员工，经营单位不可能以员工为单位，而是以门店或柜组为单位，与总部协商敲定至关重要的业绩标准与考核标准。因此，门店和柜组就是基层员工参与合伙人计划的代表组织。

"一般情况下，合伙人是以门店为单位与总部来商谈。永辉总部代表、门店店长、经理以及课长，我们一起开会探讨一个预期的毛利额作为业绩标准。将来门店经营过程中，超过这一业绩标准的增量部分利润就会拿出来按照合伙人的相关制度进行分红：或者三七（开），或者四六（开），或者二八（开）。店长拿到这笔分红之后就会根据其门店岗位的贡献度进行二次分配，最终使得分红机制照顾到每一位基层员工。"柴敏刚说。

合伙人计划实施以后，原本对该计划并不抱希望的一线员工突然发现，自己的收入和品类、柜台、部门的收入是挂钩的，而且能得到多少收入是自己能掌控的，只要自己为顾客提供更优质的服务，只要自己能减少商品的损耗率，自己就可以得到更多回报。一下子，永辉的一线员工都来了干劲，不用再多强调一句，对果蔬轻拿轻放成了常态，特别注意执行保鲜程序，好像突然和这些商品成了"朋友"。这就不难理解，为什么在国内整个果蔬类产品损耗率超过30%的情况下，永辉超市的果蔬损耗率不到5%。

将永辉的一线员工与公司紧紧地绑在一起，成为一个共同的利益团体，极大地降低了企业的管理成本，员工的流失率也显著降低。

3. 永辉超市"合伙人制"——"门店合伙人项目"方案的核心

从2013年开始试点，到2015年通过总结经营和修正不足，《永辉超市股份有限公司2015年门店合伙人方案》也随之正式实施，其核心有两点：

（1）以门店为"阵地"，辐射所有"参战人员"。以门店为单位，以门店的整体业绩和任务达成情况为参与分红的前提条件，从"前线"的营运部门，到后方的"后勤部门"，从"高级指挥员"店长到"普通一兵"的店员都要参与。

（2）打造专属于永辉的企业文化品牌。充分调动员工工作的积极性，激发员工超额完成公司下达的经营任务，践行并夯实"融合共享、成于至善"的企业文化。

4. 合伙人制度的适用范围

永辉超市的门店合伙人机制并非面向公司所有成员，而是设置了明确的合伙人参与资格。其中，可参与人员为4类，不参与人员为3类，如表2-1所示。

表2-1　永辉超市门店合伙人参与资格

可参与类员工	不可参与类员工
店长、店长助理	微店课、咏悦汇、新肌荟、茅台等课组人员
四大运营部门人员	培训师、实习生、寒暑假工、学习干部
后勤人员	普通小时工（工作时间＜192小时/月）
固定小时工（工作时间≥192小时/月）	

5. 分红分配模式

对于参与门店合伙人机制的各类人员，永辉超市设定了明确的前提条件，只有满足条件的员工才能拿到分红。

总的分红前提条件是：门店销售达成率≥100%，利润总额达成率

≥100%。两项条件缺一不可。

而各类参与门店合伙人机制的员工所对应的分红前提条件则是有差别的（见表2-2）。

表2-2　永辉超市门店合伙人机制参与员工的分红前提条件

类别	分红条件
店长、店长助理、后勤人员	门店销售达成率≥100%，利润总额达成率≥100%
营运部门经理、经理助理	部门销售达成率≥95%，部门毛利达成率≥95%
部门公共人员	
营运部门各课组人员	课组销售达成率≥95%，课组毛利达成率≥95%

6. 奖金包

在红利分配方式上，永辉超市采用"奖金包 × 分配系数"方案。奖金包以门店为计算基础，将每个门店总体能拿到多少分红计算出来。具体包括：

（1）门店奖金包＝门店利润总额超额 ÷ 减亏部分 × 30%。

（2）门店利润总额超额/减亏部分＝实际值 – 目标值。

（3）门店奖金上限：门店奖金包≥30万元时，奖金包按30万元发放。

具体到参与门店合伙人机制的员工的奖金包计算方式如表2-3所示。

表2-3　永辉超市门店合伙人机制参与员工的奖金包计算方式

职级	各职级奖金包分配
店长、店长助理	门店奖金包×8%
经理级	门店奖金包×9%
课长级	门店奖金包×13%
员工级	门店奖金包×70%

7. 分配系数

奖金分配系数以部门毛利额达成率的排名状况来确定。其中，第一名分配系数为1.5，第二名分配系数为1.3，第三名分配系数为1.2，第四名分配系数为1.1，后勤部门分配系数为1.0。

比如，某门店生鲜部毛利达成率在该店四大营运部门中排名第一，生鲜部对应分配系数为1.5，即生鲜部的经理、经理助理、课长、员工的分配系数均为1.5。

8. 总份数

总份数 = ∑ 各部门同职级人员人数 × 部门毛利额达成率排名对应分配系数

（1）经理级份数，含经理助理。

（2）课长级份数，含副科长。

（3）以上统计的份数，不包含双指标未达成的部门或课组各职级人数。

9. 出勤系数

是对参与门店合伙人机制的员工出勤率的考核。

出勤系数 =（当季应出勤天数 − 事假/病假/产假/工伤假天数）÷ 当季应出勤天数

10. 合伙人奖金计算方式

永辉超市为合伙人奖金计算制订了奖金包、分配系数、总份数、出勤系数等要素（上述已进行解读）。奖金发放形式按季度结算，奖金与次月工资一起发放。计算公式如表2-4所示。

表2-4　永辉超市门店合伙人机制参与员工的奖金计算

职级	个人奖金
店长、店长助理	店长级奖金包 ÷ 店长级总份数 × 对应分配系数 × 出勤系数
经理级	经理级奖金包 ÷ 经理级总份数 × 对应分配系数 × 出勤系数
课长级	课长级奖金包 ÷ 课长级总份数 × 对应分配系数 × 出勤系数
员工级	员工级奖金包 ÷ 员工级总份数 × 对应分配系数 × 出勤系数

注：本案例所有材料来源于永辉超市相关公开资料，如《永辉超市股份有限公司2015年门店合伙人方案》等；部分内容借鉴于万方数字平台上孙玉敏所著的《"门店合伙人"成就永辉超市》。

三、海尔——独创"自主经营体机制"

传统企业的经营管理始终面临一个老大难问题——没有将目标、市场、分配三个基本元素有效整合的管理机制。为此，目标的制订、薪酬的考核、激励的改善，成为悬在企业头上的三把"达摩克利斯之剑"，越是想要平衡各方利益，越发现牵扯太多，无从下手。

海尔也曾多年寻觅良方未果，直到开始效法合伙人机制，从中裂变出的"自主经营体机制"终于将此难题彻底解决。

所谓"自主经营体"，英文简称SBU，是指在用户需求的推动下，由企业内部来自不同职能部门的市场数据链接各环节（包括市场、企划、研发、生产、供应链、渠道、人力、财务等），组成的能够共同对用户需求进行及时反应，并能独立核算投入与产出的自主经营团队。

可见，这个自主经营团队打破了公司原有的职能部门界限，形成了跨部门、跨区域、跨项目的综合团队。通过损益表、日清表、人单酬表等核算方式进行独立核算，促使每一位身处其中的员工主动工作。

当然，海尔的SBU也是为适应时代发展而不断创新的，这也保证了SBU在海尔的良好效果。

1. 公司内部结构的转变

"金字塔结构"是传统企业惯有的组织形式，越往塔尖职位越高。在新经济环境下，这种罗列层级的滞后管理结构已经愈发遭受摒弃了，取而代之的是倒立的金字塔——"倒三角结构"。三角的尖端朝下，意味着公司管理层从最高处降到最低处，而且整个组织的重量都压到这个小尖角上，管理层的责任比以往更重了，对广大员工的依赖也更大了。

在海尔，处在"倒三角"最顶端的是与顾客接触最直接的员工（销售人员、服务人员），往下是各个部门负责人，顶端员工将市场需求向下反馈，保证"市场"成为企业各种行动的起点。

这种以"市场链"为纽带的组织结构，结合"OEC管理"（日清日高、日事日毕），将每一位员工从被管理的客体改变为参与经营的主体，实现了"人单合一"。

2. 员工自有身份的转变

不仅海尔自身转变为SBU，每一位员工都转变为"微型SBU"。员工视自己为自主经营、自负盈亏的小企业，公司为每一个"微型SBU"设计了一张财务报表，即"微型SBU损益表"，上面将每个人的支出与收入清楚列出。员工必须对自己负责，并对自主经营的整个流程进行控制，争取在周期内实现利润突破。如果"微型SBU"连续两个周期亏损，公司就要进行人员调整。

3. 企业功能的转变

"创业得到企业，企业阻止创业。"这句话怎么理解？每个企业都是通过创业得到的，但企业本身剥夺了处于其中的员工的创业机会。但当代经济形势鼓励人们去创业，做一个"创客"，这显然与传统企业是矛盾的。

海尔在形成"自主经营体"后，企业功能也发生了转变，在内部搭建创业孵化平台，将原来只负责执行命令的员工转变为企业的动态创业合伙人。

这条"创客链"更加彻底地打破了企业边界，在形成的满足用户需求的利益共同体生态圈中，通过与各平台的合作协调，各类优质资源被源源不断地输送到以自组织、自管理方式形成的"小微单元"。

目前，海尔有8万多名员工，一共形成了2000多个自主经营体。海尔通过小经营单元带动了自身大生态圈的活力，这正是平台战略化的精髓所在，即"小前端+大平台=富生态"。

四、碧桂园——内部跟投更有价值

2017年，碧桂园以销售业绩5500.1亿元首次超过万科，成为业内最大"黑马"。能在几年内取得如此成绩，与其合伙人裂变模式密不可分。

碧桂园的合伙人制起源于2012年推出的"成就共享"计划，这对促进员工的工作积极性起了很大作用，使企业实现了一次小的飞跃。

2014年11月，碧桂园对"成就共享"进行升级换代，又推出了"同心共享"。在前者的基础上，碧桂园积累了相当多的经验，计划设计得非常到位，激励效果显著，使企业业绩在后来几年呈爆发式增长。

"同心共享"计划规定：集团设立投资公司，每个区域设立各自的投资公司，集团和区域管理团队对每个新项目进行上限为15%的权益的跟投。

这15%的比例划分为：集团投资公司对所有项目都要跟投，跟投比例从1%到5%不等；区域投资公司必须投自己区域的所有项目，每个项目最高跟投比例不超过10%。对于区域投资公司来说，在跟投大体量项目时，要设置最低投资额。

也就是说，碧桂园对每个合伙人机制项目都设定了投资限额，其中，集团持股≤85%，总部高层管理人员持股≤5%，区域员工持股≤10%。虽然区域员工对项目的投资额度大，但所需投资的项目数量少，只需投资本区域的新项目即可。公司高管人员则需要投资公司所有新项目，因此投资上限降低至5%。

之所以要设定投资限额，是为了将员工承担的资金压力和投资风险控制在可承受的范围内，形成良性的员工与公司共同投资、共享利益、共担风险的激励模式。

这项计划的实施意味着，公司高管和普通员工都成了股东，每个新项目就是一个独立的股份所有制公司。因为同股、同权、同责、同利的合伙人机制，所有环节的负责人都将自己的利益与项目挂钩。

可见，合伙人制是真正的市场经济制度，每个人都对自己的财产负责，增值、保值是努力工作的根本动因。正因如此，碧桂园的员工说："我们都不炒房，炒房太低端了。"

概念篇

合伙人制度的基本概况

从本篇起,将正式对合伙人制度进行全面阐述,从合伙人制度的特点开始,讨论合伙制适应的企业类型、适合的企业发展阶段、合伙模式以及几大核心内容,让读者在最短的时间内掌握合伙人制度的基本概况。

合伙制的定义及特点

本节我们将正式走进合伙人的世界，为您打开合伙人制度的大门。先弄清楚合伙人制度的定义和特点，然后将合伙制与其他一些容易混淆的概念逐一阐述清楚。

一、合伙人

合伙人是指至少两个自然人合在一起，成为风险共担和收益共享的合作伙伴。具体表现为获得企业股份或分红权。

以上是对合伙人的通俗性解释。在法律意义上，合伙人通常是指以其资产进行合伙投资，参与合伙经营，依协议享受权利、履行义务和承担责任，并对企业债务承担无限（或有限）责任的自然人或法人。合伙人必须具有民事权利能力和行为能力。

二、合伙人的特点

在将合伙人制度与职业经理人、家族式等雇佣制进行比较后，可以看到合伙人制度具有七个特点，也可以看作其优势。

1. 内心归属感

打工者怎么可能把企业当成家呢？他们只是过客，连安全感都没有，更不会有归属感。"一颗心无处安放"的结果就是得过且过。合伙制就是让员工的心"回家"，当一个人从打工者转变为合伙人时，其思想也会发生转变，给企业干就是给自己干，自然就有了归属感。

2. 实际拥有感

没有人会用心擦拭一辆租来的车，因为不是自己的，擦了也是白擦。其实，真的白擦吗？不见得。如果是开车去约会，干净的车子会增加对方对自己的第一印象分。但很遗憾，很多人即便意识到这个问题，仍然很难用心擦车,归根结底还是因为车不是自己的。合伙人制度最大的特点就是瓦解这样的"零拥有感",员工不再只是企业的过客,他们有了话语权和切切实实的存在感。

3. 付出成就感

在雇佣制度下,企业取得的成绩与被雇佣者的关系很小,他们能得到的只是薪资上的有限提升,却没有对个人能力和付出的充分肯定。合伙人制度解决了这个问题,如果成为企业的合伙人或股东,员工就有了成就感。

4. 有效引才

当资本的光环逐渐退去,人才为王成为主旋律。很多企业在招揽人才时,不再用高薪酬、高福利,而是提及他们引以为傲的合伙人制度和股权激励计划,显然后者对真正的人才更具吸引力。

5. 长期留才

比留住人才更重要的是留住人才的心。高薪酬与高福利留下的只是员工,合伙人制度则是把员工的心留下来,合力成就企业共创、利益共享、风险共担的大事业。

6. 层级扁平

互联网时代打破了科层式组织,上下级关系被信息对称性取代了。合伙人制度让组织进一步扁平,彼此之间只是通过利益机制及机制观念捆绑在一起的弱隶属关系,是真正意义上的扁平组织。就像任正非说的:"将指挥权交给离炮声最近的人。"

7. 平台流动

雇佣制企业只有一个平台,就是企业自身,内部的所有人都要在这个平台上工作实践,为这个平台创造价值。合伙企业能够孵化出无数个平台,不怕没机会,就怕没本事,任何有能力的人都可以在企业搭建的平台上开创自己的事业。

三、合伙企业

《中华人民共和国合伙企业法》第二条明确规定:"本法所称合伙企业,是指自然人、法人和其他组织依照本法在中国境内设立的普通合伙企业和有限合伙企业。"

也就是说，合伙企业是由两个或两个以上的自然人通过订立合伙协议，共同出资、共负盈亏、共担风险的企业组织形式。其中，参与合伙经营的组织和个人，是合伙企业的主体。

合伙企业设立的条件有五项：

（1）合伙人数量不少于两人（含两人），且依法承担无限责任。

（2）形成书面合伙协议。

（3）有合伙人实际缴纳的出资。

（4）合伙企业设定名称。

（5）有经营场所及其他从事合伙经营的必要条件。

只要满足上述条件，任何人都可以创办合伙企业。如果是有限合伙企业，合伙人数量在2至50人之间，至少有一人是普通合伙人。

在此需要特别强调一点：合伙企业与合伙人的区别！

合伙人是企业的一种治理制度，是企业管理的一种手段。

合伙企业是一种法律概念，相对于公司制企业而言，是一种企业的组织形式，也是项目跟投制和基金运营普遍采用的一种组织工具。

四、合伙企业的特点和优势

合伙企业具有以下五个显著特点：协议为准、责任无限、互相代理、财产共有、利益共享。必须注意，这些条件是合伙企业存在的充分不必要条件，即具备这些条件的企业必然是合伙企业，但合伙企业不必同时具备这些条件。

1. 协议为准

创办合伙企业比较容易，合伙人之间签订协议即可宣告成立。当企业经营期间出现新合伙人加入、旧合伙人提出变更或死亡等情况，均以合伙协议的约定为准。因此，这个特点也被称为"生命有限"。

2. 责任无限

合伙企业作为一个整体对债权人承担无限责任。按照合伙人对合伙企业的责任，分为普通合伙和有限合伙。普通合伙的合伙人均为普通合伙人，对合伙企业的债务承担无限连带责任。由于承担的责任不同，拥有的权利也不同，有限合伙人并不直接参与企业的经营管理。（关于普通合伙人与有限合伙人的区别将在后边进行详细阐述）

3. 互相代理

合伙企业的经营决策由合伙人共同商议完成,因此合伙企业的每位合伙人都具有执行和监督的权利。因此,合伙人之间若未能形成一致意见,则很有可能发生纠纷。于是,合伙人推举制应运而生,即共同推举一名负责人,代表企业进行经营,但责任仍由全体合伙人共同承担。同时,任一合伙人所发生的经济行为对所有合伙人均有约束力。

4. 财产共有

每位合伙人投入的财产,由合伙人统一管理和使用。未经其他合伙人同意,任何合伙人不得将合伙财产移作他用。当合伙人不提供资本出资,只提供劳务出资时,其只能享受一部分利益,也无权分享合伙财产。

5. 利益共享

合伙企业在经营活动中获取的一切财产,皆归合伙人共有;如有亏损,也由合伙人共同承担。损益分配的比例应在合伙协议中明确规定,如未注明可按合伙人出资比例分摊,亦可平均分摊。另外,以劳务出资的合伙人,除非另有规定,否则不分摊损失。

上述是合伙企业的特点,可以从中看出一些相对于传统经营模式的优势。其实合伙企业之所以受到推崇,就是因为其自身具有不可撼动的优势。为了更清晰地展现合伙企业的优势,以表格形式罗列出来(见表3-1)。

表3-1 合伙企业的优势

优势	具体解释
资金优势	相对于独资,共同出资更利于资金链的稳定;相对于与上下游各自为战,导致资金质押,进行上下游间的合伙式强强联合,资金问题会得到极大改善
人才优势	合伙企业能吸引各层各类人才,解决人才不足、人才难留和人才不够忠诚的问题
产品优势	彻底解决传统经营中产品创新遭遇瓶颈的问题,合伙企业可以充分发挥优势,吸引小而美的创新产品加入,能提升企业活力
管理优势	合伙企业由合伙人共同管理,增加了信息来源,合伙人之间可以相互监督、相互促进
决策优势	经营决策的过程以讨论代替"一言堂",极大地降低经营失误率
效率优势	合伙企业中,管理者与执行者,甚至普通员工在一定程度上能够共享利益,因此员工的工作积极性得到极大增强,工作效率自然提升

续表

优势	具体解释
团队优势	互联网时代，如能实现团队的强裂变，对企业的发展十分有利，等于在强大团队的基础上，又裂变出了另一个强大的团队，这种裂变可以无限延展开。合伙企业是团队裂变非常有力的工具，可在最短时间内裂变团队
业绩优势	当合伙企业解决了人才、产品、管理、决策、效率、团队等一系列难题后，企业业绩必将大幅提升
纳税优势	由于合伙企业不只是法人，还有一部分个人合伙人，因此在纳税方面比较自由

五、普通合伙人和有限合伙人的区别

A、B、C三人签订协议，创办合伙企业。其中，A出资70万元，B出资40万元，C30万元。19个月后，企业破产，企业在清算所有财产后，仍欠账260万元。按照规定，A已经还清了应该承担的130万元，但B和C两个人拿出所有个人资产后，仍差55万元没有还清。此时，如果A仍有个人资产，需要继续偿还这55万元，但同时A对B和C有财产追索权。

这就是合伙企业中普通合伙人需要承担的无限连带责任，也称为"连带清偿责任"。这种机制对普通合伙人构成了强有力的约束，使之真正对合伙企业的经营运作履行诚信义务与责任，并限制普通合伙人以合伙企业的名义对外举债，充分保障了与合伙企业发生往来的债权人的利益。

根据《中华人民共和国合伙企业法》的规定，合伙企业分为普通合伙企业和有限合伙企业。

普通合伙企业由普通合伙人组成，合伙人对合伙企业的债务承担无限连带责任。有限合伙企业由普通合伙人和有限合伙人组成，普通合伙人对合伙企业的债务承担无限连带责任，而有限合伙人以其认缴的出资额为限对合伙企业的债务承担责任。

普通合伙人（General Partner），英文简称为GP，泛指股权投资基金的管理机构或自然人。

有限合伙人（Limited Partner），英文简称为LP，是指参与投资的企业或金融保险机构等机构投资人或个人投资人，也可以是经过其他合伙人一致同意依法转为有限合伙人的被依法认定为无民事行为能力人或者限制民事行为能力人的合伙人。

其中,有限合伙人不得以劳务形式出资合伙企业,不执行合伙企业事务,不对外代表合伙企业。

普通合伙企业和有限合伙企业中的合伙人除了承担责任不同之外,还在其他五个方面具有区别(见表3-2)。

表3-2 普通合伙人和有限合伙人的区别

类目	普通合伙企业	有限合伙企业
对企业债务的承担责任	普通合伙人对合伙企业的债务承担无限连带责任	有限合伙人以其认缴的出资额为限对有限合伙企业的债务承担责任
出资	根据《中华人民共和国合伙企业法》规定,普通合伙人可以用货币、实物、知识产权、土地使用权或其他财产形式出资,也可以劳务形式出资	有限合伙人不得以劳务形式出资有限合伙企业
财产份额的出质	根据《中华人民共和国合伙企业法》规定,普通合伙人以其在合伙企业中的财产份额出质的,必须经过其他合伙人一致同意。未经其他合伙人一致同意的,其行为视为无效。如由违法质押给其他合伙人造成损失的,由行为人依法承担赔偿责任	有限合伙人可以将其在有限合伙企业中的财产份额出质
财产份额的转让	根据规定,除了合伙协议中另有约定之外,普通合伙人向合伙人以外的人转让其在合伙企业中的部分或全部财产份额时,必须经全体合伙人一致同意,否则视为无效行为	有限合伙人可以按照合伙协议的约定向合伙人以外的人转让其在有限合伙企业中的部分或全部财产份额,但需要提前30天通知其他合伙人
与本企业交易	根据《中华人民共和国合伙企业法》规定,除了合伙协议中另有约定之外,普通合伙人想与本合伙企业进行交易,必须经过全体合伙人一致同意,否则交易无效	有限合伙人可以同本有限合伙企业进行交易
竞争业务	根据规定,除了合伙人协议中另有约定之外,普通合伙人不可以自营或同他人合作经营的形式从事与本合伙企业相竞争的业务	有限合伙人可以以自营或同他人合作经营的形式从事与本有限合伙企业相竞争的业务

除了普通合伙企业和有限合伙企业外，还有一种叫"特殊普通合伙企业"。这种合伙企业之所以特殊，是因为专指以特殊知识和技能为客户提供有偿服务的专业服务机构，如律师事务所、医师事务所、会计师事务所、设计师事务所等。

为了体现特殊普通合伙企业的特殊性，按规定必须在其企业名称中标明"特殊普通合伙"的字样加以区别。

成立特殊普通合伙企业在企业债务责任的承担方面也有特殊规定：首先，如果因某一个合伙人或多个合伙人的故意或重大过失导致产生的企业债务，则由这一位合伙人或这几位合伙人承担无限责任或无限连带责任，而其他合伙人只承担有限责任。其次，若非重大过失引起的企业债务，所有合伙人承担无限连带责任。

从这两项较为特殊的规定可以看出，特殊普通合伙企业的本质还是普通合伙企业，只是有了一定的特殊性。

综上，无论是普通合伙制、有限合伙制，还是特殊普通合伙制，都有三个特点：

（1）自愿组成的合伙组织形式。

（2）不具备独立法人资格。

（3）有至少一个承担无限责任的普通合伙人。

合伙制企业的独特性

合伙制企业有着独立于其他经营模式的"自己的性格"，区别于传统的公司，也区别于新型的股权激励企业。作为企业的经营者，不能直接将合伙制看成是以往公司经营的延续，也不能简单地认为这是一种股权激励，因为合伙制是对公司的打破，股权激励只是合伙制中的一个部分。由此可见，我们有必要了解一下合伙制的"独特个性"，便于在接下来的学习中更系统地掌握。

一、关于合伙人制度的几点澄清

1. 合伙人机制不是"一伙人机制"

提到合伙人,就有人会想到是将数目不等的一伙人合在一起,然后共同奋斗。看似也挺对的,实则差距很大。合伙人是基于互联网思维的产业生态思维,把技术、资本、资源、智力等价值链条组合起来的,可以共创、共担、共享的一种分工明确、责任清晰的协同机制。

合伙人必须目标清晰、导向清楚、分工明确、责任到人,基于最大效能的分工和协同,产生最高的组织效率和最大的价值,最后再根据一定的交易结构来完成各自的利益分享。这一套完整的流程也是合伙人共同奋斗的原动力。缺少其中任何一环,合伙人机制都将瓦解。那种将合伙人认为是一伙人合在一起做事的想法,是完全不具备上述条件的,只能称为"一伙人机制"。

2. 合伙人机制不等于利益共享

合伙人机制中有一条是利益共享,但这不是唯一的,而是在实现多个前提的基础上自然达到的结果。如果将本该是结果的"利益共享"设置为"条件",变成"只要合伙,就一定有可共享的利益",就是没有形成共创和共担意识。离开这两个前提,合伙人机制就成了分配机制,合伙人企业就成了利益分配组织,是绝对不可能成功的。

3. 合伙人机制不等于资源被整合

每个人的资源都是宝贵的,尤其是在互联网时代,资源成为越发重要的个人资本,所以没有谁是希望被别人整合的。但如果将合伙人机制理解成为"资源剥夺",就显得十分狭隘了。在合伙人制度中,整合是相互的,你在"贡献"自己的资源的同时,也享受着别人"贡献"出来的资源。就像生态链一样,狮子吃羚羊,羚羊吃草,草吸收土地中的养分,土地的养分来自动物和植物死亡后的分解,能说谁比谁高等吗?同理,在商业生态系统中,真正高人一等的人是敢于将自己的资源被别人整合,也能够最大限度地整合到别人的资源,形成相互依托、互相提升的"内增循环",将个人的目标结合到合伙人团队中,并最终实现。

4. 合伙人制度不是股权激励

股权激励是一个中心化的思维模式,合伙人机制也是去中心化的思维。合伙人机制的核心属性是激励,股权激励的目的就是实现激励,于是两者被混淆了。很多人认为合伙人制就是股权激励。其实，股权激励只是合伙人制中的一种，还必须是改进后的。如果只是传统的股权激励，仍然没有脱离雇佣和被雇佣的关系，只是被雇佣者能获得更多的利益。合伙人制是打破了雇佣关系的，形成了公平、公开的合伙。依据贡献大小（包括资金贡献、能力贡献、智力贡献、资源贡献等），各方形成合作股权比例，然后赚取短期的收益和长期的资本价值。

关于合伙人制和股权激励的区别，我们将在本节进行更详细的论述。

二、合伙制与公司的区别

合伙制企业和公司首先在定义上有所不同。合伙企业是两个以上合伙人共同出资、共同经营、共担风险、共享利益的经营性组织，公司是指全部资产由股东出资构成，股东以其出资额度或所持股份额度为限，对公司承担相关责任。

除了概念上的不同以外，合伙企业和公司还有另外四方面的不同。

1.设立的基础不同

合伙企业的设立必须建立在合伙协议上。在协议中，包括管理方式、分红模式、设立程序等。因为协议是由全体合伙人一致达成的，因此只对本协议的订立者具有约束力。可见，合伙企业具有较高的自由度，法律的强制规定也不多。

公司的设立必须以国家的法律法规为准，任何规定都需在章程中有所体现，因此，公司的自由度相对较低，公司所受的强制规定较多。

2.法律人地位不同

合伙企业与公司具有完全不同的法律地位。

合伙企业没有独立的法人，企业的财产归全体合伙人共有，企业不存在独立财产，因此，合伙人不具备独立承担财产风险的责任。

无论是有限责任公司还是股份有限公司都必须有独立法人，因此企业的财产归企业所有，企业独立承担财产责任。

3.处理内外部事务的形式不同

在合伙制企业中，各合伙人在执行合伙企业事务方面具有同等权利，既可以共同执行，也可以根据合伙协议或全体合伙人议定，委托其中一位或几位合伙人执行企业事务。

公司是独立且健全的机构性组织,在内外部事务的处理方面,应依照法律规定由法人出面解决。

4.股权转让的自由度不同

合伙企业中,合伙人之间具有很强的信任关系,而且有合伙协议作为保障,这决定了合伙人在出资、转让和撤资时不受严格限制,具有相当大的自由度。

公司股东在出资后,在不符合条件的情况下不可主张退股。因此,公司出资、转让和退股的自由度很小。

三、合伙人制度与股权激励的区别

关于合伙人制度和单一股权激励的区别如表3-3所示。

表3-3 合伙人制度和股权激励的区别

区别	合伙人制度	股权激励
本质区别	经营权	所有权
价值取向	发掘人本价值	注重资本价值
顶层思维	团队经营,实现共赢	个人投资,外部融资,少数人获益
实现基础	基于未来增量分配	基于历史存量分配
参与对象	中高层管理者、核心人才	企业管理者本人、亲属、亲信高层
管控要求	考核、增加、晋升、终止、开除等	受控于传统模式与相关法律
分享基础	价值贡献	投资金额
分配来源	自我设定、初利、毛利等	税后净利润
操作便捷	无须资产评估,依据企业实际情况灵活设定分配与占比	资产评估、占股比例、股权协议、利益与风险把控
财务风险	可以不涉及利润报表,隐藏敏感及特别数据	公开真实利润报表
退出机制	较容易,设定条件即可操作	较复杂,满足条件才能实现
终极透析	企业获得价值、人才、资源、动力	企业得到资金

合伙人制与股权激励的本质区别就在于所有权与经营权。股东对于企业的价值就在于其资本的投入,股东的回报也是单纯的企业经营的税后净利

润。这就导致有些企业经营者愿意将股权切割出一部分，但被分配的人未必愿意接受，因为他会考虑企业的盈利能力，如果盈利状况不佳，自己就会被绑定。

比如，一家企业的年度税后净利润达到了2000万元，拥有0.1%股权的激励对象分红时才能拿到2万元。对于一个辛苦一整年的人来说，多拿2万元并没有多大吸引力，却因此承受了相当大的风险。如果企业只是在盈利线附近徘徊呢？如果企业经营达不到盈利线呢？激励对象不仅得不到激励，还要承受股权价值的贬值。

有人会问，你将激励对象的股权设定为0.1%，当然就得不到多少股权分红了，多设定点不就可以了。很多实施股权激励的企业就是这样做的。那些企业中，企业经营者自己或其家族往往要占有高达70%~90%的股权，甚至更高，留给可划分出去进行激励的股权就非常少了；激励对象又不会是几个人，有些大企业以此激励几百人，那么每个人分到手的股权就少得可怜了。激励对象拿着可以忽略不计的股权，还要承受一定的风险，对股权激励"不感冒"就在情理之中了。

相对而言，合伙人制度以经营作为激励手段，任何有才能、有价值、有贡献的员工，都能参与到企业的经营中。而企业经营所依靠的正是员工的价值贡献。由于合伙人制度具有高度的灵活性和自由度，企业可以自主地设定股份分配与占比，也可以自主设定增量分配的激励制度。在这样的过程中，企业可以挖掘人本价值、融合各方资源，最终激发潜力，创造自身价值。

合伙人机制适用的企业类型

合伙企业有很多优势，但并非适用于所有企业。实践证明，合伙制是有条件的，企业必须根据实际情况而定。那么，什么类型的企业最适合合伙人制呢？先借助一张图进行简要介绍（见图3-1）。

知识型、技术型企业	轻资产型企业	控股权稳定的企业
• 这类企业走不断创新之路，因而需要大量人才。推行合伙制可以在很大程度上协调资本、知识和技术的关系，即让核心员工通过合伙对企业进行间接持股，让资本持有者与知识拥有者和谐共融，彻底突破传统的雇佣与被雇佣的关系	• 轻资产企业的特点是自然资源、固定资产（厂房、设备等）等硬件有形资产很少，企业价值的绝大多数来自轻型资产（技术、知识、资源、用户、平台等）。阿里巴巴、小米就是典型的轻资产企业，因此相对于重资产型企业，它们在入股价格方面比较低，却能获得相近、甚至更高的增值利润	• 合伙制的有效性来源于原有股东与合伙人的利益，因此原有股权结构就变得非常重要。如果企业的原有股权结构过于分散，就会造成企业在执行力和变革力上的缺陷，即使强行引入合伙人也无法得到有效执行，更不能解决企业的问题，还可能引发更多的纷争

图3-1 合伙人机制适用的企业类型

一、知识型、技术型企业

此类企业，在知识经济时代，最重要的事是进行变革，因为掌握足够的知识和技能就等于握有企业命运的"生死符"。这种情况下，企业的经营者必须首先转变思想，从根本上承认企业的四个走向：

（1）需要时刻掌握最新的知识，并将其运用于实际经营中，创造出最优质、最科学的产品。

（2）创新是企业的必然发展方向，必须运用知识管理的方法才能提高企业的创新能力。

（3）以知识服务为发展导向，为用户提供更高质量的咨询服务，提升企业品牌价值。

（4）必须加强对知识型和技术型员工的重视，鼓励员工展现创造力，发挥最大价值。

承认这四个走向，就会发现企业需要更多高知识、高技能的员工，并且需要员工不断提升协作力、创新力和学习力。而员工的自我提高离不开优秀制度的引导，这就需要利用合伙人制度，使企业的管理者和员工脱离传统的思维框架。

罗辑思维是非常典型的轻资产公司，作为带头人的"罗胖"很清楚公司的全部价值是由知识、劳动、资本和企业家共同创造的，而人才是创造的核心。因此，在实际管理中，罗辑思维采用了小组项目分红模式，是一种"类合伙人机制"，虽然没有涉及股权激励，但因为够直接，激励效果非常好。

知识型、技术性企业实施合伙人制度的优点可以总结为五点：（1）能够有效协调资本与知识的关系；（2）突破传统的雇佣和被雇佣关系；（3）利用现代技术，建立数字化、网络化的信息管理平台；（4）践行以人为本的思想；（5）创造良好的、轻松的、积极的工作环境和工作氛围。

二、轻资产型企业

在科学技术突飞猛进的当代，重资产已经渐成"奢侈品"，而企业的人员规模未必大、企业的资产规模未必小的轻资产企业更受追捧。公司员工的经验、管理流程与制度、掌握的专利技术、握有的资源关系、企业的品牌文化等，都是轻资产的一部分。

轻资产企业主要分为五种类型。

1. 类金融企业

这类企业现金流充足，保证企业拥有强大的复制能力，从而能提升企业的扩张能力，最终形成规模经济。因此，这类企业往往都是连锁性质的，比如沃尔玛、苏宁电器。

2. 新型互联网公司

新型互联网企业通常建立在早期形成的大型互联网企业的平台基础上，比如微商、小程序电商等小型互联网公司。它们在各自所处的相对封闭的网络环境中，为用户提供自己的产品和服务。通过精美的网站页面设计和丰富的产品、服务种类，加快用户了解自己的速度，争取最大化地留住用户。

3. 品牌型轻资产企业

这类企业已经形成了品牌优势，品牌效应成为主打，因此在产品的研发设计、营销手段以及售后服务方面非常注重品牌维护和推广。著名国际品牌耐克、阿迪达斯就是品牌型轻资产企业，他们将品牌研发和全球化经营结合成一体。

4. 知识产权为主导型企业

这类企业的无形资产所占的比重非常大，基本属于知识、技术、专利、配方领军行业，因而企业资产庞大也更加灵活。同仁堂制药就是典型的由知识产权主导的企业，高品质的药品为其留存了大量"铁粉"。

5. 增值型基础网络公司

这是一种相对陌生的企业类型，但已经存在于我们身边很多年了，最典型的就是中国移动和中国联通。随着无线增值业务的发展，中国移动和中国联通能够提供更多的用户增值服务。仅仅通过手机卡，用户就能享受到公司提供的多元化服务。

三、控制权稳定的企业

只有控制权稳定的企业，才有机会顺利进行合伙人制度的改革。如果一家企业的控制权一直处于摇摆状态，没有绝对的主控者，那么它就失去了改革所必需的强硬领导力。

X公司是一家主营计算机配件设备的民营企业，经过几年的发展，规模逐渐扩大，但原有的经营模式已经开始成为企业继续发展的阻碍，尤其是人力成本的居高不下，迫使企业变革势在必行。可是，在确定实施合伙人制的初期就出现了问题，因为企业经营者对企业没有绝对控制权，导致各方就合伙制方案争执不下，僵持了几个月也没有达成一致，最终不得不放弃了。

可以预见，X公司未来的发展之路会越发艰难，用旧有的制度在新环境中打拼，最终的结局几乎可以预见。但X公司目前的确没办法实行变革，有话语权的势力太多，早已派系林立，都想借用变革的契机为己方谋利益。

Y公司的情况与X公司类似，也是发展到了一定的阶段后，人力成本成为难以矫正的经营难题。长期采用的"工资+绩效"的薪酬方式，结合严格的人才遴选竞争机制，对员工虽然有激励作用，但已成强弩之末。因此，Y公司也走到了必须改革的十字路口。与X公司不同的是，Y公司创始人对公司有绝对控制权，很快就将合伙人制度推行下来，具体规定为：公司的核心员工能够购买公司股份，在盈利后会获得相应分红。

相比较传统的绩效模式，显然合伙人制更能激发核心员工的动力，因为不再是单纯的可以多分点红利的被雇佣者，而是可以参与公司经营的经营者，这种身份上的转变对人的激励才是最具效果的。

企业发展阶段与合伙制的选择

大企业都是由小企业一步步发展而成的，企业的发展一般要经历四个大的阶段——创业期→战略转型期→扩张期→成熟期。

处于创业期的企业规模都不会大，即便有大宗融资，企业仍然处于脆弱期，随时可能被灭掉。

处于战略转型期的企业有了一定的规模，度过了最蒙昧的阶段后，就要进行战略上的准备，转型往往在此时进行。

处于扩张期的企业迎来了经营过程中的黄金时期，走上了正轨，企业从中等规模开始向大规模进军，但也意味着到了企业发展的关键阶段，如果处理得当，企业将进入正确的路径，迎来稳定的成熟期。

处于成熟期的企业通常规模很大，或许已成为行业龙头或区域领头羊，看似像巨无霸一样不可被击倒，但也不意味着可以放松神经，时代的变革随时在进行着，企业的变革也不能停止，越成熟越有危机感才是大企业经营该有的思维。

一、创业期企业

创业期的企业总是依赖于一位或几位领导者的个人能力来获得生存机会，但个体能力再强也克服不了创业期的种种困难，比如资金短缺、人才短缺、基础设施短缺等。而合伙人制有助于企业整合各种资源，从而突破人、财、物缺乏对企业造成的发展上限，因此处于创业期的企业非常适合采用合伙人制。

某知名旅行社在初期创业时，就采用了合伙人模式，虽然创业期间困难不断，遇到了各种各样的问题，其中仅"用户流失率高"这一个难题就几乎将这家旅行社逼到绝境。如果是传统的公司经营模式，很可能顶不住这一关，但因为是合伙人模式，大家心往一处想，劲往一处使，用尽浑身解数终于渡过了难关。

通过这家旅行社的生存经历，可以总结出创业期企业度过艰难时期的三个必要条件：（1）建立起可以分担创业者压力与责任的管理团队；（2）找到稳定有效的业务战略和执行途径；（3）使持续盈利或有充足的资本供给。

二、战略转型期企业

如果将初创期的企业比作婴儿，那么战略转型期的企业就是刚能自理的儿童，能自己吃饭、走路、上厕所等，但一步也离不开人，而且儿童如何从容地继续成长需要进行持续性的矫正。这就像战略转型期的企业，虽然看似具备些实力，但并不稳固，抗风险的能力依然很弱，谨防"猝死"是这一时期企业的普遍认识。

这一时期企业的内部组织，往往因为度过了危险期后开始产生有所松懈，争权夺利渐渐取代了积极进取，人浮于事的现象开始显现。因此，此时的企业亟待进行组织结构的调整和人事制度的改革，建立一个跟得上时代潮流和符合企业长期发展的管理制度。合伙人制度无疑是最佳选择，能够将员工从"向钱看"拉回到"向前看"，企业重拾锐意进取和犀利度，尽快实现扩张壮大。

三、扩张期企业

扩张期的企业有三个明显特征：一是企业面临的市场机会众多、潜力巨大；二是企业的技术、产品、服务经过前期市场检验，已经成熟或基本成熟；三是已经有相对成熟的管理团队和成规模、成建制的员工队伍，他们能在不同的层级上或专业方向上执行企业的决策。

显然，这一时期的企业已经成长为身体强壮的青年，进入完全"自立"阶段，接下来的发展应该是不断突破，持续强大。但是，想要取得这样的发展，就要有符合市场规律的管理制度。因此，处于扩张期的企业是推行合伙人制度的最佳时机，但因为企业处于良好发展状态，很多企业的经营者不愿意在大好局面下进行变革，也没有变革的紧迫性，因此很遗憾地错失了良机。

其实，在这一时期推行合伙人制，企业付出的成本很低，但效率很高，一正一负之间，体现了此时进行合伙制改革有着很高的"性价比"。因此，企业切不可因为短视而错失良机，必须"该出手时就出手"，及时将企业引领到合伙人的道路上。

但是，这一时期推行合伙人制还需注意三个关键点。

1. 不可以单纯地将股权激励作为合伙制导入

很多企业认为股权激励也是合伙制，而且执行起来方便快捷，就采用了。

虽然短期看有一定的激励效果，但长期来看必然埋下人才管理的隐患。

2. 不应试图在全公司层面展开

这也是图省事的一种形式，不想预先搞实验，而是想一步到位。但因无法保证所设计的合伙人制度与企业是否完美契合，因此无法保证合伙人制度能绝对适合企业，如果在某个层面出现问题，就会急速蔓延至整个企业，想要挽救是非常困难的。因此，应先在分公司或子公司层面推行合伙人制度，在过程中进行错误修正，待到切实可行了再扩大至整个企业。

3. 要让合伙人制首先覆盖更多的关键岗位和关键人才

因为企业处于快速扩张阶段，核心人才是确保发展的关键，能够辐射到的人才越多，对企业的发展越有利。

四、成熟期企业

企业到了成熟期，预示着一切都进入了平稳状态，包括对内的政策制定与对外的抵抗能力。于是，很多企业经营者都在这一时期以平稳的方式把握"方向舵"，希望企业的大船就这样永远航行在商业的大海上。

但任何平稳都不是长久的，需要各方面的协调才能达到，如果有一处出现偏差，平稳就会被打破。当发现航向偏了，甚至船身倾斜了再想要挽回，通常会很困难，因为企业做大了，涉及的方面多了，盘子越大调整越难。因此，要在危机到来之前就做改变，主动打破平稳，用一种彻底的改变来迎接未来。

通常，成熟期的企业在进行合伙人制度改革时有四点必须注意。

1 要有新的事业梦想和业务逻辑做支撑

不能"造梦"，如果合伙不能产生激情，彼此之间做不到为共同的事业打拼，信任和宽容更无从谈起。

2. 不要期望一夜之间业绩提升

有的企业前一天实施了合伙人制，第二天就期盼业绩提升，如果业绩持续平庸就会质疑合伙人制。要知道成熟型企业面对的市场也是成熟的，没有更多的机会可供开发，仅仅实施了合伙人制还不能一夜之间拉动企业业绩抬升，即便有短暂提升，也将很快复归原位。其实，实施合伙人制的目的是提升企业员工的工作热情和拼搏信心，只有人的积极性提升了，才有可能在市场上开拓出更多机会。

3. 综合考量将哪些岗位的人员纳入合伙人序列

不能仅把少数企业高层列为合伙人，这等于在人为地制造不公平，会对其余员工造成伤害；但也不能把太多的人都化成合伙人，给不合格的人"搭便车"的机会。

4. 必须打破约定俗成的人才选拔标准与业务考核标准

成熟的企业必然有一套成熟的制度，包括组织体系、职务职能、人才选拔、绩效考核、升降进退等。合伙制的推行必将与企业当下的制度冲突，若不打破原有制度壁垒，合伙人制度将无法展开。

五、天花板企业或无增量企业

某制造销售节能灯具的大型企业经过多年发展，企业业绩趋向平稳，本到了能"躺着挣钱"的阶段，却遭遇线上电商的强烈冲击，导致线下实体店毛利率不断下降，销售额连续两年下滑都超过了30%，员工的销售动力也因此遭受重挫。虽然公司提升了绩效考核和提成标准，效果却并不理想，并引发了员工的抵制心理，因为市场反应不好，制定的提成再高也没有意义。

企业经营者在学习了合伙人制度后，以为找到了打开企业经营死锁的钥匙，很快便制定了合伙人方案，主要内容有两点：

（1）合伙人不需要投入合伙资金，各门店超过利润的30%归员工。

（2）合伙人分红分三年进行，每年比例分别是50%、30%、20%。

可是方案公布后，没有掀起任何波澜，员工像没看见一样。为什么会这样？是该企业合伙人方案制定得不合理吗？

主要原因不在于方案，而是时间。合伙人制度需要企业的盈利能力为支撑，有盈利才能激发合伙人的斗志，否则即便成了合伙人也赚不到钱，不但要付出更多努力，还要额外承担更多的责任，这种合伙人谁愿意当呢！

而这家灯具企业很明显已经过了实施合伙人制的最佳时机，可以说连补救的时机也错过了。企业已经触及发展的天花板，已经被冲击成为无增量企业了，也就没有从制度上转变的机会了。

因此有人说，在企业进入衰退期后推出合伙人制度，不论出于何种目的，都会被认为是转嫁风险和甩包袱的"耍流氓"行为，员工是不会买单的。

最强合伙制模式

对于合伙制模式，我们将在下一篇进行多样性论述，如一些具体的、方法性的模式，而本节的合伙制模式是统述性的。

一、企业合伙模式

有些企业跟随着时代进程的发展，深感自己势单力薄，不具备独抗风险和独立变革的实力，于是企业间的合伙出现了。企业与企业（不限于两家）之间"合伙开灶"，彼此依托，彼此壮大，彼此成就。虽然这是一条很好的途径，但仍有两个问题需要注意，否则合伙仍然难以达成。

1. 清晰地切割业务

两家或多家企业进行合伙，因为涉及股权和利润问题，还有彼此经营侧重点和市场占有领域的不同，要在业务上进行明确切割。必须保证大块业务不重叠，小块业务在被允许的范围内重叠。

比如，一家服装企业和一家化妆品企业合伙，彼此间重叠的市场很小，业务切割非常简单，甚至可以忽略这一步。但如果是两家服装企业或两家化妆品企业进行合伙，业务切割就变得非常重要，而公平、公正是切割的前提，保证双方利益不受损是切割的目的。因此，企业间可以制定一份详细的企业合伙之后的经营章程进行具体规范，这样有利于在合伙过程中给自己和对方留有较宽松的发展空间。

2. 清楚地划分股份

企业与企业合伙，必须将股权划分清楚，无论是均等，还是按照市场或者合伙人、出资等划分，都要合理清晰。

2015年2月14日，滴滴打车和快的打车两家公司宣布合并，成为中国互联网历史上最大的合伙上市公司。

合并过程中，两家公司对原公司的股权、业务、市场份额进行了详细的划分。首先，规定两家公司的CEO担任合伙公司的联合CEO，原有的业务和团队保持不变。其次，为了避免因业务未形成差异化而出现弱势一方被洗牌的局面，两家公司在深入探讨之后对业务进行了相关分割，投资人希望两公司各司其职。最后，两家公司在合伙后的新公司中占股比例基本持平，新公司的董事会名单有七人，分别为三位公司管理团队代表、阿里巴巴代表一人、腾讯代表一人，以及两位投资人。

因此，无论从哪一个方面来看，滴滴打车与快的打车的合伙，都是一次十分平等且完美的企业合伙行为。

二、企业控制权合伙模式

新型创业企业有两个显著的特点：一是需要大量资金；二是不设固定岗位。

关于所需大量资金，因为不同于传统的有了产品就要赚钱的经营理念，新型企业的经营模式是先有产品概念，再有产品实体，先期是否盈利并非主要，拓展市场才是重中之重。这就导致了很多初创的新型企业在早期成为融资大户，几亿元到几十亿元的资金入账后，势必会带来经营者股权被稀释、经营团队股权纷争的局面。但融资是最重要的，没有资金支撑企业很快就会倒下，企业创始人及其团队也逐渐会因为几轮融资而丧失对企业的控制权。

不设固定岗位，也是现代经营理念创新的产物。不设定岗，不再规定员工的工作职责，能更有效地响应市场，应对市场的突变。但也会引发管理不到位的情况，因为定职才能定责，职位不固定则责任不确定。企业内部的管理出现问题，对企业创始人控制团队也非常不利。虽然这种不利不如股权被稀释严重，但也起到了加持作用，往往成为压垮骆驼的最后一根稻草。

针对这两个问题，初创的新型企业需要用一种新制度来保证创始人团队对企业的绝对控制权，因此企业控制权合伙模式出现了。

阿里巴巴的合伙人称为"湖畔合伙人"，2010年创立之初为27人，分别是公司的创始人、与公司共同成长的管理人才及专业人才。

阿里巴巴的合伙人拥有的最大权力是提名"简单多数"（简单多数是指过

半数,绝对多数是指 2/3 以上多数)董事会成员候选人的专有权。具体说就是,任何时间、任何原因所致,当董事会成员人数少于合伙人所提名的简单多数时,合伙人就有权指定补足董事会成员,以此来保证董事会成员中"简单多数"是由合伙人提名的。

阿里巴巴的合伙人也持有公司股份,但在退出后将不再拥有合伙人身份,只保留公司股份。同时,阿里巴巴的合伙人不同于法律意义上的纯粹合伙人,不需要承担无限连带责任。而且合伙人的进入与退出并没有太多限制,只要满足一定条件,经过 75% 合伙人投票同意就可以成为新合伙人;现有合伙人在满足一定条件后,也可以自主退出。

因此,阿里巴巴的合伙人没有人数限制,这种合伙模式也是半开放的机制。通过这种合理的合伙人"新陈代谢系统",阿里巴巴的合伙人既有压力又有活力,能始终保持新鲜度和竞争性,可以持续为阿里巴巴做出贡献。

通过阿里巴巴的案例可以看出,企业控制权的合伙模式并不等同于法律意义上的纯粹合伙人的关系,而是一种企业治理的新结构,合伙人往往是企业的创始人,以便于创始人对企业进行有力掌控。但这种控制权并非由合伙人直接拥有,而是以间接的方式让创始人拥有。具体方法就是通过对董事会的提名权来控制企业半数以上的董事,主旨则是通过某些制度上的巧妙安排,保证企业创始人和管理层的权益。事实上,这样的合伙制模式能够最大限度保证企业在未来的发展道路上延续理念,一脉相承。

三、创新个人合伙模式

在合伙制的模式中,企业可以以创新的模式招募合伙人,共同打造创新个人合伙模式。如何创新?要根据市场的变化和当前创业者的需求和心理设定。

"O2O+C2B(B2C、C2C)+众筹"是一种多维度立体化的合伙模式,将线上线下全面打通,用众筹的方式吸引合伙人。符合这种合伙制的企业需要在线上和线下都有市场份额,线上要有电商平台和产品线拉动,线下要有体验店支撑,并且在市场中要有足够的号召力和粉丝群体。

2014 年,乐视 TV 推出"LePar 超级合伙人"计划。该计划的主旨是通过创新的模式,以 C2B 为商业逻辑,O2O 为商务平台,LePar 为双赢载体,将

"O2O+C2B+众筹"一体化,打造全新的合伙计划。个人或企业无论自建或者加盟当地LePar体验中心,均可成为乐视合伙人(见图3-2)。

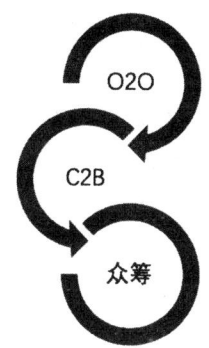

图3-2　乐视TV"LePar超级合伙人"计划

通过这个超级合伙人计划,合伙人在线下开设统一的授权体验店,成为综合服务商(实际产品小数依然保持为线上订单预售模式),由乐视进行统一的标准管理和服务。

加盟乐视TV门店的门槛很低,只需要在人流量大的商业地区拥有15平方米以上的独立空间,或者在自有商业场所中半封闭出一部分空间。乐视公司会为合伙人提供装修补贴费用,并长期为合伙人提供五折优惠产品。

成为乐视超级合伙人之后,会有四种收益:

(1)前项收益。合伙人会获得乐视电视产品和配件产品的销售佣金。

(2)后项收益。合伙人会获得包括产品"配送+安装+激活+调试"的售后服务收益。

(3)衍生收益。合伙人会获得乐视生态体系中,如影视剧、体育、音乐等衍生收益。

(4)远期收益。优秀的合伙人有机会进入乐视高级管理层,优先享受乐视旗下平台期权以及股权的收购权。

乐视的这种多维度立体化的合伙制,不但提高了乐视的覆盖率,还进一步拉动了线上知名度。在如今"互联网+"的整体环境下,乐视通过创新个人合伙模式开辟了一股新的合伙潮流,值得其他企业借鉴。

四、以承包理念为主的"大包干模式"

在合伙制模式中，有一种激励作用十分突出但又带有明显缺陷的方式，就是在承包理念上生发出来的"大包干模式"。

所谓"大包干模式"是源自农村的包产到户。农民承包一块土地，自主生产。农民对土地只有使用权，所有权仍归国家所有。

后来一些企业将承包制逐渐移植到企业管理上，经过多年的不断改进，最终与合伙人制度遭遇后，形成了独特的"大包干模式"的合伙制度。其主要宗旨是让内部人员成为企业的承包者。

为什么是内部人员？一则对企业来说，内部人员更具契合性；二则对员工来说，内部人员更熟悉企业的运作。这种模式是在保持企业原属所有权不变的前提下改善企业经营的"权宜之策"，既没有让被激励对象（承包者）获得企业的所有权，还能在一定的期限内通过承包合同划清企业与合伙人的收益分配关系，让激励对象有一定的经营决策权，因此"大包干模式"本身就是一种激励方案。

比如，某公司准备在企业转型期实施合伙人制度。经过多方考察，再结合企业的自身特点，决定采用"承包模式"。具体方式是：企业拿出一些地区的销售权给内部某些合伙人负责具体经营。合伙人自行出人、出力、出资，公司会给予多方面的照顾。公司方面跟合伙人承包企业签订销售合同，设定产品的最低价位。承包合伙人从中赚取的差价归自己负责的承包企业所有，至于其如何向下行使激励权利，公司不予干涉。

这就是合伙人制度的"大包干模式"，若是实行到位，则激励效果非常好。但前文也说了，这种模式带有明显的缺陷，就是容易让承包合伙人变得"短视"，追求短期化利益。毕竟承包是有年限的，到期后自己还能不能继续承包是未知数，那么就要在承包期内将利益最大化。这种情况下，承包合伙人甚至会以牺牲企业资源为代价来博取自己的短期利益，这就与企业推行合伙人制度的初衷相悖了。因此，企业在实行"大包干模式"的合伙制时，必须谨慎而为，走稳每一步，提前签订协议以预防可能存在的危险。

模式篇

合伙制模式与合伙制理念的高度匹配

　　这一篇是对合伙人制度模式的总体阐述。首先，这些合伙制模式与合伙制理念高度匹配；其次，这些合伙制模式都是依据最现实的需要而设的。每个创业者或企业经营者，都可以在若干种模式中找到最适合自己企业的那种，完成嫁接改进，实现管理和经营的飞跃。

合伙人类型的选择

在本篇讨论合伙人各种模式之前，先来看看合伙人的类型。合伙人按照合伙形式通常分为三种：股东合伙人、事业合伙人、生态链合伙人。

一、股东合伙人

股东合伙人是合伙企业的创立基础，它们也等同于传统意义上的"领导"，掌握企业的所有权和经营权。

股东合伙人主要包括三个子种类，分别为创始发起合伙人、联合创始合伙人、股东合伙人（见图4-1）。

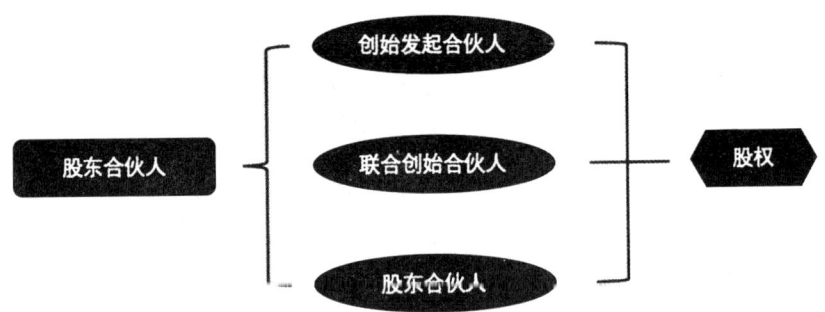

图4-1 股东合伙人的分支种类

但在合伙企业的经营过程中，并不一定保持原有合伙人的数量不变，很可能为了融入资金或其他资源而吸纳新的股东合伙人。

同时，通过实股与虚股、资金股与人力股的设计和区分，股东合伙人计划也能实现股权激励效果。在这样的股权设计中，企业完全可以根据实际情况对股权进行"区别对待"，如实股有权、虚股得利、资金股分红多、人力股主经营等。

二、事业合伙人

合伙人模式的激励效用,通常都是通过事业合伙人的形式体现的。当下,大量以知识型为主的企业都在实行事业合伙人制度,如律师事务所、会计师事务所等。不同于传统的合伙人制度,事业合伙人制度主要包括三个部分:(1)合伙人持股计划;(2)事业跟投计划;(3)扁平化事业合伙人管理。

事业合伙人以项目为核心(常见的门店合伙人就属于项目合伙人)。在不断的发展过程中,根据合伙人形式的不同,可以分为六个子种类(见图4-2)。在事业合伙人的激励制度下,企业可以快速、准确、理性地吸纳优秀员工参与企业经营与管理,并形成共创事业、共享利益、共担风险的机制。

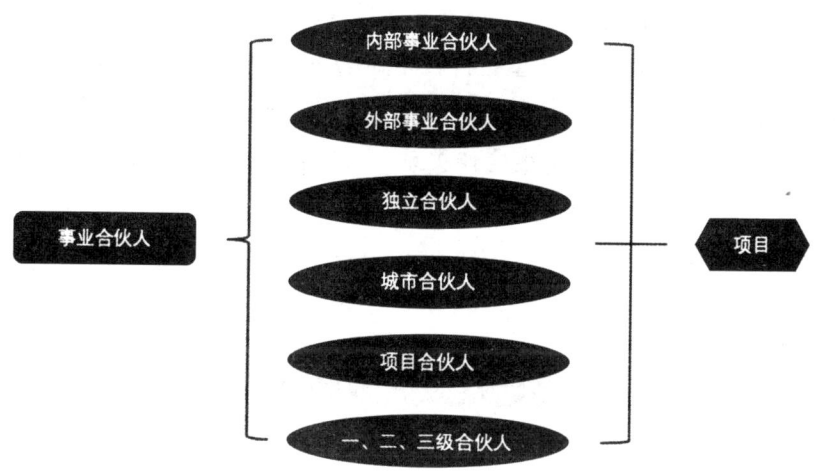

图4-2 事业合伙人的分支种类

三、生态链合伙人

在价值链重构和产业结构调整的情况下,企业已经不能通过孤军奋战成为市场赢家了,而必须站在生态链的高度,借助强有力的资源整合,才能打造出生态链的整体竞争优势,从而屹立不倒。

通常情况下,生态链主要是指位于企业上下游环节的各个节点,这些节点也是生态链合伙人的各个子种类(见图4-3)。

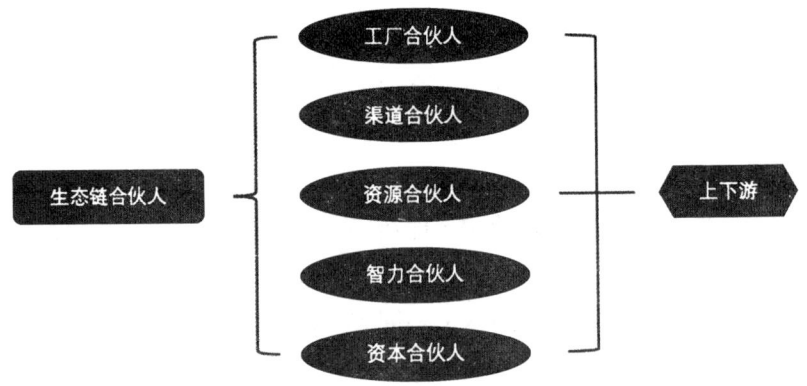

图4-3 生态链合伙人的分支种类

生态链合伙人的最终意义，就在于将这些经典资源进行整合共享。比如，企业帮助上游供给性工厂转型、科技企业为下游生产企业进行产品研发等。因此，生态链合伙人是企业性质的，而非个人。通过合伙规则或股权架构的设计，上下游企业建立起深度合作关系，再以合伙份额或股权比例约定分钱规则。

合伙制的三种基本模式

合伙人制度经过几十年的发展，形成了完整的体系，其模式也在无数企业的不断尝试中推陈出新，本节介绍三种基本模式。

一、公司制合伙人模式

因为合伙人制度存在无限连带责任的经营风险，因此合伙人之间的经营必须非常慎重，这在某些程度上阻碍了一些合伙企业的成立。而"公司制合伙人"模式能够有效结合"公司制"和"合伙制"的优点，实行类似企业的组织结构，避免合伙制无限责任的约束，同时又能有效融合短期激励和长期激励，从而发挥核心人才的建设性作用。

目前，公司制合伙人可以分为两种子模式：股权型合伙人和平台型合伙人。

1. 股权型合伙人

这是一种立足于企业优化管理的合伙人模式，通过实行向核心人才分享股权的长期激励方式来实现，从而实现企业的长期发展。

比如，某眼科医院为了留住核心人才，实施了股权型合伙人制度，向几位重要医生分享项目股权，提高他们的工作积极性。在建立分部医院后，又拿出一定的项目股份进行分享，包括前几位已经分得股权的医生和新晋被重点培养的几位医生。当分部医院实现盈利后，总部医院会赎回之前出售的股份。

这样的股权分享模式有两个好处：（1）可以将核心人才与企业进行利益绑定，发挥他们的工作积极性，留人的同时也留心；（2）能够实现企业的规模化扩张和可持续性发展。

2. 平台型合伙人

这是建立支持平台、以合伙人为核心团队的合伙人模式。其目的在于最大限度地发挥企业内部各团队的主动性，宗旨则是打破原有组织内部的纵向决策和横向分工的"金字塔体系"，让每个合伙人都能享有充分的参与权、决策权和项目收益。

对于企业高层来说，其由领导者转变为服务者和支持者，从曾经在高处发号施令变为如今在最低处进行全面支撑。如此能让企业更加民主开放，其内部平台创业成功的概率也会成倍增加。

二、联合创业模式

在创客时代到来时，我们不能只看到风风火火的创业大军，还要看到这支大军背后存在的问题。创业的多，但成功的少。虽然成功的从来都是少数人，但将如今创业数量与最终的留存数量比较过后，会发现成功的比例着实有些低了。为什么会这样？这与创业团队对创业模式的错误选择有着必然关系。

于是，踏着前人的血泪足迹，后人逐渐吸取经验，改进创新，走出了

"联合创业模式"的新路子。

所谓"联合创业模式",指投资人为创业团队提供资金支持,并以创业者的身份加入创业团队。但投资人所占股比例不大,只是以小股东身份对创业团队进行辅助,不参与企业的实际经营。

在运用"联合创业模式"方面,星河互联公司堪称典范。他们秉持着一不对赌、二不派人的原则,为创投公司提供六项服务——战略规划、资金支持、资本事件、融资安排、模式打磨、研发支持。

星河互联能够高效运行"联合创业模式",还因为其覆盖了"16个事业群"和"分享式创投大脑"。

"16个事业群"就相当于16个以"互联网+"和"前沿技术"为依托的事业脉络延伸,为创业团队提供多元服务。这16个事业群包括:AI、VR、O2O、云计算大数据、企业服务、社交媒体、娱乐数字化、(互联网)金融、(互联网)教育、(互联网)健康、(互联网)餐饮、(互联网)服装、(互联网)旅游、(互联网)汽车、(互联网)房地产、(互联网)农业。

打造"分享式创投大脑"有助于形成合力的业务生态系统。比如,在互联网餐饮领域,星河互联与锅否、夹克厨房等初创公司密切合作,如今已经在互联网餐饮的消费场景与消费环节等细分市场,形成了多元风格的矩阵品牌。再如,在互联网教育领域,星河互联为营天下、彩虹蜗牛等多个初创品牌提供了资金支持。

通过星河互联的操作能够看出,"联合创业模式"无论对投资机构还是创业团队,都非常适合。它既能降低投资人或投资机构的投资风险,也可以为创业团队提供足够的资金支持、技术支持和资源支持。可以预见,在新时代,创业团队必须积极利用这一模式,才能让未来的创业之路上走得更顺畅。

三、泛合伙人模式

"泛合伙人模式"的精髓体现在"泛"字上,"泛"是宽泛性涵盖的意思。因此,该模式不只是针对合伙制企业,对于常规企业而言,如能在企业内部实施股权激励等措施，那么该企业就可以称得上"泛合伙制企业"。

比如，通过期权、限制性股股票、员工持股等方式激发员工的工作积极性，从而实现企业的长远发展和持久盈利。例如，一家企业有10000名员工，其中8000人都有一定的股权，这样的企业就是"泛合伙人企业"。

"泛合伙人模式"运用成功的代表是OPPO和Vivo。两家公司在全国共有25万个连锁门店，取得了规模经济效应。他们的泛合伙人模式是依靠统一的信息平台，进行数字化的高效运营。这25万个门店都是公司的合伙人，分店依托总部提供的品牌、平台和管理体系，进行智能手机的生产运营与售后服务。也就是说，每一个分店都是总部的一个生产车间，公司通过实现分布式作业与管理，最终打通产业的价值链。

由此可见，"泛合伙人模式"具有极强的兼容性，既能让创始团队始终掌控企业的控制权，也能让合伙人有足够的话语权和自由，保证了企业的高效运营与长远发展。

但有三个必须依靠的要素：

（1）信息上浮。让企业所得到的信息全部浮于水面之上，保证合伙人之间的信息获取公开、公平。

（2）责任下沉。把权力下放到每个具体部门，让他们有充分的自主决策权，但同时也要有相应的制度保证他们不偏离企业的发展方向。

（3）利益共享。将必须分享的利润全部、合理地分配出去，以激发合伙人的主人翁精神和主观能动性。

合伙制的四种分享模式

合伙制是一种新的企业组织机制和管理机制，可以实现资本与人才的"共创、共享、共担"。因此，合伙人制度可以使人资关系更加紧密，人才开发更加充分，内部管理更有效率。下面介绍合伙制的四种分享模式。

一、增量分红模式

传统雇佣模式的激励体系是"工资＋提成＋奖金＋福利"。合伙人机制下的增量分红模式是在传统薪酬体系下增加利润分红。

企业与激励对象提前商定目标业绩，如果激励对象（企业核心员工或团队核心人员）在考核期末达到目标利润，企业应兑现约定，把超额或增量的利润分配给激励对象。具体操作方式如下：存量部分按照企业占90%、员工占10%的比例分配，增量部分按照公司占50%、员工占50%的比例分配。

永辉超市的门店合伙人制度主要面向一线的店长、员工。2014年全面实施合伙人制度后，永辉员工人均工资从2309元增加到2623元，增幅达14%；日均人效从1610元提高到1918元，升幅达19%。与此形成对比的则是离职率的下降，从6.83%降低到4.37%。

永辉超市门店合伙人制度的核心指标有：

（1）门店销售达成率≥100%，利润总额达成率≥100%；

（2）门店奖金包＝门店利润总额超额／减亏部分×30%；

（3）门店利润总额超额／减亏部分＝实际值－目标值；

（4）奖金包设计：人员奖金＝职级份数×分配系数×出勤系数；

（5）约束指标1：门店奖金上限为30万元；

（6）约束指标2：各职级奖金不同；

永辉超市门店合伙人制度的奖金包分配：

（1）店长与店长助理——门店奖金包×8%；

（2）经理级——门店奖金包×9%；

（3）课长级——门店奖金包×13%；

（4）员工级——门店奖金包×70%。

二、虚拟股份模式

虚拟股并不是真正的企业股份，而是一种享有企业分红权的凭证，拥有分红权和资产增值收益权，但没有所有权和表决权。

成为企业合伙人的员工被授予虚拟股份或者出资认购虚拟股份,就可以分享企业的利润。企业多盈利自己多分红,企业少盈利自己就少分红,企业不盈利自己就无法得到分红。所以,握有虚拟股份的员工不再认为自己是给老板干,而是给自己干。

实施虚拟股份模式最成功的企业要数华为。据2019年1月份数据显示,华为全球员工超过18万,股份几乎是由公司员工所有,股东数量近9.7万人,由工会委员会作为持股平台统一管理。工会委员会为LP,任正非为GP。工会持股平台上选出51个员工代表,并在此基础上推选出"华为投资控股有限公司"(注:华为技术公司的控股母公司)的董事会成员17人。

但是,这种模式也有弊端,主要是对财务核算要求比较高,一次要特别设置好进入、调整、退出机制,尤其是退出时的资产增值收益。

总而言之,虚拟股份模式培育了华为公司的"狼性文化",有人用"只要让他们跑过的路都不会生草"来形容华为的销售团队。当企业的员工都具有无所畏惧的开拓进取精神时,这家企业实现爆发式的业务增长就不足为怪了。

三、期股实权模式

如果公司不上市,期权就是虚拟股。如果公司的目标是上市,给员工分配的股份就是期权。而且一旦上市成功,持有期权的员工将获得大量财富。

比如,某企业给其中一位高管配期权股0.1%或者300万股,高管该如何获得这份配股呢?企业可以将配股卖给他,也可以送给他。当然,卖的话,价格一般比较低,否则就等于变相剥夺了高管获利的机会。

如果是已经上市的企业想要试试期股,该怎么办呢?通常企业都设有期权池(为预留股份),或者通过增值扩股的方式增加公司股份数量,或者企业的实际掌控人(也可以是整个高管层)把自己的股份拿出来分给某些员工。比如奇虎360公司董事长周鸿祎,拿出自己10%的股份分给合伙人。

四、内部交易模式

"内部交易模式",是由员工成立普通合伙企业,内部约定分红比例和经营机制。总部企业将产品以"成本价+合理利润"供给店员的合伙企业,合伙企业利用总部企业的门店资源进行经营。总部企业不用再给店员发工资，而是从雇佣关系变成合作关系。该模式还具有避税效果。

海澜之家是典型的SPA——自由商标服装专营店企业，拥有自己的原创品牌，并实现自产自销。海澜之家将从生产到销售的整个流程都进行统一管理，以减少中间环节，降低成本，让利于用户。

在销售渠道上，海澜之家采用特殊经营方式，投资200万元便可启动一家门店（其中100万元是押金，5年后归还），成为海澜之家旗下的"自己人"。海澜之家要对加盟店进行全面标准化管理，从门店选址，到货品投放，再到经营管理等。加盟商只负责与当地工商税务机构联系，处理报税等事务即可。

除了向每家门店复制标准化信息系统外，还向每家门店开放了系统查询账户，加盟商可以随时了解自己所加盟的店的经营情况。每天下班后，门店经理会向加盟商汇报当日销售额，并将30%的销售金额汇入加盟商账户，作为投资回报。

由此可见，海澜之家把加盟店做成了内部交易模式，所有店铺的一切行动都要听指挥，然后企业以约定的分红比例反哺合伙人。

合伙制的四种共担模式

之前讨论了合伙制的四种分享模式。我们都知道合伙人制度风险与收益并存。下面来看看几种收益与风险并存的合伙人模式。

一、风险投资模式

这种模式的核心是由员工成立自主经营公司或自主经营团队，母公司作为投资人，只允许出钱，不负责出力，由创业员工自行出力，当然这部分员工也可以出钱。比如海尔的创客模式，"让人人都是CEO"，员工可以自由地在公司平台上创业。

海尔创客模式也称为SBU，即"自主经营体"。这是在用户需求的推动下，由来自不同职能部门的内部市场链上各环节的员工（包括市场、企划、研发、生产、供应链、人力、财务等）组成，共同对用户的需求进行反映，并独立核算投入产出的自主经营团队。

独立核算、自负盈亏、拥有"三权"（自主用人权、自主分配权、现场决策权）是这种模式的核心。用多少人，用什么样的人，什么时间用人，这些原本就是一线人员最清楚的问题，无须再层层审批，直接由一线人员自己决定。至于报酬应该怎么分配、分给谁、分多少，也都由"自主经营体"的员工自行决定。

员工在企业工作，如果在市场上发现了机会或创业项目，由自己决定是否成立"SBU"进行创业。如果成立"自主经营体"，就由原来的企业付薪，变成经营决定收益权，这既有利于为用户创造更多价值，也能让员工更好地展现自己的价值，最重要的是企业可以获得更大的发展空间。

二、实股注册模式

"实股合伙人模式"是指企业与核心高管合资成立公司，共同运营业务，根据出资额确定股份比例。合伙人是需在工商局登记注册的股东，具有法律效力，拥有所有权、表决权和分红权。合伙人的出资形式可以是资金入股、资产入股（有形资产或无形资产）、技术入股。但不论采用哪一种，都必须在工商局登记注册，以获取正式股东资格，成为实股合伙人。

实股合伙人一般适用于创始人、企业高管或者外来投资者。在实施合伙人模式过程中，内部员工不会直接获得注册股，多数是先虚拟股份，享有分红权，待经过一段较长时间的考核后，业绩达标的才有资格转为实股合伙人。

芬尼克兹股份有限公司的内部创业案例，就很具有参考价值。

芬尼克兹自创业至今，年增长率超过40%，取得如此卓然的成绩，应归功于其创立者宗毅为企业设计的裂变式创业模式。

该模式的创立源自核心人员的出走。2002年，宗毅与张利合伙创办芬尼克兹公司，由于掌握了空气热能泵的核心科技，公司销售额成倍增长。但两年后，眼见公司做强在即，手握80%业务资源的张利选择辞职单干。

宗毅对他几经挽留，均告失败。看着张利成立起的另一家与芬尼克兹近乎一样的公司，"他知道你所有的秘密，你的成本、你的售价、你的客户，甚至你做过的坏事，因为当时都是我们一起去做的"，宗毅极度恐惧。其实真正令他恐惧的还不止这些，关于这位新兴对手的情况，宗毅除了知道老板是张利，其他的就一无所知了。敌人在暗，我在明处，若不及时应对，企业覆灭的命运似乎注定了。

正因为如此，宗毅下决心创造一个能让人才留下来的系统。一种"用人民币投票选总经理"的模式开始酝酿（见图4-4）。

第一步	第二步	第三步	第四步	第五步
不再挽留，接受现实 正视"负责80%销售业务的营销总监离职，自立门户"这一现实。	采取措施，积极应对 募资50万元成立新公司，有四名高管加入，其中一人投资10万元成为总经理，两名高管没有加入。	进行分红，稳住人心 拿出每年400万元业务额中的60万元进行分红。	二次募资，再接再厉 成立第二家新公司，一夜募资220万元。	全新理念，创新管理 以大赛形式选取创业公司总经理。

图4-4　芬尼克兹裂变的起始过程

比如，2014年芬尼克兹计划推出新一年的"泳池项目"，该项目在2013年实现营业额1亿元，创造利润1000万元。但到了2014年，情况有了变化，人工成本和材料成本都有不同程度的增加，想要继续实现1000万元利润，营业额至少要达到1.1亿元。

如果是传统企业遇到这样的问题，无非增加薪酬奖励，以提升员工的工作积极性。但芬尼克兹运用了"裂变式创业"，在企业内部选拔出优秀人才作为领导该营销队伍的总经理，随后领导团队披荆斩棘，成功突破1.1亿元顶界。对于这种人才，芬尼克兹从来不会吝啬，注册实股一定会奉上。

芬尼克兹裂变式创业的成功，主要原因就在于人才制度的选拔过程，这一选拔过程可以说相当"残酷"。其选拔流程如下（见图4-5）。

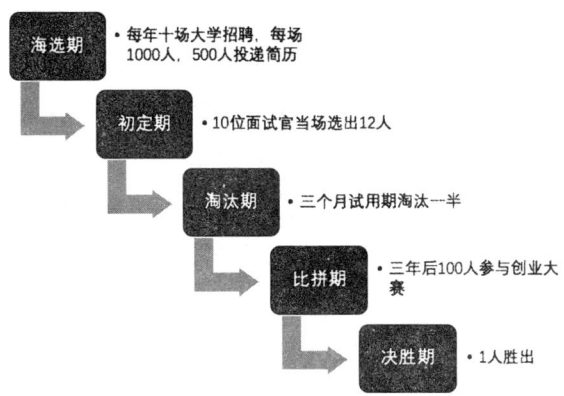

图4-5 芬尼克兹裂变式创业的总经理选拔流程

三、门店合伙人模式

在互联网经济到来之后，首先受到冲击的就是零售业。眼见着从前的顾客消失了，人才也逐渐从行业中流失，因此用工难成了最为突出的问题。店长、采购、生鲜、抑流管理、营销企划等人才缺口越发增大，缺岗率高达20%～30%。而人才短缺又在一定程度上加剧了零售业的下滑趋势，似乎零售业退出历史舞台已经不可避免了。

就在此时，一些零售企业推出了"门店合伙人模式"，不仅改善了不利局面，还为整个行业找到了新的出路。

在该模式中，员工可以利用企业的品牌、店铺、资产、商品等资源，实现自己的老板梦想，一些有能力的人也可以额外进行投资。

那些已经实施了"门店合伙人模式"的零售企业，在当下市场环境复杂、竞争激励的情况下，逐渐显露出巨大威力。其中的典型代表就是永辉超市有限公司。

四、项目跟投合伙模式

"跟投"对应的是"主投"，其来源于风控领域，多指风投基金作为主要投资方注资之后，其他一些基金少量跟进（一般为1%～5%，极少超过10%）的投资。主投基金实施对被投企业即项目的辅导，跟投基金不参与管理。

"项目跟投合伙模式"将企业的业绩、股市的表现、投资的风险与员工的切身利益联系在一起。

在项目开发过程中，企业核心管理层必须将年中收入用于购买企业股票；项目所在区域的企业相关人员必须跟投该项目，共享利益，共担风险，使得企业所有人员的收入不再仅靠个人绩效考核，而是与企业收益和项目收益挂钩。

该合伙模式在地产行业尤其被推崇，早些年的地产龙头万科地产、近几年涌现的黑马中梁地产，都受益于这种合伙模式。

中梁的区域公司对自己区域的所有项目经营实行"费用包干"，超出部分由区域公司全体人员承担，结余部分由区域公司全体人员共同分享。区域公司要求核心管理层必须跟投，其他人员自愿跟投，投资上限为不超过项目峰值的8%。同时，公司提供内部杠杆，以满足公司的强制跟投要求和保证股东利益。

这种多层级的合伙人激励制度，让中梁员工极具"老板意识"，共同参与企业经营，共享企业经营成果。团队被激活，协调更顺畅，营销更生猛，迅速拿下三、四线房产市场。

标准篇
合伙人制度的机制设计

任何制度都需要标准加持，这是保证制度能精确定位和准确实施的必要措施。合伙人制度的标准从选择一名合格合伙人开始，然后依据出资形式、部门机构、分工原则、工作流程、分钱方式、利益管理、监督准则、退出机制等维度对合伙人的层级、出资、对赌、权责、升降、分利、裂变、罢免、合伙人变化等方面设定全面的、必要的、可靠的标准。

实施合伙人制度的关键点

实施合伙人制度必须明确几个关键点,这是有效实施的根本。其关键点包括:规定合伙人资格、设定合伙人层级、明确合伙人与投资人之间的关系、设计合伙人利益分配机制,下面逐一进行介绍(见图5-1)。

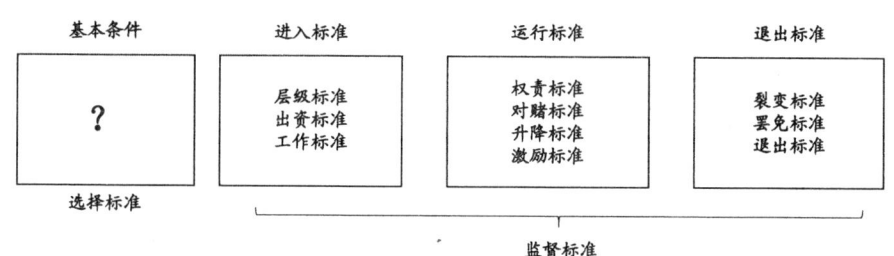

图5-1 合伙人制度设计

一、规定合伙人资格

股权型合伙人的本质是通过向核心人才分享股权实现长期激励,员工从雇佣关系彻底转变为与企业的合作关系。所以,对这一类型的合伙人,除了工作年限、职级、业务能力和管理能力的要求外,还必须高度认同企业的文化,否则会给企业带来巨大的麻烦。

事业型合伙人的本质是下放经营决策的权力给合伙人,以合伙人团队灵活、高效的业务能力提升企业的执行效率和业务水平。这一类型的合伙人,需要符合企业规定的一定工作年限和职级要求,且必须具有较高的业务水平和人事管理能力。

生态链合伙人的本质是链接企业上下游的各类资源,并进行整合共享,以达到企业快速发展和利益最大化的目的。这一类型的合伙人,必须位于企业的上游或下游,与企业有业务上的强关联性,能够在合伙制定的规则下共同创造,共同进退。

二、明确合伙人与投资人治理关系

如今，越来越多的创业公司的成长模式由两点架构组成：一是由创业者负责经营管理；二是由风险投资机构提供资金和相关资源。企业在两点架构的共同支撑下成长壮大。所以，处理好持有股权的经营者与纯投资人的治理关系，是企业在新时期的重要命题。

在麦肯锡，股东即合伙人，合伙人会议即股东大会，因此不存在合伙人会议和股东大会、董事会权力相冲突的问题。

在阿里巴巴，通过修改公司章程让合伙人会议获得提名半数以上董事的权力，以达到平衡合伙人会议和股东大会的目的。

借鉴麦肯锡或阿里巴巴的模式，实施合伙制的企业可以考虑成立合伙人会议。合伙人会议与股东大会分主内外——合伙人会议代表企业内部的管理经营者，股东大会代表企业外部的投资方。通过界定和平衡两个利益群体的权力来形成良性互动。

三、设计合伙人利益分配机制

在股权型合伙制度下，合伙人既是股东又是经营者，应制定合理的利益分配机制。分配机制的宗旨是，大家共同获得经营成果的剩余价值；分配机制的核心是，既要保证大股东的控制权，又要发挥小股东的积极性，这是企业获得长久发展和激励到位的有力保证。

在平台型合伙制度下，由企业统一制定合伙人团队的利益分配机制，核心原则是多劳多得，需要企业及时处理好大小团队间、不同业务团队间的公平性问题，给予合伙人团队充分的授权。在合伙人团队内部，团队的内部利益二次分配由合伙人自主决定。因为合伙人团队负责人的价值理念各不相同，各团队间管理风格、经营策略、收入水平、分配模式等差异较大，这就极易造成同一家企业下属的不同合伙人部门员工的收益不同，间接导致了不公平现象出现。因此，企业对于合伙人的授权要张弛有度，必须根据企业的发展阶段、业务类型和企业文化等因素进行调整。

在生态链型合伙人制度下，由于企业与其上下游企业属于企业间的合伙人关系，因此在利益分配时主要看利润划分。既然同处于一个合伙人生态链中，就要避免某一家"吃独食"，而是要做到使"链上的兄弟们"都合理地分到属于自己的那部分。

合伙人的基本条件

什么样的人才适合作为合伙人？

很多企业经营者都知道需要推行合伙制，于是将企业内部人员都当成了合伙人。这种做法一定是错的，合伙人是能力的象征、业绩的保证、企业的未来，我想没人敢说我的企业里所有员工都是顶尖人才吧？既然不可能所有人都是可用之才，就不能把合伙企业变成"大锅饭"。成为合伙人需具备一定的条件，合伙人的挑选是严格的，本节就具体阐述合伙人的选择标准。

一、高融入性，优势互补

在寻找合伙人时，最理智也最明智的做法，就是去找能够迅速融入团队、能与团队成员形成优势互补的人。这样的团队才能形成一股合力，达到"1+1＞2"的团队效果。

可以根据企业发展需要、团队建设需要，选择最合适的互补性人才。通常有三种互补形式：管理风格互补、技术能力互补、性格表现互补。

1. 管理风格互补

如果团队中只有一种管理风格，不仅缺乏灵活性，还会引起不喜欢的员工的反感，导致团队人才流失。而多种管理风格并存，可以体现团队的包容性，也有利于处理各种问题。

2. 技术能力互补

任何一个团队都不能是"合并同类项"，而是要"百花齐放"。比如，不能都是技术大咖，那样产品质量会很好，但运营做不好，就没有销路；也不能都是运营大神，缺少技术支撑的产品，运营再棒也难以为继。

3. 性格表现互补

一个团队中如果汇聚了各种性格的人，能在很大程度上降低失误率。一群"张飞"凑在一起，虽然个个"武功高强"，但过于莽撞，什么也干不成；

一群"刘备"凑一起,"三思"绝对能做到,而"行"很可能遥遥无期;一群"关羽"凑一起,忠诚指数绝对高,但时不时摆点老员工架子,这也是不好的;一群"诸葛亮"凑一起,凡事都谨慎有余,但缺少魄力。因此,一支优秀的团队,成员既要有顾大局的"刘备",也要有忠贞不贰的"关羽",还要有敢打头阵的"张飞",也不能少了筹谋大局的"诸葛亮"。

由此可见,组建一支优秀的合伙人队伍,必须做到相互补充、相互提醒、相互进步,然后团队不断成长,最终带领企业做大。

二、高度认同战略目标的人

"战略目标"是企业对战略经营活动预期取得的主要成果的期望,包括短期目标与中长期目标。认同战略目标,就是建立合伙人与企业(创始人)的共同奋斗方向,是合伙人持续发挥"创业精神"的主要驱动力。

托尼·利维坦和弗雷德·坎贝尔是 Egreeting 公司的联合创始人,也是 Lexy.com 网站的联合拥有者。他们的创业之所以能快速成功,源于两人具有相同的目标,无论是创业项目,还是发展方向,总能很快达成一致,共同引领企业在目标之路上快速奔驰。

目标一致才能共创未来。对于企业经营有共同认知的人,即可以进入合伙人的考虑范围,因为志同道合,才能在企业经营中的大小事务上保持并线而行,即便会产生分歧,也不会影响大局,而且会在未来的一段时间内通过讨论的方式和平解决。这种合作氛围,对一家企业来说非常重要。

三、核心价值观高度一致的人

合伙人不仅要目标一致,价值观也要一致。"价值观"是人在认定事物、判断是非时的标准或取向,是支配与调节个体行为的内在动因。价值观一致就要求合伙人高度认可企业(创始人)的核心价值观,并与其长期保持一致。

阿里巴巴的团队之所以勇者无畏,是因为马云花大力气组建了一支具有共同价值观的团队,才使得企业在商海中无惧一切风浪,因为每个人都明白,自己的背后是团结一致的整个团队。

《中国合伙人》中的三个合伙者彼此相知,配合默契。他们根据各自不同的能力承担不同的责任。可以说,价值观统一是"合伙人制"成功的必要前提。

四、具备独当一面的能力或潜力

"独当一面的能力或潜力"是合伙人能够单独承担或负责企业的业务发展与内部管理的某一方面工作,或者具备实现上述工作的潜在能力。具备独当一面的能力或潜力,有利于实现合伙人之间的互补,使得合伙人团队能够应对来自各方面的困难与挑战。

合伙人除了要具备经营企业的技术和管理能力外,还需要对企业的业务和管理具备深刻的认识,要敢于及时做出有效决策。

合格的合伙人必须敢于也善于做出有效的决策。有效的决策总是在不同意见讨论的基础上做出的一种判断,它绝不会是"大家意见一致"的产物,合伙人在面临经营的重要关头时,往往要在很短的时间内做出系列决策,这就需要很高的认知水平。

五、按职业经理人的标准寻找合伙人

韩都衣舍董事长兼 CEO 赵迎光说:"韩都衣舍走到今天,最重要的是合伙人制。找合伙人搭班子是我最重要的工作,韩都衣舍找合伙人是按照职业经理人的标准来找的。"

2008 年,赵迎光决定做自有品牌时,第一步就是寻找合伙人。他当时有一个想法,合伙人一定要找水平比他高的,因为"我最厉害的就是知道自己不厉害,合伙人都比我优秀,名利上我会尽可能给他们尊重,我只在乎能不能做成事儿"。

为了找到比自己厉害的人,赵迎光"按职业经理人的标准"寻找合伙人。因为职业经理人在专业技能和管理能力上确实实力强大,如果再辅助以合伙人的制度,一定会组建一支强大的经营团队。

找到的第一个合伙人是律师出身的张虹霞,她曾经在三星工作过。据说为了吸引这位能人加盟,赵迎光对她许诺了很有吸引力的股份。张虹霞于 2008 年 10 月 24 日加入,现任董事副总经理、董事会秘书,负责财务、法务、客服中心。

第二个合伙人刘军光也是律师出身,当时他在山东师范大学当老师,对

互联网完全不懂，但极具智慧。刘军光于2009年春节后加入，与张虹霞的条件相同，现任董事副总经理，负责市场营销和小组制体系的运行。

张虹霞、刘军光与赵迎光组成一个班子，对此后企业领导高层的建设和不断进化起到关键作用。

第三个加盟的合伙人是杜廷国，他之前学韩语，主做外贸，现在担任董事副总经理，主要负责供应链和生产中心。

第四个加盟的合伙人是吴振涛，计算机专业出身，现在担任董事副总经理，主要负责人事行政。

第五个加盟的合伙人是胡近东，学新闻，主做媒体，于2015年加入，也是最晚加入的，现在担任副总经理，负责公关品牌及"韩都大学"。

六个人的最新股份比例为：赵迎光17.55%、张虹霞9.78%、刘军光9.78%、杜廷国6.38%、吴振涛4.77%、胡近东间接持股0.19%。

你发现了吗，韩都衣舍的六位合伙人中没有懂服装的，刘军光解释过："如果我们中间有一个设计师，能不能走到今天是存疑的，如果产品风格由一个人来把控，就不是快时尚了。"

因此，六位合伙人有不同的专业背景、不同的工作经历、不同的思维方式，负责不同的业务部门，股东与职业经理人身份完全重合，无须多协调一重关系。

合伙人的进入标准

一、合伙人层级

有位老板，在公司做大后拿出自己的股份分给了员工。但随着时间的推移，他发现激励效果并不好，很多员工好像并不买账！原因不是激励制度设计得不好，不是老板的为人不好，也不是公司未来发展前景不好，但员工就是做不到"像老板一样奋斗"，更不可能"把公司看成自己的"。这种情况很令人不解，公司、老板、制度都挺好，为什么员工就做不到努力拼搏呢？

在回答这个问题之前，可以先思考与之相关的另一个问题：如果你在一家有发展前景的公司，老板也对员工很重视，还给予了股份奖励，你会努力工作吗？我自己的答案是肯定的。因为这样的公司对于员工来说很具有"时间投资"价值，在这样的公司奋斗是有前途的。但一定有一些人在任何情况下都不会"把工作当成生活的第一需要"。当然任何人都有自己的选择权，但关键问题是该把什么样的人放到什么层级上。案例中那些"不买账的员工"就是不该放到合伙人层级上的人，他们远没有达到事业共同体的层级，即使给予了他们合伙人的资格，他们也不可能成为真正意义上的合伙人。

那么，合伙人的层级应该怎样划定呢？划定以后有哪些好处呢？

通常情况下，合伙人按照能力和资格可以划分为三个层级：正式合伙人→核心合伙人→终身合伙人（见图5-2）。

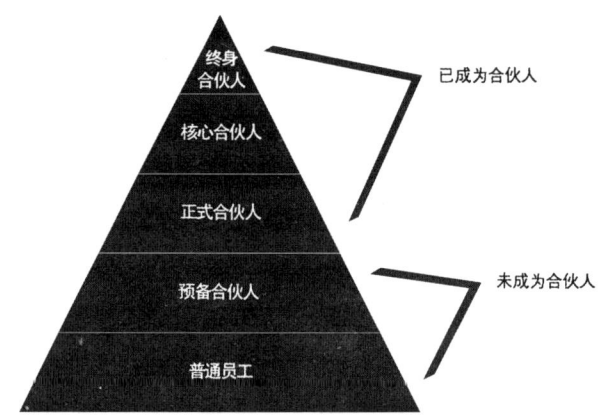

图5-2 合伙人的层级划分

上图中，上三层是企业真正的合伙人，具有完全的合伙人资格，只是根据能力、职级等条件的不同，所处的合伙人级别不同；下面两层还不是企业的合伙人，但具有晋升为合伙人的资质，前提必须是符合条件。

给合伙人划分层级能让企业的施展空间更大。企业可以针对不同层级的合伙人制定不同的激励政策，比如针对高层级合伙人采用实股激励，针对中层级合伙人采取股票期权激励，针对低层级合伙人采取虚股激励。

二、出资形式

讲到合伙人，就会涉及合伙人出资，而出资是获取合伙人资格的一种必要方式。合伙人出资主要有四种类型：现金、实物、无形资产、换股。其中，常见的是前三种出资类型，换股出资多出现在企业的收购兼并中。

1. 现金出资

现金出资是合伙人出资中最为常见的，也是最直观和最靠谱的方式。能以现金直接出资，体现合伙人对企业的高度认可，愿意共担风险，共享成果。如果合伙人多以现金形式出资，会增加企业的现金流。

在所有出资形式中，企业与个人都希望以现金形式完成出资，减少操作环节。全额出资的合伙人有两种形式：（1）自筹资金：这是最传统、最直接、最无争议的出资方式，资金的来源与企业无关；（2）分红留缴：如果已是企业合伙人，根据合伙协议和企业规章有权增加合伙份额，则可以将定期拿到的分红以留缴的形式再次投入企业中。

在实际操作中，不是所有合伙人都有能力全额出资，当合伙人资金不足时，企业可以提供两种形式的帮助：（1）薪酬留存：企业与其签订协议，在一定期限内以业绩为考核目标，以所留存的薪酬为出资形式，在考核合格后，将留存薪酬作为员工的合伙份额；（2）担保贷款：向企业提供抵押，企业对其发放一定的贷款数额，用于合伙人出资，偿还形式为年终奖部分转入或项目承包收益部分转入。

足额出资的合伙人与部分出资的合伙人在责、权、利上应有一定的划分。比如，某企业规定在下一轮合伙人计划中，上一轮部分出资的合伙人必须一家出资；另一家企业对此情况则规定，分红收益要打折。

下面是一家公司对于现金出资合伙人的规定：

（1）合伙人向公司缴纳一定金额的合伙金，本轮合伙金为现金出资，每份人民币5000元（以后新入伙的合伙人将依据公司净利润完成情况，重新确定合伙金缴纳标准）。

（2）合伙人应在2016年5月1日前完成合伙金的缴纳。

（3）合伙人的合伙金只作为合伙人身份保证之用，与投资股本无关。合伙人无须对公司的亏损负责。

（4）由公司统一对合伙人缴纳的合伙金进行管理，并对合伙金的使用、安全负责。

（5）合伙人申请退出本计划的，公司在一个月内向合伙人退回合伙金，并以发生年度为基础计算该年度已过实际时间，并按月息0.5%给合伙人支付合伙金利息补偿。年中退出的合伙人当年不再享有各种分红。

（6）合伙金不可视作股本转让。合伙人资格也不可转让。

（7）随着公司管理制度的规范、财务制度的健全，公司将逐步推行股权变革，未来会将核心管理层缴纳的合伙金逐步转变为认购股。公司也将为合伙人提供优先的共同投资、合作发展的机会。

2. 实物出资

实物出资包括房屋、机器、设备、厂房等固定资产。合伙人如果用实物出资，需要注意以下流程：

（1）评估作价。《公司法》第二十七条规定，对作为出资的实物应当评估作价，核实财产。包括两个方面内容：一是核实实物的产权，二是核实价值的真实性。

（2）转移产权。《公司法》第二十八条规定，以实物出资的，应当依法办理其财产权的转移手续，即合伙人应当在约定的出资日期将实物的产权转移给公司。如以厂房等不动产出资的，则需要在房管部门进行厂房产权的变更登记。

如果合伙人以实物出资，必须看对方的房产证和土地证，还应到当地房管局和国土局查询证件原件及电子档案。

（3）涉税处理。①增值税。以公司机器设备、办公设施实物出资的增值税纳税税务问题，适用于《国家税务总局关于简并增值税征收率政策的通知》（财政［2014］57号）的规定：纳税人销售旧货按照简易办法依照3%征收率减按2%征收增值税。②企业所得税。根据《中华人民共和国企业所得税法实施条例》（国务院令第512号）第五十八条的规定，通过投资方式取得的固定资产，以该资产的公允价值和支付的相关税费为计税基础。③印花税。根据《中华人民共和国印花税暂行条例》（2011年修订本）第三条的规定：纳税人根据应纳税凭证的性质，分别按比例税率或者按件定额计算应纳税额。具体税率、税额的确定，依照本条例所附《印花税税目税率表》执行。④土地增值税。根据《关于土地增值税一些具体问题规定的通知》(财税字[1995]48号)第二条规定：对于以房地产进行投资、联营的，投资、联营一方以土地(房地产)作价入股进行投资或作为联营条件，将房地产转让到所投资、联营的企业中时，暂免征收土地增值税。对投资、联营企业将上述房地产再转让的，应征收土地增值税。⑤契税。根据《中华人民共和国契税暂行条例细则》第八条规定：以土地、房屋权属作价投资、入股的，使用契税税率为3%~5%。

3. 无形资产出资

无形资产出资是当下比较流行的一种出资形式，但对于无形资产是有要求的，必须是能对企业经营起到重要作用，并能产生一定收益的。

通常无形资产出资分为两个步骤：

第1步，无形资产评估。无形资产出资时需要由第三方评估机构进行价值评估。评估的方法首选"收益法"，该方法常用的指标有收益额(无形资产直接带来的未来的超额收益)、收益期限(无形资产具有的实现超额收益能力的时间)和折现率。

第2步，办理财产转移手续。关于无形资产出资，根据《公司法》应办理财产转移手续，即需将无形资产所有权属由股东变更为公司。

为了确保无形资产出资的法律效力，必须了解涉及无形资产出资的法律规定：

(1)《公司法》第二十七条规定：股东可以用货币出资，也可以用实物、知识产权、土地使用权等可以用货币估价并可以依法转让的非货币财产作价出资；但是，法律、行政法规规定不得作为出资的财产除外。

(2)《公司注册资本登记管理规定》第五条规定：股东或者发起人可以用货币出资，也可以用实物、知识产权、土地使用权等可以用货币估价并可以依法转让的非货币财产作价出资。股东或者发起人不得以劳务、信用、自然人姓名、商誉、特许经营权或者设定担保的财产等作价出资。

个人认为，在合伙人的所有出资中，以无形资产出资是最虚的，因为无形资产的估值难以量化，而且变化无常。比如，2007年"三鹿商标"价值150亿元，2008年三聚氰胺事件爆发后，该商标仅以730万元就被浙江三鹿实业有限公司买走。

因此，为了保证无形资产出资的价值恒定性，这种出资方式有几个要点必须注意（见图5-3）。

无形资产产权归属问题　其中重点关注职务发明问题。
- 如果是公司用无形资产出资，就要设法证明该项无形资产属于职务发明。
- 如果是自然人股东以无形资产出资，就要设法证明该无形资产不属于职务发明。

无形资产的价值问题，即是否存在高估、是否导致虚假出资的问题。
- 如果出资资产对公司没有价值或者不适用于公司经营，由出资股东将账面余额用等值货币或其他资产回购，对不实摊销的部分再以等值货币或其他资产补足。
- 如果出资资产对公司经营非常必要，先将无形资产全部做减值处理，再由原出资股东将减值补足，计入资本公积。将不实摊销的部分再以等值货币其他资产补足。

图5-3　无形资产出资的要点

4. 换股出资

换股出资是指合伙人以股票作为出资，将目标公司的股票按一定比例换成本公司股票的过程。在资本市场，这种以公司形式通过股权互换出资的情况也比较常见。

2015年7月10日，君实生物公司的股东合伙人以2∶1的估值比换股吸收合并新三板挂牌企业众合医药，两家新药研发企业将借此实现资源共享。

根据方案，众合医药的换股价格为1.32元/股，君实生物将以26.23元/股的价格发行735万股股票，用于吸收合并众合医药，换股比例为1∶19.87，即换股股东所持有的每19.87股众合医药股票可以换得1股君实生物此次发行的股票。

换股出资的特点：

（1）合伙人不需要支付大量现金，因而不会挤占公司的运营资金。

（2）目标公司的股东可以推迟收益实现时间，以享受税收优惠。

（3）对目标公司而言，新增发的股票改变了原有的股权结构，股东权益被逐渐"淡化"，如果操作不当会导致原先股东丧失对公司的控制权。

（4）上市公司因股票发行要受到证监会的监督以及证券交易所上市规则的

限制，因此发行手续烦琐、效率低下，使得竞购对手有时间组织竞购，而不愿被并购的目标公司也有时间部署反并购措施。

三、工作形式

有人认为，合伙企业是"无组织的"，每个人的工作都不是固定的，所以没有什么流程可言。有这样认识的人，对合伙制并不了解。我们知道，合伙制企业并非无组织，而是组织经过了适应性改进，减少不必要的层级和环节，让组织更清减，更利于执行。因此，合伙制企业同样有其工作流程，只不过有别于传统的"标准化+制度化"的流程，呈现的是一种更符合当代经营特征的流程。

1. 去繁就简，效率至上

传统企业对流程要求非常高，一要标准化，二要制度化，任何细节都要严格把控，以至于企业的生产经营过程充斥着各种规章法则。不能否认，靠流程规范生产在过往的企业经营中起了很大的作用，但随着时代的变迁，合伙制逐渐取代雇佣制成为主流，严格的、标准的流程已经不再适应企业的发展。合伙企业中，部门和人员都相对独立，尽管所有工作是服务于特定的价值目标，但彼此间没有严格的顺序性的联系，各环节的相容性也很高。

刘强东的管理核心只有一个：做产品的供应，必须保证供应链足够畅通，团队才可以正常运转。

京东商城的运转流程是：前台接单系统接到订单后，后台分析系统会根据用户所在的位置估算出最短的送货路径，保证在最短时间内让商品抵达客户手中。同时，系统自动匹配到相应的仓库，下单提货，这一过程不会出现任何多余流程。

而且，京东有自建的物流体系，在电子商务配送方面非常有优势。根据数据统计，京东的"3C产品"（计算机、通信、消费类电子产品）平均库存周转率仅为12.6天，而其他大型传统百货平台则达到60天。

正是有了这套运转流程，京东在国内大部分城市可以做到客户在上午11点前下单，物流在晚上11点前配送完毕。

可见，"只做供应链"，并且"缩短供应链"的精简流程体系，是京东成功杀出重围，成为电商龙头之一的重要原因。总之，简化流程是企业发展的需要，也是市场的需求。

2. 开放协同

在合伙制企业中，企业不能只是招募合伙人，还应该进一步突破创新，链接更多外在力量，让这些力量成为企业的开放合伙人。

英特尔作为全球最大的芯片公司，其打开市场的重要方法就是协同创新。英特尔的创新成果和技术突破都不是单打独斗得来的，而是借助政府的支持，还有厂商、学界、研究机构等帮助。

英特尔不但与世界顶级学术研究机构的研究人员保持合作，还与这些人才进行了"合伙"。采取开放知识产权的方式，开放式的国际合作为模式，支持各国学术伙伴合伙研究，让英特尔公司在全球拥有了更多的"创新协同合伙人"。

像英特尔这种开放的做法会吸引更多的开发者、投资者加入，成为企业的合伙人。深度协作创新的合伙机制必须基于开放的经营模式，不仅让企业本身收益，让企业内部员工和外部人才受益，也在更大程度造福整个行业和消费者。

3. 外包合伙

外包是指企业动态地配置自身和其他企业的功能和服务，并利用企业外部的资源为企业内部的生产和经营服务。

当企业的人力资源不足时，可以将组织的非核心业务委托给外部的专业公司，以降低运营成本；当企业没必要为某个短期项目而组建新团队时，可以将该项目委托给外部专业公司，以集中人力资源；当企业在某业务上暂时不具备独立开发的能力时，可将该业务外包给外部专业公司，以提高执行品质。

其中，第三点与前两点略有不同，前两点是完全彻底外包，企业不会考虑在内部开启已外包项目，但第三点的外包只是暂时性的，企业在能力具备后仍然要独立开发，以实现对业务有独立的掌控权。

总之，外包是新近兴起的一种形式，给企业带来了新的活力，参与外包的外部企业的核心人员也可以进入本企业的合伙人行列，彻底锁定企业的上下游生态链，因此，外包合伙人也可以看成是生态链合伙人。

合伙人的运行标准

一、权责划分

分工是一个在任何经营制度下都必须做到的原则，每个人有明确的责任划分，在责任范围内行使权利，才能实现团队与团队、个体与个体间的完美互动。在合伙制企业中，合伙人应该根据自身的经验、能力、优势及行事风格来决定分工，发挥出个体的最大能量。

1. 精细划分，"职—岗"联动

永辉超市的营运岗位分工明确、职责清晰，虽然店铺端人数多于同类大卖场一半甚至更高，但始终是紧张有序的，因此有人评价："永辉真正做到了'职—岗'联动，每个岗位与其他岗位的配合衔接如同机器一样精密。"

果蔬品类到达门店后，第一时间进入营运环节。

首先进行门店验收，对商品的品质进行把关。因此，永辉门店收货员的岗位极为重要，人品和技术都要过硬，要经过永辉总部经理级别以上的人推荐。

验收之后要进加工间进行筛选，分为几个小步骤：一是挑出精品菜，二是进行初加工，三是打包，最后陈列到门店。

接下来由前场理货员接手，按人头承包台面，负责对后场叫货和台面补货作业，保证台面商品丰满。在前场进行配合工作的辅助人员，则负责翻包、清洁、秤台等工作。

为了与市场售价接轨，永辉生鲜的价格"一日数变"。营业前，生鲜经理带着课长对一两百个单品逐一定价销售；营业中期，各店店长视自己店铺不同商品的实际状态（如鱼的鲜活程度、菜的新鲜程度）随时调价；闭店前期，一线理货员有与顾客议价的权利，小幅降价自行决定，大幅折扣需请示店长。

由此可见，由于分工明确，"职—岗"联动，永辉超市实现了经营管理的灵活性、岗位设置的细致度、营运环节的精细化。因此，永辉对一线员工的工作质量要求较高，人力成本的绝对值也较高，这也是永辉超市一定要推行合伙人制度用以激励一线员工的动机所在。

2. 将责任说明定清

即便分工已然明确，但在具体操作中，合伙人之间还需要明确合伙人的职责。最好在分工之初就明确各合伙人的职责范围，特别是涉及高层运作以及利益问题时。

这种职责明确不是合伙人间只询问"推广方面是你负责还是我负责"这样的简单问题，而应该深入地探讨。比如，在明确推广销售方面的责任时，既要讲清楚由谁负责该项工作，也要明确如销售结构、赔偿范畴、客户利益等责任问题。

在合伙制运营中，为了让责任范围更加清晰，可以使用一些辅助工具，如组织架构图。需要在协议上明确规定，哪部分是A的责任范围，哪部分是B的责任范围，还要讲清楚在确保责任到位的基础上能获得的最大化收益。

此外，还有两种比较特殊的情况，需要额外规定（见图5-4）。

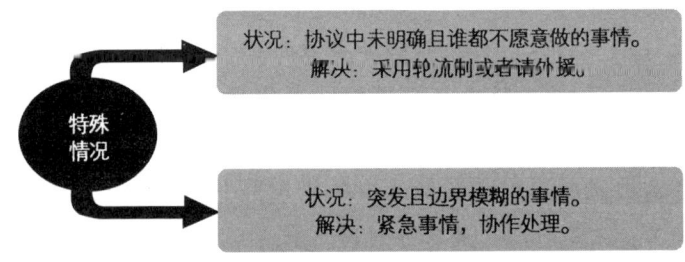

图5-4 明确责任的两种特殊情况

3. 执行过程中保持沟通

2010年，布莱恩·伯克哈特和索努·潘达在纽约联合创立花卉公司H.Bloom，伯克哈特任CEO。创业之初，两人每天的工作是，一起去鲜花市场，一起访问潜在客户，一起进货，一起在纽约寻找客源，一起开拓市场。

当公司有了一定规模后，两人意识到必须分工，否则工作效率难以提高。于是，伯克哈特主要负责销售、推广和吸纳投资人的工作；潘达负责公司的日常业务，管理公司在五大区域市场的设计师、买家和经理人。

虽然分工，但不能分心，两人会定期召开合伙人会议，交流最近的工作情况和公司的发展前景。

其实，合伙人之间经常沟通并不仅是为了责任，而是要让合伙人对公司发展有一个完整清晰的认识，而且沟通工作不能松懈，哪怕是短暂的失去交流，也会让公司陷入困境。

当 H.Bloom 花卉公司的业务拓展到了波士顿时，因此伯克哈特也去了波士顿，两人间的沟通减少，公司发展的步调逐渐不一样了。认识到该情况后，伯克哈特和潘达及时探讨决定：如果两人不能同时在公司总部，每周一、三、五在晚餐后要定期沟通。

虽然保持经常性沟通是会耗费一些时间和精力，但对公司的发展有很大促进作用，能够让合伙人更了解彼此的想法和企业在不同领域的发展状况。

二、合伙人级别升降

合伙人不是一经落实，就长久有效的。"铁帽子"似的合伙人制度必须打破，要形成级别化，这样有助于良性竞争。不同层级的合伙人是呈"金字塔"排列的，上方的合伙人获得的利益相对大，下方的合伙人获得的利益相对小。因此，想要获得更大收益就要提升层级，提升层级的前提是满足企业制定的上升条件。

合伙人不是"铁帽子"，当合伙人在特定工作周期内达不到绩效要求时，就会被降格，若是下一个工作周期仍达不到绩效要求，很可能会被剥夺合伙人资格。但在降格之后的下个周期能够达到绩效要求，还会恢复之前的层级。这是一种有效的动态合伙人管理标准。

对于还未获得合伙人资格的员工也有机会，只要自己够努力，成绩足够好，就能获得合伙人资格。当升级主动权掌握在自己手中时，每个人的内心都会充满希望。

三、考核对赌

绩效考核的真正目的是提升个人能力，提升团队的协同力，提升企业整体绩效。但每当考核方案提出后，好像总会引发动荡，一线员工信心不足，中高层各怀心事。那些队伍不稳定、制度不健全、流程不通畅的企业，更是执行困难。

积分制是在扣分制的基础上演变形成的，就是绩效考核不扣分，只累加分数，这是抓住人性只进不出的贪欲，让员工自发性成长。但是，如同"兴奋剂"一样，短期有作用，时间长了，心情放松，作用必然下降。因此，我们推荐考核中签订"对赌协议"，既给予刺激，也给予希望。

针对企业最应该提升部分的项目进行公开对赌。核算出企业的整体工资比例，从整体工资中拿出一部分作为绩效工资，可以是全体人员参加，也可以是部分人员参加。参与之人与企业签对赌协议，若没有提升，不奖不罚；若低于标准，工资按预订好的级别降薪，高层还要遭遇黄牌警告或红牌降职；高于标准，按级别奖励，设置封顶上限。用于奖励的奖金一般都是工资全额的一倍以上，处罚要控制在工资的30%以内，处罚方式包括降级、降薪、降职，每月兑现。

某公司指定A、B、C三个人去完成100万元的业绩，其中，A50万元，B30万元，C20万元。这三个人和公司约定好奖金额度和处罚力度后，签署对赌协议。公司其他高管拿出一定数额的现金赌A、B、C完成或完不成任务。完成任务的人直接拿走所有的奖金，完不成任务的人得不到奖金，都没能完成任务则奖金全部充公。

签订对赌协议需要注意两点：

一是在对赌过程中，企业经营者对员工提出的问题要认真听取并及时做出判断，从而完善企业各项制度。

二是谨防员工为了暂时提升业绩，在实际操作中做出伤害企业品牌、影响企业后期业绩、有损其他员工的行为。

如今，对赌协议成为绩效考核的新工具。一家企业能激发员工从内到外的士气和自信,能提升员工的工作积极性,客户体验度好了,员工薪水提高了,那么可以认为这家企业就是成功的企业。

四、激励方式

资本场有句话:赚钱不易,分钱更难。人类的劣根性决定了同患难容易做到,共富贵总是难以达到。

其实,中国人很早就有合理分钱的经验了。《吕氏春秋》中记载管仲和鲍叔牙合伙经营生意,在生意渐成之时,两人在"分金桥"上完成分钱。

分钱是极需智慧的,毕竟涉及利益,容易引发矛盾。合伙人分钱时常见的冲突,归根结底是分钱的规则出了问题:"人力股"与"资金股"如何分配?先入伙的与后入伙的份额如何分配?分红机制究竟如何设计?于是有人总结出合理分钱必须考虑的三大平衡要素(见图5-5)。

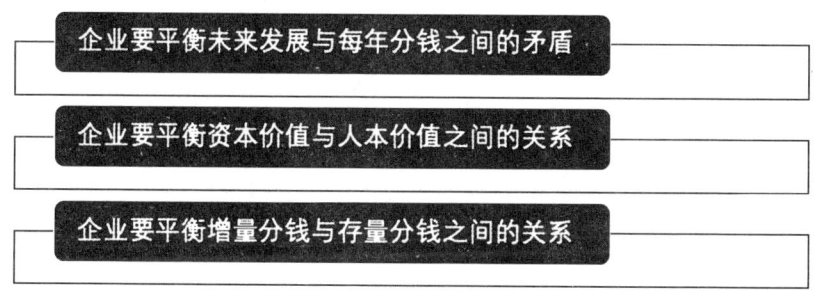

图5-5 合理分钱的三大平衡要素

但是,仅仅考虑这三个要素是不够的,必须从根本——分钱规则上入手,设计得合理合规,才能避免因利益分配不均导致的冲突。下面介绍四种分钱规则。

1.最基本的增量分钱

增量分钱规则的原则是基于企业的目标业绩(超过目标业绩的部分为增量),但不是所有增量都设为分红,只是将其中一部分增量作为分红,合伙人按比例分钱。

比如,某合伙企业2018年的目标业绩是净利润2000万元,年底实际完成净利润3000万元,增量部分为1000万元。企业提取增量部分的20%,即200万元作为第一轮红利分配。某岗位合伙人拥有分红份额为4%,则其可以分到

200万 × 4% = 80000元。

上述案例是以企业整体净利润为业绩基础的增量分钱,还有一种是以合伙人个人业绩为基础的增量分钱。

比如,某合伙企业为激励业务员多做业绩,在增量分钱的基础上采取"累进提成法"。先得出业务员的月度平衡点,并且统计各区域市场的业务完成情况。以A业务员的业绩提成规则为例,具体如表5-1所示。

表5-1　A业务员增量分钱规则

毛利率	月度平衡点	A业务员	
		地区业务增量(累进提成)基数	提成比例
18%	(80)万元	0~20万元(含)	15%
		20万~50万元(含)	12%
		50万~80万元(含)	9%
		80万~100万元(含)	6%
		100万元以上	3%

根据此表,现在计算A业务员增量为30万元时的提成。

增量30万元跨越了两个基数,为0~20万元(含)和20万~50万元(含),因此要进行两部分计算。

第一部分,计算满足0~20万元(含)时的提成:

提成1 = (20-0)万元 × 18% × 15%

其中,18%是毛利率,15%为提成比例。

第二部分,计算满足20万~50万元(含)时的提成:

提成2 = (30-20)万元 × 18% × 12%

其中,18%是毛利率,12%为提成比例。

最后,将提成1与提成2相加,就得出了A营业员的提成数额。

2.有保障的兜底分钱

兜底分钱是指不论企业业绩是否达标,企业或股东都承诺按一定比例或固定的投资回报兑现分红。

这种分红规则是为了避免因企业业绩不佳出现零分红的情况。在企业有增量的情况下，大家都高兴地等着分钱，如果企业无增量呢？得不到分红会极大地伤害内部合伙人的积极性。另外，企业推行合伙人制度，第一轮合伙金筹集最为困难，大家秉着趋利避害的思想都犹豫观望。在这两种情况下，企业大股东的兜底分钱就尤为关键了。

X企业2018年目标净利润为2000万元，年底实际完成净利润2300万元，增量300万元。公司股东会决定提取增量部分的25%，即75万元作为第一轮红利分配。第一轮分配红利总计250份，预计每份分红为3000元（75万元÷250份）。其中，A合伙人占有合伙金10份，因此可分红30000元。

Y企业2018年目标净利润也是2000万元，但年底实际完成净利润只有1700万元，相差300万元，无法进行分红。按照大股东兜底分红的规定，以业绩差额部分的10%作为兜底分红标准，因此该企业大股东自掏腰包30万元（300万元×10%）作为分红。第一轮应分红250份，则每份预计分红1200元（30万元÷250份）。其中，A合伙人占有合伙金10份，因此可分红12000元。

虽然这种分红方式能激励合伙人的斗志，但如果没有企业盈利作为支撑，这种以牺牲大股东利益为代价的分钱方法势必不会长久。因此，企业有持续性盈利的能力，才是支撑长期受益的根本。

3. 权、责、利对等的考核分钱

按份额分钱的基础是企业业绩，企业业绩好，合伙人就多分红；企业业绩差，合伙人就少分红或者不能分红。按考核分钱的基础是合伙人的考核成绩，合伙人的考核成绩与企业业绩挂钩，如果企业中大部分合伙人的考核成绩都偏好，企业的业绩也不会差；如果企业中大部分合伙人的考核成绩都不佳，企业的业绩也不会好。因此，当合伙人业绩不好时，也不会奢望企业再有额外的兜底分钱。

考核分钱的实施方法是：企业每年指定或与合伙人商定相应的绩效目标，并在年终对合伙人绩效进行考核。按照不同的考核分数，合伙人因业绩不同，可以拿到的分钱系数也不同，其最终的分红会在与其对应份额的基础上上下浮动。

某企业的考核分钱系数如表5-2所示。

表5-2 考核分钱系数

考核得分	70分以下（含）	71~80分（含）	81~90分（含）	91~100分（含）	100分以上
分钱系数	60%	80%	100%	110%	120%

某公司2018年目标净利润400万元，实际完成了300万元。由于目标业绩未达成，采用兜底分红规则，某岗位合伙人能拿到16000元分红。但通过绩效考核发现，该合伙人的考核得分达到121分，属于最高级别，公司再用考核分钱，该合伙人最终能拿到的分红为19200元（16000元×120%）。

4. 同股不同利分钱法

在合伙企业的实际经营中，"同股不同利"是常见现象，因为合伙要素不同，如个人背景、资源渠道、价值贡献、合伙时间、工作定位等。

比如，某公司最初只有A与B两位合伙人，两人既出钱又出力，经营方略得当，公司发展日盛。但在公司需要加大投入以实现更大发展时，资金成为阻碍。此时，C毛遂自荐想要入股，但"出钱不出力"。公司需要C的投资，但对于C的合伙人资格和分红情况需要特殊规定：

（1）确定A和B为公司管理层，C只是投资人。

（2）规定公司55%的净利润用于分红，45%为发展基金。

（3）确定分红规则（见表5-3）。

表5-3 某公司同股不同利的分钱法

可分红净利润	管理层分红	投资人分红
300万元以下	30%	70%
300万元（含）~400万元	40%	60%
400万元（含）~600万元	50%	50%
600万元（含）~900万元	60%	40%

合伙人的退出标准

一、裂变规则

当企业发展到一定规模时,组织内部可以自行裂变,像细胞分裂一样,迅速扩展。合伙人裂变之后的去向是哪里呢?这就涉及创业孵化平台的建立。该平台的作用是在企业内部通过裂变模式,孵化出新的企业。在裂变式创业模式下,新裂变公司的股权结构如图5-6所示。

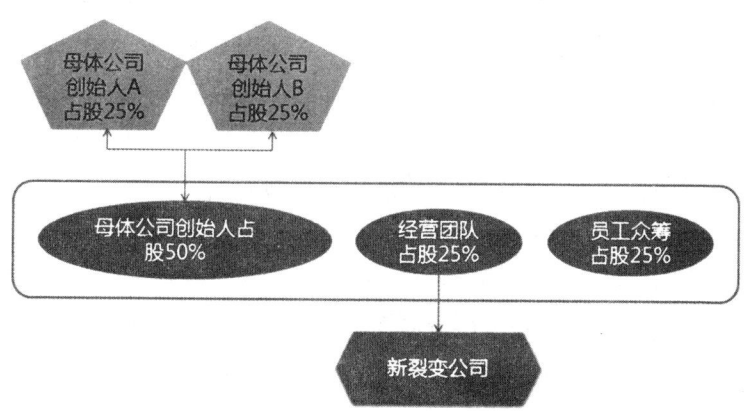

图5-6 合伙人裂变的组织结构

上图中两位母体公司的创始人作为大股东,一共持股50%,经营团队持股25%,其他员工参与众筹持股25%。母体公司中的一部分人主动分离,孵化出新公司——新裂变公司。母体公司除了输出资金,还可以给新裂变公司输出必要资源。这种经营模式有利于产业裂变协同、团队激励与风险隔离。

正确的股权结构应该是:经营团队投小钱占大股,其创始人是公司的操盘手与实际控制人。投资人投大钱占小股,帮忙不添乱,并不参与被投公司的经营管理。如此,创始人与投资人各自的身份定位都清晰明确。

二、罢免规则

某公司进行合伙制的设计,设计团队跟老板提起要设立罢免规则,以确保合伙人在有压力和有竞争的环境中工作。但老板认为这些合伙人都是跟随自己打拼多年的部下兼朋友,彼此相当了解,而且每个人对成为合伙人都很有热情,不用特别制约。

结果在具体实施合伙人制度时,原本工作还算认真的老员工在身份转变为合伙人后反而懈怠了。更为致命的是,这样的懈怠像"传染病"一样范围越来越大,虽然在此过程中采取过一系列措施,仍无法挽救制度缺失的恶果。

类似的情况在很多合伙企业都曾出现,只是程度不同。其实每位合伙人在参与之初都经过了企业的选择,并得到了其他合伙人的认可。但在经营过程中,由人组成的集体难免会出问题,最初理想的合伙人会演变为不合适的人。因此,合伙人切记不能"终身制",要在必要的时候"施狠手",让不合适的人中途"下车"。

罢免规则有如下关键点:

(1)因不能胜任工作岗位或失职渎职等行为。
(2)违背职业道德等行为。
(3)开设相同或相近的业务公司。
(4)严重损害公司利益或声誉而导致降职、解职或被辞退。
(5)因受贿索贿、贪污盗窃、泄露公司经营或技术秘密等行为。
(6)自行离职。
(7)伤残或丧失行为能力。
(8)死亡。
(9)违反公司章程、公司管理制度、公司保密制度等其他行为。
(10)违反国家法律法规并被刑事处罚的其他行为。

1. 确定问题能否解决

关于罢免,有的企业做得很干脆,只要合伙人出现问题就立即罢免。这样做看起来避免了危险最大化,但是犯了"宁可错杀一千,也不放过一个"的错误。

人难免出错,不能因为出现一次较大的错误就彻底封杀。需要区分合伙人所犯错误的程度、错误是不是有意识的、错误所带来的影响大小、错误导致的问题是否能解决。此外，还要基于该合伙人的绩效考核和工作评价等启动各种反馈机制。因此，当某位合伙人出现错误后，企业应第一时间安排专人与该合伙人进行沟通，比如启动董事会或监事会部门。

通过沟通，企业可以向该合伙人阐明问题所在，并允许该合伙人对所犯的错误做出解释。如果确实是合伙人自身存在问题，则需要进一步沟通，找到解决办法；如果是因为某些外在因素导致的，企业可以为合伙人提供帮助，尽量让其做到"从哪里跌倒从哪里爬起来"。在问题解决后，将合伙人重新纳入企业发展的队伍中。

当然，也有问题大到无法解决的情况，这时要视具体情况而定，只有确实是合伙人自身的问题，给企业带来重大损失，其个人又不具备解决的能力或没有意识到问题的严重性的情况下，才能启动罢免规则。

2. 建立竞选制度

为了避免合伙人在长期的工作中产生懈怠情绪，企业可以在罢免规则中融入"竞选制度"。竞选的年度跨越为一个年度或两个年度，目的是激励合伙人不断提升自己，成为企业快速发展中的推动力量。

具体做法：企业根据每位合伙人的职责，制定相应的绩效考核，并引入员工代表参加评选。再综合合伙人业绩以及其他合伙人、员工的评价等要素之后，对合伙人进行评比（见图5-7）。

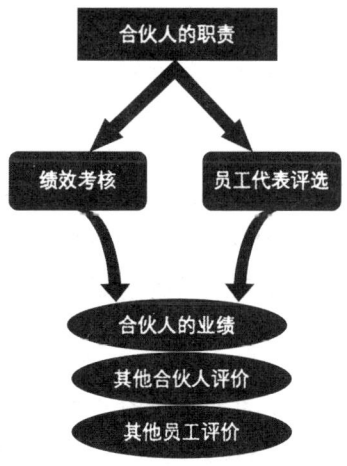

图5-7 竞选制度的流程

以上只是竞选的过程，将原有合伙人的评比标准与选择合伙人的标准统一起来，进行比较，可以及时发现评比标准或选择标准的不妥之处，便于进一步完善。

当然，竞选制度也要尽可能完善，最关键的就是限定合伙人的数量。当合伙人数量达到限制后，"待入伙"的合伙人评分必须高于现有合伙人的平均分数，达到这一标准才可以进入"候选"序列。而原合伙人中评分最低的进入"待罢免"序列，如果下一次竞选时仍然评分最低，则实施罢免。

3. 设置弹劾委员会

前两点罢免规则，一是合伙人主动犯错，二是合伙人被动竞选。虽然"主动+被动"的设置可以在最大范围内履行罢免规则，但仍不能确保不留死角。因此，企业的罢免规则中必须包含与弹劾相关的内容，即在企业最初的合伙协议中就明确设置"弹劾委员会"，以及弹劾程序的实施条件和流程。

如果某合伙人出现问题，或主动犯错误，或竞选不达标，或业绩不合格，就可能触发弹劾程序，由"弹劾委员会"对合伙人进行综合评价，以确定问题是否能解决，并给予一定的处理期限。如果到期仍未解决问题，则启动弹劾程序，由股东大会进行投票，决定是否罢免该合伙人。

这样做可以避免"有错无视"现象，就是说在合伙人出现问题时，可能因为某种原因而出现被无视的情况，有了弹劾制度就可以堵住最后的死角。

有一点必须强调，一些知名企业给予"弹劾委员会"最高权限，可以直接对股东大会而非董事会或总经理负责。比如，华为、万科的轮值CEO或轮值董事长制度，就是弹劾制度与竞选制度的完美结合体。

三、退出机制

有进入就会有退出，这是不可避免的。只要制度设计合理，合伙人退出完全可以做到好聚好散。通常合伙人退出有回购退出、上市退出、考核退出、荣誉退出四种，此外再加上企业散伙后的全部彻底退出。

1. 回购退出

2002年1月10日，时任华为副总裁的刘平决定离职，并办理股份回购。华为以刘平1999年度持有股金354万元作为基础，以1∶1的比例计算，退股回购。

但刘平认为 2001 年华为曾利用公积金及股利转增股本，实收资本由 23.2 亿元增加到 32 亿元，他的股本也应随之增加，为 4882759 元，并且华为 2001 年度的每股净资产为 3.28 元，并非 1 元。

双方无法达成一致，刘平起诉至深圳法院，但最终判决刘平败诉。因为员工与公司之间是合同关系，并非股东关系，华为员工的股份是一种分红激励和融资手段。

本案例导致闹上法庭的主要原因是双方对回购价格存在异议，而导致异议的症结是待退出者的类型。那么，在股权回购过程中该如何定价呢？待回购股份持有者的类型又有什么不同呢？

（1）回购价格。

①溢价或者折价。溢价是指高出原来的投资款，折价是指低于原来的投资款。比如，A 合伙人出资 20 万元，退出时为 23 万元，溢价 3 万元。再比如，B 合伙人出资 20 万元，退出时为 18 万元，折价 2 万元。

②按照估值的一定折扣。引进投资者后，企业的估值一定会高于原值，合伙人的股权或合伙金也会相对溢价较多。比如，某公司出让 10% 的股份，本轮可获得投资 100 万元，投资后有 10 倍 PE（称"市盈率"或"估价收益率"，市盈率＝每股股价÷每股收益）的估值。那么该公司投资后的估值（简称"投后估值"）为 1000 万元（100 万元÷10%）。投后估值（1000 万元）－本轮投资额（100 万元）＝投前估值（900 万元）。此时合伙人可以按照 7 倍或 8 倍而不能以 10 倍投资款退出。

③按照每股净资产或每股净利润。这是一种定时性计算方式，前提是必须保证每股净资产的真实性，需要请外部独立资产评估机构进行评估。比如，某合伙人拥有公司 50 万股注册股，当时公司每股净资产为 2 元。两年后该合伙人决定退出，此时公司每股净资产为 5 元，在经过外部机构评估后，决定实施 5 元/股的回购价格，因此公司回购该合伙人的股份需要 250 万元。

（2）回购类型

除了回购价格的不同外，回购的类型也不同，可以分为股权退出和合伙金退出。

①股权退出是指股东合伙人的退出，其持有的股权由企业回购。

②合伙金退出是指非股东合伙人的退出，即以当初缴纳的合伙金按照溢价或折价方式回购。

2. 上市（IPO）退出

对于股东合伙人来说，能通过 IPO 上市退出是最为理想的，投资回报最高，社会声望也最好。但是，想要成功实现 IPO 除了具备能力，还要有耐心，因为 IPO 需要较长的等待期，而且能否最终成功上市并未可知。

目前我国资本市场分为交易所市场和场外市场两大类。

交易所市场包括主板、中小板（"一板"）、创业板（"二板"）。

场外市场包括全国中小企业股份转让系统（"新三板"）、区域股权交易市场（"四板"）和产权交易所市场（"五板"）。

具体区分如图 5-8 所示。

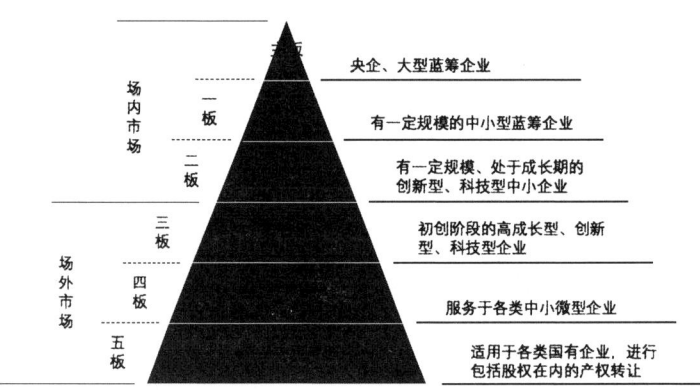

图5-8 我国多层资本市场

只有进入场内市场才是真正"上市"，具有 100% 融资功能。"新三板"则更多的是为中小企业提供融资平台，不能公开发行新股，只能定向增发，因此只能称"挂牌"，而非"上市"。

主板、中小板和创业板的企业推出比较容易，在锁定期结束后就可以出售或转让所持有的股份，对此我国的法律规定如下：

（1）主板上市公司的控股股东及实际控制人所持股票在公司上市之日起至少锁定 36 个月。

（2）主板上市公司的其他股东，主板上市公司股票在公司上市之日起至少锁定 12 个月。

新三板企业的退出则相对复杂一些,包括锁定期期间内交易和对转让份额的限制,对此我国法律规定如下:

(1)新三板企业的控股股东及实际控制人所持有股票在挂牌之日、挂牌满一年以及挂牌满两年三个时点可分别转让所持股票的1/3。

(2)新三板企业的董事、监事、高级管理人员所持新增股份在任职期间每年转让不得超过其所持股份的25%,所持本公司股份子公司股票上市交易之日起一年内不得转让。

3. 绩效考核不达标的退出

合伙人制度必须与绩效考核相结合,实行合理合规的考核标准,目的是正向激励合伙人,达到绩效考核就多分红、多奖励,达不到绩效考核就少分红、少发奖励,甚至还有可能被踢出合伙人队伍。

某公司合伙人出资及考核方案如表5-4所示。

表5-4 合伙人出资与考核方案

合伙人职位	人员数量	每人份数	合伙金	考核摘要
品牌总监	1人	40份	20万元	营业收入、顾客复购率
技术副总监	1人	30份	15万元	需求开发时效、需求满足率
摄影总监	1人	30份	15万元	拍摄及时率、照片整体质量
图文处理副总监	1人	15份	7.5万元	拍摄质量
仓储副经理	1人	15份	7.5万元	收货发货时效、年损耗率
份数合计		130份	65万元	
预留		70份	35万元	
总计		200份	200万元	

实施绩效考核要谨防"借口成风"。比如,某位合伙人没能完成绩效目标,找各种各样的理由(市场不景气、资源不到位、人员不匹配)为自己开脱,公司考虑其为销售精英,最终决定不予处罚,照样分红,享受红利。从此该公司的绩效考核成了摆设,人人都想着找借口,而不是认真工作。

4. 荣誉合伙人按规退出

2016年8月22日,阿里巴巴集团发布公告,CEO陆兆禧卸任。按照阿里巴巴合伙人退休制度,陆兆禧将被聘任为公司荣誉合伙人。对于为企业鞠躬尽瘁的老功臣来说,成为荣誉合伙人是超越言语的表彰,内含公司对其深深的谢意，对外则传递公司对于有功人员的关怀，起到了非常好的激励作用。

那么，阿里巴巴合伙人退休是如何规定的？成为荣誉合伙人又有什么条件呢？

根据阿里巴巴的章程，规定合伙人的年龄与在公司工作的年限相加的和值等于或超过60周岁，即可申请退休并担任阿里巴巴的荣誉合伙人。比如，陆兆禧1969年出生，2000年加入阿里巴巴。到2016年时，工龄16年，年龄47岁，相加超过60周岁，符合上述条件。

但荣誉合伙人毕竟还是"荣誉性质"的，只能得到奖金池的部分分配，无法行使合伙人权利。而且荣誉合伙人是对功臣的一种表彰和回馈，切不可滥用，不能让企业的善意变成廉价品。

5. 散伙清算

成立企业的初衷是要长久经营，永续发展，但在实际经营过程中，合伙企业最终走向失败的占据大多数。

根据《中华人民共和国合伙企业法》规定，合伙企业有下列情形之一的，应当解散，进行清算：

（1）合伙期限届满，合伙人决定不再经营。

（2）合伙协议约定的解散事由出现。

（3）合伙人已不具备法定人数满30天。

（4）合伙协议约定的合伙目的已经实现或者确定无法实现。

（5）全体合伙人一致决定解散。

（6）依法被吊销营业执照、责令关停或被撤销。

（7）法律、行政法规规定的其他原因。

当企业走向散伙，就必然涉及财产或债务分割的问题。因此，合伙人模式方案必须涉及完善的散伙规则，以避免企业解散时出现纠纷。

关于散伙规则的设计，企业必须设定几点原则，如图5-9所示。

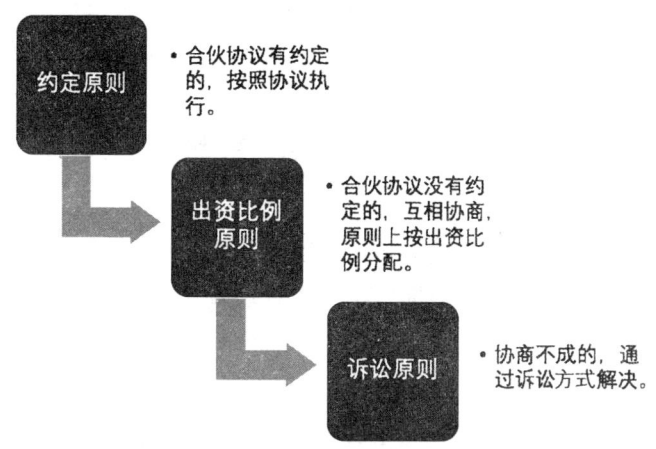

图5-9 合伙企业散伙规则的原则

关于合伙企业散伙时的财产和债务分割,《中华人民共和国合伙企业法》中有明确规定:

(1)合伙人对合伙企业债务承担连带责任。

①第三十三条规定:"合伙企业的利润分配、亏损分担,按照合伙协议的约定办理;合伙协议未约定或者约定不明确的,由合伙人协商决定;协商不成的,由合伙人按照实缴出资比例分配、分担;无法确定出资比例的,由合伙人平均分配、分担。合伙协议不得约定将全部利润分配给部分合伙人或者由部分合伙人承担全部亏损。"

②第五十三条规定:"退伙人对基于其退伙前的原因发生的合伙企业债务,承担无限连带责任。"

③第五十条规定:"合伙人退伙时,合伙企业财产少于合伙企业债务的,退伙人应当依照本法第三十三条第一款的规定分担亏损。"

(2)企业财产分割以协议为先,协商进行。

①第五十一条规定:"合伙人退伙,其他合伙人应当与该退伙人按照退伙时的合伙企业财产状况进行结算,退还退伙人的财产份额。退伙人对给合伙企业造成的损失负有赔偿责任的,相应扣减其应当赔偿的数额。退伙时有未了结的合伙企业事务的,待该事务了结后进行结算。"

②第五十二条规定:"退伙人在合伙企业中财产份额的退还办法,由合伙协议约定或者由全体合伙人决定,可以退还货币,也可以退还实物。"

③第九十条规定:"清算结束,清算人应当编制清算报告,经全体合伙人签名、盖章后,在十五日内向企业登记机关报送清算报告,申请办理合伙企业注销登记。"

④第九十一条规定:"合伙企业注销后,原普通合伙人对合伙企业存续期间的债务仍应承担无限连带责任。"

⑤第九十二条规定:"合伙企业不能清偿到期债务的,债权人可以依法向人民法院提出破产清算申请,也可以要求普通合伙人清偿。合伙企业依法被宣告破产的,普通合伙人对合伙企业债务仍应承担无限连带责任。"

合伙人的监督标准

关于合伙人的监督准则,《中华人民共和国合伙企业法》有明确规定。第二十六条第二款:企业可以委托一个或者多个合伙人执行合伙事务,其他合伙人不再执行合伙事务,不执行合伙事务的合伙人有权监督其他合伙人执行合伙事务的状况。

规定只是进行了大方向的定义,在具体展开监督工作时,合伙企业还应该根据自身特点灵活应对,既要避免"紧盯",给各个合伙人可以喘息的空间;又要防止过于松懈,给其他合伙人留下"犯错误"的机会。总之,只有保持健康、合理、持续的监督,才能保证合伙企业长久地经营下去。

一、自我监督

一些人在成为合伙人之后就"飘起来",原因是对自己的错误定位,认为合伙人是企业的老板之一,不需要谨遵企业规则,只需要监督其他员工即可。如果哪位合伙人有这样的想法,无论这个人多有才华、多有资源,也不是合格的合伙人。因为成为合伙人的前提不仅是能力、渠道或资金,人品更为重要。有了良好的人品,能力差一些可以学,资金少一些可以拉,在经营中学习完善。

因此,一名合伙人应该按照严于律己、身体力行的企业家的规范来要求自己，在监督他人的同时，以更高的标准要求自己，做员工的表率，才能得到其他合伙人和员工的尊敬。

合伙人自我监督要从两个方面抓起：

（1）在工作中，合伙人不仅要尽职尽责地完成本职工作，还应该积极反省，总结不足之处，吸取经验和教训，及时改进，扬长避短。

（2）在生活中，合伙人要养成自律习惯，制订一个健康合理的生活计划。所谓"自律者必自由"，一切好的习惯都从自律开始。具备良好精神状态的合伙人，能带给企业无限的正能量，对企业的经营发展有着不可估量的影响。

二、相互监督

合伙企业的协议中一定都有关于分工的规定，将合伙人的工作职责和工作联系划分清楚。但不一定有关于监督的规定，因为在合伙制形成之初，并未与实际管理结合，很多实践中会涉及的问题，在设计阶段并不会出现，因此往往考虑不到。待到实际运行中出现问题了，往往会因为没有经验而难以处理。

相互监督不是相互"看管"，而是及时发现问题，及时纠正，保持机制透明、环节无阻、言论畅通，对个人和企业都有好处。

相互监督可以在自我监督的基础上，进一步地约束自己，让自己在处理合伙企业事务时更加认真。

相互监督必须保持经常沟通，加深合伙人之间的信任感和合作中的流畅性，更好地协调公司内外部的工作。

总之，合伙人之间相互监督是一种减负和提醒，不仅是对企业负责，更是对自己的未来负责。

激励篇

合理激励确保合伙人制度的顺利实施

　　都说"不激励,无发展",这是企业经营必须涉及的,也是必须实施的。如今进入合伙人时代,合伙制与激励的关系更加紧密,想要合伙制更好地实施,激励制度必须跟上。从选择激励模式,到确定激励流程,再到分配股权,合理、合情、合规的激励制度必将推动合伙人制度高效实施。

合伙制激励的类型

合伙制的根本作用是激励，让企业合伙人感受到在企业工作是有未来、有"钱途"的，才能全心全意为企业着想，实现企业好则自己好、企业强则自己强的愿望。合伙制企业激励的类型通常有六种：股权激励、按揭激励、福利激励、分红激励、奖金激励、工资激励。

一、最被期待的股权激励

在讨论股权激励之前，来看一看股权和期权的区别。

股权激励的根本是一开始就将实股股权给予员工，通常适用于参与感和心理安全感相对较高的核心员工或合伙人。

期权也是一种股权，但只限于承诺，并不可直接拥有。持有期权的人在符合一定条件后，如经历成熟期与行权期后，才可将期权变成股权，通常适用于参与感和心理安全感相对一般的非核心员工。

由此可见，股权是先发，如果发现不合适可以再收回；期权则是后发，先给予一个期限承诺，等符合条件后再给股权，但在后期发现不合适，也可以收回。

在所有的激励形式中，股权激励是最被期待的，因为既能得到企业的股份成为长期受益人，又能因为得到股权而获得一定的地位。

但股权激励只向企业的核心员工开放，毕竟股权是宝贵的，需要用在最该用的地方。比如永辉超市就对专业买手实施股权激励。

对于永辉超市来说，最核心的是与生鲜相关的部分，这是起家根本。买手是永辉超市整体架构中处在供应链低端的代理人，位置不高，但责任重大。每个买手都凭借多年的实地探索和经验的积累，形成了对于当地菜品的见解体系。

一位在永辉供职多年的高层在提到买手时，说："比如到底什么时候收菜，才能保持更长时间的新鲜度？也许四五月份要在凌晨收菜，六七月份就得赶在天亮前收菜,而八九月份就必须在前一天晚上收菜。这些知识和经验都是永辉和买手们在多年的试错后得来的,而且不同菜品、不同地区的相关知识又都是不同的。"

可见,永辉买手极具价值性,被其他企业觊觎,希望高薪挖走就不奇怪了。因此,必须保证买手团队的稳定性,防止被挖走,也预防主动跳槽。

为了稳定买手团队,永辉既制定了合伙人制度,也向买手们发放股权,借助这样的激励措施,将他们稳固在企业内。一位在永辉工作十年的买手说:"这一切都得益于我们的股权激励制度,谁还愿意走呢?"

这就是股权激励的好处,合伙人得到股权后,更会以主人翁的姿态对待工作,企业经营得好,股权价值才会大,自己手里的股票才会更值钱,自己的利益也才能更大化。

二、最具未来的按揭激励

A和B、C、D、E合伙开办公司,在公司前行的路上,越发感觉缺少一位关键的技术人才而导致发展不顺畅。在这种情况下A找到了F,希望F加盟,F也有意成为公司的合伙人,但提出了得到公司10%股份的要求。

A认为F的条件还算合理,但他不能自己做主,与其他几位合伙人开会商议决定同意,但要以按揭的形式给F分配利益。

A代表公司提出一份方案,主要内容有:公司与F签订一份为期3年的合同,只要F在公司任职满3年,并满足公司的绩效要求,就会得到5%的股份;如果F继续在公司任职满5年(不含之前的3年),并满足公司的绩效要求,就会得到10%的股份。

F认可这份协议,完成签约后顺利进入公司,成为一名重要的潜在合伙人。在接下来的工作中,F非常努力,极具责任心,充分发挥了自己的才能,不仅完成了绩效目标,还为公司带来了更大的价值。

3年期满后,公司兑现对F的承诺,给其5%的股份。随后F与公司签订了一份为期5年的合同,其间继续为公司创造利益,也实现了业绩目标。5年期满后,公司兑现承诺,给予F余下5%的股份。自此,历时8年整,F得到了自己想要的10%的股份,公司也因为他的加盟发展进入快车道。

该案例是典型的"按揭式"激励，原理是进行相关承诺，在一定期限后，条件成熟了，就兑现承诺。这种方式为企业招揽人才、留住人才起到重要作用，而且人才到来后，可以在激励条件的鼓舞下，尽职尽责地工作。

下面看一下进行按揭激励需要注意的问题。

1. 设定可行的、合理的按揭期限

设定的期限要满足两点：一是诱惑性，二是实现性。

（1）诱惑性就是近在眼前看得见的目标。对企业来说，这是在可控范围内的，风险较小；对潜在合伙人来说，近期目标的激励效果更强，可以让其加倍努力，以快速实现目标。

（2）实现性是将长期大目标分解为短期小目标。试想如果公司给潜在合伙人一个10年的承诺，谁会愿意等这么长的时间！10年后，企业还在不在了？企业一直经营不好怎么办？如果将10年大目标分解为数个小段，每实现一小段就兑现一部分承诺，会极大地调动潜在合伙人的工作积极性。

2. 按揭激励要求与兑现都要达到

不是所有人都有资格与企业签订按揭激励协议，只有能满足企业业绩要求的人才有候选资格。企业用丰厚的条件进行承诺，目的是让激励对象发挥自己的最大能量，来实现企业的目标和个人的价值。

当企业的业绩被激励对象接受，并签订按揭激励协议后，企业应对激励对象实现目标提供必要的资源和帮助。当激励对象实现了业绩目标，并满足了企业的任职时限后，企业就应兑现承诺，这是不容置疑的。

三、最动人心的福利激励

福利是激励体系中非常重要的组成部分，可以作为一种额外的奖励回馈合伙人。福利更多的是讲究人性的关怀，比如高盛公司用豪华轿车免费送加班员工回家；瓦拉西斯传播公司租车给没有车的员工；美信银行在员工结婚时准备一份厚礼……

对于合伙人来说，福利必须"够分量"，能兼容物质满足与人性关怀。下面介绍几个适合长期激励的福利项目。

（1）关怀福利。为了迎合现代人的生活状态和消费心理，企业发放福利愈发趋向日常生活的方方面面。比如，某公司发放的"吃货券""美体SPA券""金牌月嫂券""操心早教券"等，有些令人捧腹，但也容易让人泪奔。

（2）家庭福利。主打亲情牌，以满足员工对照顾家庭和陪伴家人的愿望。比如，某公司给男员工"放产假"，妻子生孩子，必须回家照顾，绩效考核暂停的同时目标下调，而且工资照发。

（3）另类福利。主要是针对女性，尤其是女性员工比例较高的企业，更加重视对女性员工的"照顾"。比如，某时尚公司，女性员工占到70%，公司为女同胞们准备了丰盛的下午茶，在尽情享用的同时，还可以休息片刻，当然并不将男性员工排除在外。

（4）特殊福利。特殊福利是在特殊情况下设立的福利。比如，某公司推出的"死亡福利"：如果员工不幸去世，在未来10年间，其配偶、未成年子女仍可享受该员工生前50%水平的薪酬，以及数额不等的生活补贴。

四、最实惠的红利激励

在正式讨论之前，先明确一般红利与股权分红的区别（见表6-1）。

表6-1 股权分红与一般红利的区别

股权分红	一般红利
股东投入本金后，在企业获得一定地位	激励对象不用出本金，只是一种激励手段
持有股份者参加企业的股东会议，有发言权、管理权，可以得知企业深度机密	激励对象不参与股东会议，也不了解企业深度机密
在企业经营过程中即可获得	在企业盈利时才能获得
必须承担风险	不承担风险
有股权转让权和退出权	无权转让和退出
股份是固定资产	红利是不固定资产

红利是将企业当年的收益，在按规定提取法定公积金、公益金等项目后，向股东发放的一种收益，是激励合伙人的一种重要方式。获得红利的前提是企业盈利，主要针对企业中拥有股权的合伙人，在获得股份所得的股息外，还会根据个人所持的股票份额支付给合伙人一定的红利。企业收益越好，红利就越多。

红利一般有项目收益和岗位收益两种形式。

（1）项目收益是指按照具体的项目实施单独的财务管理，并按照国家统一的会计制度进行核算，反映具体项目收益情况。

（2）岗位分红是按照合伙人所处的岗位及其岗位职级大小进行的红利发

放。岗位红利最好依据该岗位在最近3年的净资产增值额中的占比，而具体占比要看企业的实际规定。此外，岗位红利在设定年度业绩考核指标时，有效期最好不要超过3年，原则上各年度净利润增长率应当高于企业实施岗位红利激励近3年的平均增长水平。当激励对象未达到考核要求时，应当按约定的条款减扣、暂缓或停止红利激励。

五、最另类的工资激励

在传统企业中，工作赚取工资是必然的。但在合伙企业中，工资成了非必需项，甚至成为一种短期的激励手段。如果合伙人是股东身份，享受股份分红，就通常没有工资（除非协议中有特殊规定）；如果既是股东又是员工，则可以领取一定工资；如果仅仅是员工身份，则应该按照《中华人民共和国劳动法》的规定拿工资，并享有五险一金等一切待遇。

合伙人工资的相关法律规定如下：

国发〔2000〕16号："自2000年1月1日起，对个人独资企业和合伙企业停止征收企业所得税，其投资者的生产经营所得，比照个体工商户的生产、经营所得征收个人所得税。"

《中华人民共和国个人所得税法》的相关规定如下：

第三条关于"个人所得税的税率"的第二款："经营所得，适用百分之五至百分之三十五的超额累进税率（见表6-2）。"

第六条关于"应纳税所得额的计算"的第三款："经营所得，以每一纳税年度的收入总额减除成本、费用以及损失后的余额，为应纳税所得额。"

表6-2　个人所得税税率（经营应纳税所得额）

级数	全年应纳税所得额	税率
1	低于3万元（不含）	5%
2	超过3万~9万元（不含）的部分	10%
3	超过9万~30万元（不含）的部分	20%
4	超过30万~50万元（不含）的部分	30%
5	超过50万元（含）的部分	50%

注：本表"全年应纳税所得额"是依照本法第六条的规定，以每一纳税年度的收入总额减除成本、费用及损失后的余额为准。

六、最直接的奖金激励

根据合伙人个人工作的努力程度和完成情况,可以进行一定的奖金激励。比如,某企业计划在2018年度销售1000万元产品,线下渠道由三位合伙人分别负责。企业为了激励合伙人完成任务,规定了额外奖励制度,如果超额完成,则超额的部分按照双倍提成予以奖励。

为了让奖励机制最大限度地发挥作用,在实施过程中必须注意以下两个问题:

1. 设定合适的奖励比例

以超额完成的业绩作为奖励的基数,需要考虑超额部分的生产量或销售量所产生的纯利润,奖励的比例至少要占超额部分纯利润的50%。比如,某合伙人超额完成的销售量为115万元,能产生的纯利润是45万元,那么企业应该至少拿出22.5万元作为奖励。

2. 缩短奖励周期

周期不应过长,也不宜过短,过长会消耗合伙人的耐心和热情,过短会给企业运作带来更高的人力成本。通常将一年的奖励周期分割成两次或四次,以半年为一个小周期,或一个季度为一个小周期(推荐),也有以一个月为一个小周期的(但不推荐)。

合伙制激励的模式

合伙制的激励模式是以企业的形式出现的,合伙人处于企业之内。通常来说,合伙制激励的模式主要有两种,一种是子公司项目跟投机制的合伙人计划模式,另一种是母公司作为持股平台的合伙人持股计划模式。

一、子公司项目跟投机制的合伙人计划模式

该模式可以按照项目的多少进行设计,不受项目数量的限制,每个项目的合伙人数量上限是50人。

北京嘉寓门窗幕墙股份有限公司的"合伙人计划",是由符合一定资格的

核心技术人才与管理团队（下称"管理团队"）作为合伙人股东，与北京嘉寓门窗幕墙股份有限公司（以下简称"嘉寓门窗"）以增资子公司的方式，成为嘉寓门窗子公司的股东。

在子公司达到一定盈利水平后，总公司依照相关证券法律法规，通过发行股票、支付现金或两者结合的方式，以约定的"PE倍数"或者"公允价格"收购合伙人（管理团队）持有的子公司股权。

总公司通过该项合伙人计划的制度性安排，对子公司的治理结构和经营模式进行战略性调整和变革，形成共创、共赢、共担的合伙人制度。得到完善的公司薪酬激励机制，充分调动了公司区域管理层及员工的工作积极性，有效地将公司利益、股东利益、员工个人利益结为一体。因此，极大地提升了公司治理水平，在做大做强产业的同时，增加了国内门窗幕墙市场的份额，最终实现了嘉寓门窗的中长期战略目标。

1. 合伙人资格认定

合伙人一共为两大类人员，以子公司为核心，总公司为外围，着眼于人才的保留和引进：

（1）子公司的核心管理人员与核心技术人员。

（2）公司认为有必要纳入《合伙人计划》及未来拟引进的重要人才。

2. 实施方式的四个阶段

第一阶段：由子公司的管理团队成员设立"有限合伙企业"（以下简称"合伙企业"）作为"管理团队"的持股平台，各子公司的管理团队成员作为合伙人出资到该合伙企业，享有合伙协议约定的权利和利益，也需履行相应义务。

第二阶段：总公司对合伙人进行半年度考核和年度考核，包括合伙人的本职岗位工作业绩，以及其作为合伙人的尽责情况。

第三阶段：合伙人出资的合伙企业以增资的方式对嘉寓门窗子公司进行增资扩股，持股达到33%。需注意三个方面：（1）对价确定以2015年12月31日经过审计评估后的净资产值或评估值为基数；（2）合伙企业增资的缴付方式为现金；（3）嘉寓门窗另行与合伙企业签订《增资扩股协议》《业绩承诺及补偿协议》《合作经营协议》等配套协议。

第四阶段：在业绩承诺期结束后，由有资格的会计师事务所出具正式的

《审计报告》（必须为"标准无保留意见"）。根据《审计报告》的结果，如子公司完成承诺业绩，即实现了2016～2019年目标净利润，则嘉寓门窗需自2019年开始，以上一年度净利润12倍PE对价（净利润×12×33%）或者公允价值，分期或一次性收购合伙企业所持有的子公司33%的股权。

3. 管理模式

（1）子公司设立由三名董事组成的董事会，其中，嘉寓门窗提名两名董事，合伙企业提名一名董事。董事会及股东大会的议事规则遵循《公司法》《证券法》等相关法律法规的规定。

（2）子公司的财务负责人由嘉寓门窗委派，以子公司总经理为代表的合伙企业的股东作为核心经营团队负责具体经营。

（3）"管理团队"及子公司根据《证券法》《深圳交易所创业板上市规则》《深圳交易所创业板规范运作指引》的相关规定，并需遵守嘉寓门窗内部管理（包括但不限于财务管理制度、资金管理制度、合同管理制度、对外担保决策程序、信息披露制度、内幕交易防控制度等）的各项制度，规范运作。

（4）在子公司增资扩股后，子公司的核心团队须在5年内保持稳定，并且未经子公司及嘉寓门窗的书面许可，不得与子公司发生关联交易。同时，应严格遵守竞业禁止规定，不得从事任何与子公司业务同类或相似的与子公司形成竞争关系的经营活动。

4. 资金保障

嘉寓门窗为子公司提供不高于当年新增合同额10%的资金支持（含新注册的公司注册资本金），支持方式为现金、银行承兑汇票、商业承兑汇票、提供担保（不包括保函）。合伙企业以其持有的子公司33%的股权提供反担保。

5. 资产保障

属于嘉寓门窗或嘉寓集团的土地、厂房、办公及配套用房，子公司按照使用面积以当地市场价格租赁使用，并自行承担相应面积的土地使用税费及房产税。

6. 实施保障

（1）总公司设立"合伙人计划领导小组"，由董事长担任组长，总裁担任副组长，相关高级管理人员与职能部门负责人作为小组成员。该小组的主要职能是：制定计划的实施细则及实施进度，审批、督导各区域的计划方案。

（2）子公司成立"计划实施小组"，负责拟订并实施本区域的具体计划方案及实施细则，并协助总公司对合伙人履职情况进行半年度和年度考核。

7. 出资额度

（1）合伙企业根据对子公司的出资额度，按照"公平公正、利益共享、风险共担"的原则，对各合伙人的出资额度进行分配。

（2）合伙人在各自额度内认缴出资。

（3）子公司增资额度以《增资扩股协议》约定的金额为准。

8. 收益分配

（1）合伙企业的经营期限一般为6~10年。根据子公司实际运营情况，可延长或缩短经营期限。

（2）普通合伙人对合伙企业不收取管理费。

（3）合伙企业在取得股权回购后的收益并扣除各项运营成本、费用后，按照各合伙人的出资比例分配利润。

二、母公司作为持股平台的合伙人持股计划模式

一般意义上的股权激励已经不能满足当前企业持续发展和招揽人才的需求，因此需进行调整，建立一种更加紧密的共享、共担、共赢的激励形式，以适应公司、股东和员工的需求。直接在企业的股东层面设置合伙人持股计划，就是对一般意义上的股权激励模式的优化和调整。

美的集团股份有限公司（以下简称"美的集团"）自2013年上市以来，以"产品领先、效率驱动、全球经营"三大战略主轴为指引，深化转型，聚焦产品力与效率提升，企业盈利能力与经营质量持续提高。

美的集团的合伙人持股计划如下：

1. 参与人员（共计15人）

（1）公司总裁、副总裁（有5人，含兼任事业部总经理人员2人）。

（2）公司下属事业部及经营单位的总经理。

（3）对公司经营与业绩有重要影响的核心责任人（与（2）合计10人）。

2. 参与方式及计划期

（1）参与方式。本期持股计划存续期内，公司以配股、增发、可转债等方式融资时，由本期持股计划的管理委员会商议是否参与融资及资金的解决

方案，并提交本期持股计划的持有人会议审议。

（2）计划期。分为三个阶段：①存续期——自公司董事会审议通过之日起四年，存续期届满后，可由持股计划管理委员会提请董事会审议通过后延长。在此期间，若对持股计划进行重大的实质性变更，需经出席"持有人会议"超过2/3以上持有人同意，并提交公司董事会审议通过。②锁定期——不少于12个月，自公告完成标的股票购买起计算。法定锁定期满后，仍将遵守中国证监会、深交所关于信息敏感期不得买卖股票的规定。③终止期——在存续期满后自行终止，也可由持股计划管理委员会提请董事会审议通过后延长。

3. 股份权益归属

本期持股计划项下公司业绩考核指标达成之后，将根据上一年度公司、事业部及经营单位业绩目标的达成情况及考核结果，确定持有人对应的标的股票额度，并将该等确定的标的股票额度分三期归属持有人，每期归属的具体额度比例仍将根据各持有人的考核结果确定。

具体分配以下述规则为准：

第一期：公司考核年度的业绩考核指标达成之后，根据考核年度公司、事业部及经营单位业绩目标的达成情况及考核结果确定持有人对应的标的股票额度，并将该等确定的标的股票额度的40%标的股票权益进行归属。

第二期：持有人第一期标的股票权益归属完成之日起，满一年（12个月）后，将该等确定的标的股票额度的30%标的股票权益进行归属。

第三期：持有人第一期标的股票权益归属完成之日起，满两年（24个月）后，将该等确定的标的股票额度的30%标的股票权益进行归属。

对于三期标的股票权益的锁定期规定，第一期及第二期归属给持有人的标的股票权益的锁定期为：自该期标的股票权益归属至持有人名下之日起至第三期标的股票权益归属至持有人名下之日为止；第三期归属给持有人的标的股票权益自归属至持有人名下之日起即可流通，无锁定期。

标的股票权益归属的满足条件：

（1）本期持股计划项下的公司业绩考核指标为2017年度加权平均净资产收益率不低于20%。如本期持股计划存在剩余未分配标的股票及其对应的分红（如有）将全部归公司所有。

（2）若本期持股计划下的公司业绩考核指标达成且持有人在每个归属期的

考核结果均达标，则持有人可以享有该期持股计划项下按照上述规则归属到其名下的标的股票权益。

（3）若本期持股计划项下的公司业绩考核指标未达成，则本期持股计划项下的标的股票权益全部归属于公司享有，所有持有人不再享受本期持股计划项下的标的股票权益。

本持股计划涉及的主要事项的预计时间安排如表6-3所示。

表6-3　美的集团持股计划的时间安排

时间	主要事项	备注
2017年3月29日	董事会审议持股计划	
2017年5~7月	持股计划购入标的股票	持股计划在三个月内完成标的股票购买
2018年5月	根据公司、事业部与经营单位业绩目标的达成情况及考核结果，确定持有人对应的标的股票额度，并确定持股计划第一个归属期中40%标的股票权益的归属情况	若公司业绩考核指标未达成，则该期持股计划项下的标的股票权益归公司享有
2019年5月	确定持股计划第二个归属期中30%标的股票权益的归属情况	
2020年5月	确定持股计划第三个归属期中30%标的股票权益的归属情况	
2020年5月	归属至持有人的所有标的股票权益锁定期届满，可予以出售	

此外，公司将依据相关规定，在持股计划完成标的股票的购买及分期归属时，发布持股计划的实施及进展公告。

4. 股份权益归属处理方式

持有人按照本持股计划确定的规则完成各期标的股票权益归属后，由管理委员会委托资产管理机构集中出售归属锁定期届满的标的股票，将收益按持有人归属标的股票额度的比例进行分配。

若存在剩余未分配的标的股票及其对应的分红，也将统一由资产管理机构出售，收益归公司所有。

公司实施本期持股计划的财务、会计处理及税收等问题，按相关法律、法规及规范性文件执行。

持有人因参加持股计划所产生的个人所得税,应将股票售出扣除所得税后的剩余收益分配给持有人。

5. 股份权益处置

(1)持股计划标的股票权益归属持有人前,计划持有人不享有投票权和表决权,标的股票权益按照本期持股计划规定进行归属后,与其他投资者权益平等。

(2)资产管理机构购买标的股票后的分红收益归持有人所有,并按持有人根据本期持股计划确定的其所对应的标的股票的额度比例进行分配。

(3)在本期持股计划存续期内,持有人发生下述情形之一:①锁定期内离任,并且离任审计过程中被发现任内有重大违规事项;②存在管理委员会认定的严重违反公司内部管理制度等损害公司利益的情形;③违反公司章程、公司管理制度、公司保密制度等其他行为;④违反国家法律法规并被刑事处罚的其他行为。届时,管理委员会将无偿收回持有人根据考核情况对应的全部标的股票权益(无论该等权益是否已经分期归属给持有人),并有权决定分配给其他持有人。

6. 持有人的变更与终止

(1)持股计划存续期内,持有人职务发生变更或离职,以致不再符合参与持股计划的人员资格的,由管理委员会无偿收回持有人在本期持股计划下的标的股票权益(无论该等权益是否已经分期归属给持有人)。该等收回的标的股票权益将全部归公司所有。

(2)持股计划存续期内,持有人符合相关政策并经公司批准正常退休,且在归属锁定期届满前未从事与公司相同业务的投资及任职,其未归属的持股计划标的股票权益在归属锁定期届满由资产管理机构全额卖出后分配给该持有人。

(3)持股计划存续期内,持有人发生重大疾病离职或因公事丧失劳动能力或因公死亡的,由管理委员会决定其未归属的持股计划标的股票权益的处置方式,在归属锁定期届满由资产管理机构全额卖出后分配给该持有人或其合法继承人。

(4)持股计划存续期内,除上述情形之外,因其他情形导致存在未归属的持股计划标的股票权益的,未归属的标的股票权益由管理委员会无偿收回或决定分配给其他持有人。

7. 持股计划的资金来源、股票来源和规模

（1）资金来源。本期持股计划的资金来源为公司计提的"持股计划专项基金"。本期持股计划计提的专项基金为9900万元，约占公司2016年度经审计的合并报表净利润的0.6%。

（2）股票来源。本期持股计划的股票来源为在二级市场购买。

（3）规模。在有效期内的各期持股计划所持有的股票总数累计不超过公司股本总额的10%；任一持有人持有的持股计划份额所对应的标的股票总数累计不超过公司股本总额的1%（累计标的股票总数不包括持有人在公司首次公开发行股票上市前获得的股份、通过二级市场自行购买的股份、通过股权激励获得的股份）。

8. 持股计划的管理模式

通过持有人会议选出管理委员会，对持股计划的日常管理进行监督，代表持有人行使股东权利或者授权管理机构行使股东权利，执行具体持股计划。

（1）管理模式。本期持股计划由资产管理机构通过专门的资产管理计划购买标的股票。

（2）持有人会议组成和职权。持有人会议由全体持有人组成，行使如下权利：①选举和更换员工持股管理委员会成员；②审议持股计划的重大实质性调整；③法律法规或中国证监会规定的持股计划持有人会议可以行使的其他职权。

（3）管理委员会组成和职权。管理委员会是持股计划的日常监督管理机构，由三名委员组成，均由持有人会议选举产生。设主任一人，由管理委员会全体委员过半数选举产生，委员与主任的任期为该期持股计划的存续期。职责包括：制订及修订持股计划管理办法；依据持股计划审查确定参与人员的资格、范围、人数、额度；根据公司考核结果决定持有人权益（份额）；持股计划法定锁定期及归属锁定期届满，办理标的股票出售及分配等相关事宜；参加股东大会，代表持股计划行使股东权利，包括但不限于表决权、提案权、分红权。

（4）持有人会议召集程序。①持有人会议由管理委员会主任负责召集和主持，且应提前三天将会议通知以书面形式提交给全体持有人。

（5）持有人会议的表决程序。①每项提案经过充分讨论后，应适时提请与会持有人进行表决，或在会议全部提案讨论完毕后一并提请与会持有人进行表决；②表决方式为书面表决；③持有人持有的每份持股计划份额有一票表决权；④持有人的表决意向分为同意、反对和弃权（必须选其一，否则视为弃权）；⑤每项议案如经提交有效表决票的持有人或其代理人所对应的计划份额的 1/2 以上同意，则视为表决通过，形成持有人会议的有效决议。

股权结构合理划分

各种合伙人激励类型中，股权激励是最核心的，也是一定要做的。从股权结构的设计开始，我们将以较长的篇幅讲述股权激励的具体运用。

一、股权架构的类型

一般股权结构有两层含义：股权集中度与股权构成。

股权集中度指的是企业前五大股东的持股比例。从这个意义上讲，股权结构有三种形式：（1）股权高度集中，绝对控股股东一般拥有企业 50% 以上的股份，对企业拥有绝对控制权；（2）股权高度分散，企业没有大股东，所有权与经营权基本完全分离，单个股东所持股份的比例均在 10% 以下；（3）公司拥有较大的相对控股股东，同时还拥有其他大股东，这些股东所持的股份比例在 10%~50%。

股权构成是指各个不同背景的股东集团分别持有股份的多少。以我国为例，就是指国家股东、法人股东及社会公众股东的持股比例。从理论上讲，股权结构可以按企业剩余控制权和剩余收益索取权的分布状况与匹配方式来分类。从这个角度，股权结构也可以被分为控制权不可竞争和控制权可竞争两种类型。

股权结构通常会采用"三结构"划分法。

1. 一元股权结构

一元股权结构指股权比例、表决权或者投票权、分红权呈现一体化。在一元股权结构下，由股权比例决定中小股东的权利。在实际运用中，该结构存在几个表决权的节点（见图6-1）。

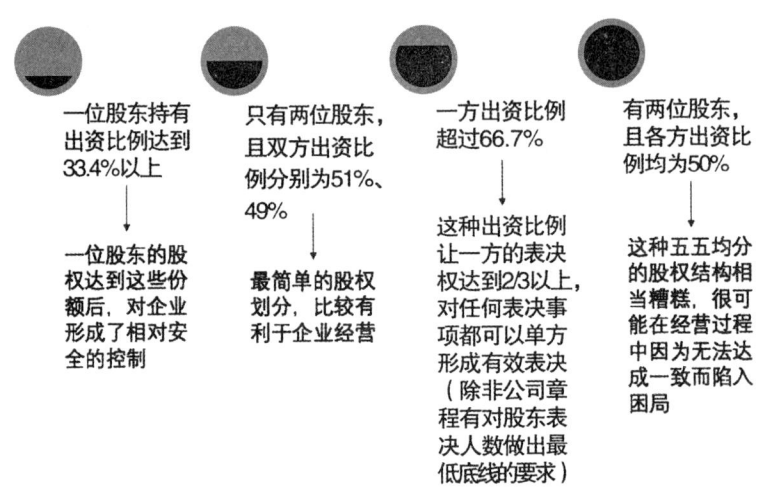

图6-1 一元股权结构的表决权节点

2. 二元股权结构

二元股权结构也称为"双重股权结构"或"双重股权制"。在股权比例、表决权或投票权、分红权之间做出不同比例的安排，将股东权利进行分离设计。通常将股权划分为高、低两种投票权。

（1）高投票权。这类股票每股具有2~10票的投票权，主要由企业高级管理者持有。作为补偿，高投票权的股票的股利低，不准或规定一定年限，一般3年后才可转为低投票权股票，但是流通性较差，而且投票权仅限管理者使用。

（2）低投票权。这类股票的投票权只占高投票权股票的10%或1%，有些甚至没有投票权，由一般股东持有。

百度上市时采用了二元股权结构：在美国股市新发行的股票称为A类股票，表决权为每股1票；创始人的股份则为B类股票，即原始股，表决权为每股10票。上市前所有股东持有的股票均为原始股，一旦原始股出售，则为

A类股票，表决权从10降低为1。

3."4×4"股权结构

该种股权结构建立在二元股权结构的基础上，将公司股东分为四类：创始人、合伙人、员工、投资人。针对他们的权利进行整体性安排。

所谓"4×4"是一个比喻，指汽车的四驱。比如，把每一个创业企业比作一辆车，创业从事的行业是赛道，创始人是车手。创业本质上是一场比赛，不管是越野赛还是F1，车手必须有好的赛车，才能动力十足，克服困难。但在现实中，很多创业公司还是一辆自行车或三轮摩托车或仅仅是有四个轮子的代步车而已。因此，必须将"4×4"架构做到位，让其真正为企业这辆赛车增添动力。

（1）发起人身份股。是指参与创业的人，无论职务高低和出资多少，一律平均获得该配额的股权分配。

（2）出资股。是指现金出资、渠道资源等能评估的、对创业很有利的资源，这里不包括外部出资，仅仅考虑创业发起人。

（3）岗位贡献股。是指能给企业带来的贡献，全职为原则，包括CEO（首席执行官）、COO（首席运营官）、CTO（首席技术官）、CFO（首席财务官）、CIO（首席信息官）、CMO（首席营销官）、CPO（首席产品罐）等。根据职位和公司业务导向确定各自比例，建议在均分原则上进行调整。如果是兼职，则最多只能是该岗位全职人员的20%股权，其余待全职后才可分配。

（4）创始人身份股。创始人为何有独占的身份股？因为在创业早期，必须有一个敢于承担责任的人。25%是中位数，如果是三人以上创业团队，该配额不应低于20%。

二、股权结构的"九条生命线"

这"九条生命线"是由《公司法》《证券法》等法律明确规定的、从上市企业的股东权利和义务中得出的，对上市企业的经营管理有着重大意义。其中，绝对控制线、相对控制线、安全控制线、重大股权变动警示线，也被称为是"四条致命线"。企业要设定股权结构的底线（某一条生命线），绝不可以跌破。其实，股权的"九条生命线"也是九种股权比例（见图6-2）。

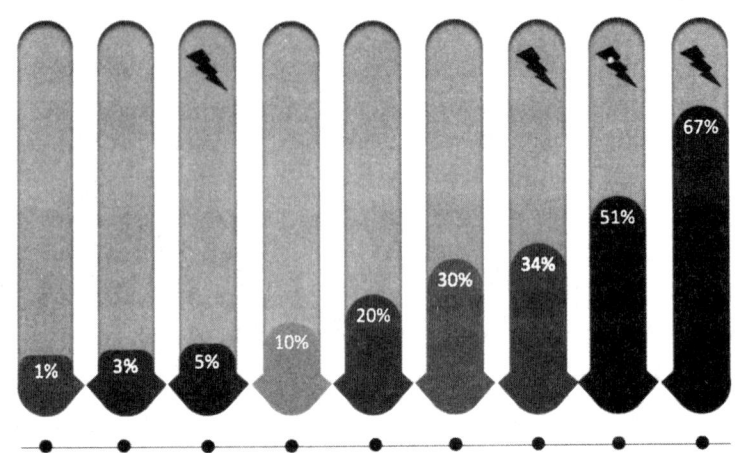

图6-2 股权结构的"九条生命线"

注：途中画有闪电标志的为"四条致命线"。

1. 绝对控制权线——67%

根据《中华人民共和国公司法》（以下简称《公司法》）规定："股东大会作出决议，必须经出席会议的股东所持表决权过半数通过。但是，股东大会作出修改公司章程、增加或者减少注册资本的决议，以及公司合并、分立、解散或者变更公司形式的决议，必须经出席会议的股东所持表决权的三分之二以上通过。"

这就意味着，上市公司的股东如果持有股权比例达到67%，就等于拥有了"一票通过权"，对公司重大决策的表决形成绝对控制，与100%的持股效力相同。

但在具体实行时仍有几个问题需要注意：

（1）"三分之二"转换成百分比，不只是67%，还可以是66.7%、66.67%、66.667%等。

（2）"经出席会议的股东所持表决权的三分之二以上通过"，那么"以上"是否包含本数（67%、66.7%、66.67%等）？依据《中华人民共和国民法通则》第一百五十条规定，"以上""以下""以内"包含本数，"不满""以外"不包含本数。

（3）《公司法》第四十二条规定："但是，公司章程另有规定的除外。"公司章程可自行约定一个比例，规定不按出资比例行使表决权。

2. 相对控制权线——51%

属于股东持股数"过半数"，对企业的重大决策有表决权，可以对企业进行一定的控制。比如，聘请独立董事，选举董事、董事长，聘请审议机构、会计师事务所，聘请或解聘总经理等。但从法律层面来说，51%只是具有相对控制权，若是涉及重大事项，比如增资减资或企业解散、注销等，持股51%并没有决定的权利，需要股东大会投票决策。

3. 安全控制权线——34%

当有股东持股达到34%，就意味着持股量超过1/3。那么，余下的股权加起来只有66%，无论这66%由多少个人持有，都无法达到绝对控制权线标准，即无法实行"一票通过权"。因此，当其中某一位股东的持股量达到34%，就形成了"安全性控股"或者叫"否决性控股"。

企业想要通过某项重大事宜，必须争取持股达34%的股东的同意，若是否定票达到34%，重大事宜就无法通过，这就是"一票否决权"。

4. 上市企业要约收购线——30%

如果上市企业的某位股东持股量达到30%，其想控制企业就需要加大持股占比。但是，《中华人民共和国证券法》（以下简称《证券法》）与《上市公司收购管理办法》都有规定："收购人持有一个上市公司的股份达到该公司已发行股份的30%时，继续增持股份的，应当采取要约方式进行，发出全面要约或者部分要约。"也就是说，收购人要向所有股东发出通知，表明自己的收购意图，还要向被收购的公司发出收购的公告，待被收购公司确认后，方可实行收购行为。

5. 重大同业竞争警示线——20%

上市企业的控股股东或实际控制人所从事的其他业务或控制的其他企业（通常企业控制人或大股东都不只有一家企业，而是同时控制或参股多家企业），与本企业所从事的业务相近甚至同类，双方遂形成竞争关系。

关于这方面，法律上没有明确的规定。但在具体操作时，通常以20%的股权关系作为重大同业竞争警示线。其实，一个股份公司可以通过20%以上的股权关系（可以是重大债权关系）控制或影响企业。

6. 召开临时会议权线——10%

股东的持股量达到10%时，就拥有请求召开临时股东大会或者召开董事会临时会议的权利，并拥有提出质疑、调查、起诉、清算、解散公司的诉权。因此，在设计股权架构、股权激励、引进投资方时，一定要避免出现某个利益小团体的持股超过10%。

7. 重大股权变动警示线——5%

股东持股量达到5%，就达到了"举牌"的比例界定。"举牌"的目的是防止机构大户操纵股价，保护中小投资者利益。

《证券法》规定："当投资者持有一个上市公司已发行股份的5%时，应在该事实发生之日起三日内，向国务院证券监督管理机构、证券交易所做出书面报告，通知该上市公司并予以公告，并且履行有关法律规定的义务。"

5%的持股量就像一道看不见的线，只要投资者持有（或通过协议、其他安排与他人共同持有）一个上市企业已发行的股份达到5%后，当其所持该上市企业已发行股份比例每增加或减少5%，应当依照规定进行公告。换句话说，上市企业如果有超过5%的股权要转让或变更，就需要进行公告。公告后两日内，不得再买卖该上市公司的股票。

8. 临时提案权线——3%

《公司法》第一百零二条规定："单独或者合计持有公司3%以上股份的股东，可以在股东大会召开十日前提出临时提案并书面提交董事会。董事会应在收到提案后两日内通知其他股东，并将该临时提案提交股东大会审议。临时提案的内容应属于股东大会职权范围，并有明确议题和具体决议事项。"也就是说，当企业股东拥有的股份达到3%时，就拥有临时提案的权利。提案对企业股东大会的召开有着相当大的影响，是必须得到解决的。

9. 代位诉讼权线——1%

代位诉讼权线也称"派生诉讼权线"，当股东持股量达到1%，就拥有间接的调查权与起诉权。《公司法》第一百五十一条规定："有限责任公司的股东、股份有限公司连续180天以上单独或者合计持有公司1%以上股份的股东，可以书面请求监事会或者不设监事会的有限责任公司的监事向人民法院提起诉讼；监事有本法第一百五十条规定的情形的，前述股东可以书面请求董事会或者不设董事会的有限责任公司的执行董事向人民法院提起诉讼。"

代位诉讼的发生有三个前提：一是董事、高管违法违规损害企业利益；二是监事违法违规损害公司利益；三是前两项都出现问题。企业股东可以以自己的名义直接向法院提起诉讼。

10. 其他

股权可以增减。如果一名股东现在只持有0.29%的股权，但通过日后不断注资增持或股权激励，其持股量达到了1%，就可以享有"代位诉讼权"。反之，一位现在拥有1.07%股权的股东，在日后不断减持，当低于1%后，就等于失守"九条生命线"的最后阵地。但并不意味着该股东不再具有权利，在有限责任公司里，持股量低于1%的股东，不仅享有股东身份，还享有公司股权对外转让的优先受让权、新增注册资本优先认购权、查账权、表决权等。

按照法律规定，一旦登记成为工商注册的股东，如果没有出现完全未出资的情况，任何大股东不能"开除"小股东，只能用"进入退出机制"来预防。

总之，"九条生命线"就是企业和股东的九种生存状态，无论对投资还是创业都具有参考价值。

三、四种阻碍企业发展的股权划分方式

在实施股权结构设计的过程中，因为有着不同的创业外部环境和内部环境，再加上严峻的商业形式和竞争对手的压迫，以及其他看不见的状况，会影响划分的初衷与过程，导致出现一些"隐患股权结构"。

当股权不能对企业经营起到稳固支撑作用时，就会向相反的方向发展，将其阻碍发展、破坏经营的一面暴露出来。比如，比较常见的一股独大、平均持股、人资倒挂、挂名股东，都是股权设计时必须重点防范的状况。当然，不是说这几种股权结构绝对是错误的，很多成功企业就是走的这四条路，但前提是他们设计了更为符合自己企业发展的措施和更为严谨的防御机制，以确保股权结构能平稳健康。

下面我们要说的是在不能确保平稳健康的情况下，这四种股权结构对企业的损害。

1. 一股独大

一股独大是指某个股东能够绝对控制企业运作，包括两类：一类是占据

51%以上的控股份额；另一类是不占绝对控股地位，只是相对于其他股东股权比例高（通常界定为20%），但其他股东持股分散且联合困难，使得该股东可以控制企业运作。

其实，当企业中第一大股东表决权比例超过25%时，通常容易赢得大多数股东的支持，处于优势表决地位。

我国因为有着浓厚的家族创业基础，因此以家族的某个成员为核心形成的家族企业极易形成一股独大。

《新财富》杂志对我国的家族上市公司进行了考察，发现前20名家族上市公司的家族平均所持股权比例超过55%，前50名家族上市公司的家族平均所持股权比例超过50%，远远高于我国A股上市公司第一大股东平均近40%的持股比例。

一股独大极容易形成"一言堂"局面，除了企业发展初期可以有效避免冗余外，随着发展的深入，"一言堂"已经有悖于正常的经营管理状态。在企业进入规模化和多元化阶段，缺乏对权力的制衡机制，决策失误的可能性将成倍增加，企业将承担很大的风险。因此，近些年家族企业纷纷开始减持股份，通过增发和引进战略投资者的方式，减少了家族所占股份。

2. 平均持股

平均持股是"平均主义"的另一种延伸形式，在创业之初最为常见。当没有哪一方具有绝对强势（资金、能力或资源），股权的搭配常以均分状态出现，如两个人各占50%，三个人各占33.3%，四个人各占25%等。

餐饮连锁店"真功夫"由潘宇海创立，后又加入蔡达标。在分配股权时，两人认为情感最重要，各占50%为宜。但随着事业的发展，潘宇海和蔡达标在公司管理、发展理念、经营模式上冲突频现，导致二人逐渐由感情深变成了积怨深，接连互相拆台。矛盾在2011年彻底爆发，"真功夫"部分高管因涉嫌经济犯罪被警方带走协助调查，蔡达标最终也因经济犯罪锒铛入狱。虽然潘宇海最终成为"真功夫"的掌门，但几年的斗争使得"真功夫"错过了发展的黄金时间。

实行"股权均分"对于企业来说，导致的直接后果是没有"拍板人"，有股份的人都有发言权，但每个人都没有绝对控制权。当企业一步步做大，所有持股人都对企业的最高位置心怀向往，因此无法同心协力。而且，一旦发生影响企业的大事件，往往因为个人能力不同、考虑问题的倾向性不同，导致无法达成一致意见，自然就形不成决策。对于大多数创业团队而言，平均分配股权将不可避免地引发这样的状况，接下来就是团队成员的分道扬镳。

3. 人资倒挂

企业创立之初，由于资金短缺，创始人往往会引进外部资金来助力企业发展。此时，资金相比经营能力占据了更重要的地位，出资方也会因此要求占有企业更多的股权比例。出于企业经营的考虑，实际经营者往往会答应出资方的股权分配要求。这就形成了出资方只在付出一定资金而没有其余贡献的情况下拿到了大量股份，而实际经营者与其团队因为出资少占有小部分股份的"倒挂"局面。

某公司有 A、B、C 三位合伙人，A 出资最少，但参与经营最多；B 出资最多，但从不参与经营；C 出资排第二，很少参与经营，但公司的股权比例是：A 占股份最少，B 占股份最多，C 居中（见图 6-3）。

出力的人与出资的人在持股比例上出现了"倒挂"。当公司快速发展之后，对外部资金的需求变小，实际经营者所带领的管理团队的优势凸显，"人资倒挂"的股份分配必将遭到质疑，公司内部将因此引发矛盾。

"罗辑思维"在成立之初就是"人资倒挂"，申音占 82.45%，罗振宇占 17.55%。虽然两人被称为业界的黄金搭档，但他们的关系更像是明星与经纪人的关系。申音是经纪人，负责将罗振宇推向幕前，接下来的任务都是罗振宇的。罗振宇火了之后，很明显粉丝追随的是他，而不是他所在的公司。在这种模式下，创造价值的是罗振宇，持有大股的却是申音，股权比例决定了最终的权利分配和利益分配，也决定了两人的分道扬镳。如今，罗振宇是"罗辑思维"老大，估值已经达到百亿元，申音已没有机会享受胜利果实了。

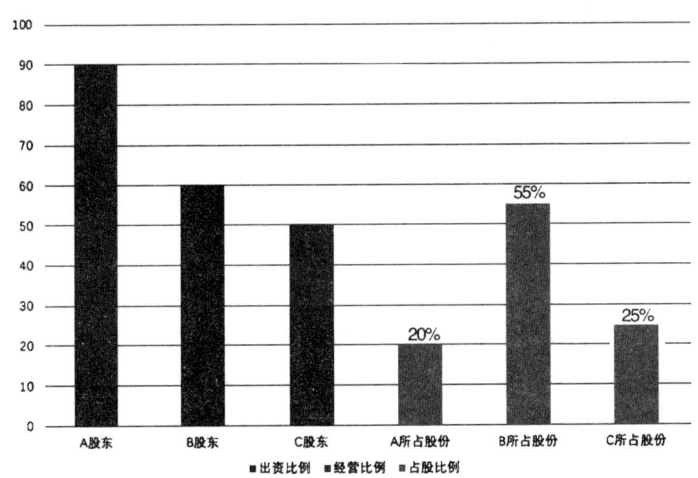

图6-3 股权分配中的"人资倒挂"

由此可见,随着经营时期的变化,各类股东的价值是不断变化的。若股东不做好股权调整的准备,一旦遇到战略抉择,分裂或崩溃将不可避免。

4. 挂名股东

在股权分配上,有一种几乎是中国企业独有的现象,就是挂名股东。让某位亲属或好友在工商局注册成股东,但这类股东既没实际出资,也不出力(显性股东),而真正为企业出资出力的股东却没有任何工商注册的痕迹(隐性股东)。

试想,"人资倒挂"都能引发矛盾,这种"错位股东"引发矛盾的机会将更大。比如,当家族、朋友之间发生矛盾时,手握股权的"显性股东"能做出怎样的行为?再比如,当企业经营出现危机时,没有注册痕迹的"隐性股东"将做出怎样的行为?

"股权池"与股权成熟模式

在进行股权设计时,预留股权池和股权成熟模式非常重要。但在现实中,企业在预留股权池和对预留股份的操作方面犯了很多错误,在设计股权成熟模式时也常有漏洞。下面,我们来阐述这两个问题,力求让更多的企业从中得到启发。

一、设立股权池

所谓股权池,就是股权预留,是合伙企业常见的一种股权运作形式,目的在于将来招揽人才加盟。比如,某公司CTO(首席技术官)和CFO(首席财务官)的职位空缺,但老板并没着急聘人,而是预留出与职位对应的股权份额,等待将来吸收能力符合的合伙人。预留股权的比例各企业根据情况自定,通常为股权总数的20%~40%。预留不必过多,多了会激发企业先有合伙人的觊觎之心,也不利于主要股东对企业的掌控;预留也不能过少,太少将对人才难以形成吸引力,设立股权池的意义也就不存在了。

除此以外,还要解决预留股权的存放问题,否则设立股权池的好处仍将难以体现。

A、B、C三人合伙创办公司,注册资本为100万元,其中A出资50万元,B出资25万元,C出资25万元。按照行业规则,留出40%股权用于将来吸收新人和融资。最终股权划分:A占股30%、B占股15%、C占股15%,预留的40%股权放在公司。

但这引出了以下三个问题。

问题一:公司不能持有本公司的股权,预留的40%股权属于谁?

问题二:预留的40%股权对应的注册资本谁来出?

问题三：在预留股权分出去之前，股权池的股权所对应的权利和利益由谁享有？

针对"问题一"我们提供三个解决方案。

（1）放在"老大"名下，由"老大"代持。这样便于股权掌控和将来做股权转让，但容易引发其他合伙人的不满，因为代持的"老大"必然会享有预留股的收益。

（2）放在持股平台。比如，由A作为普通合伙人，B、C作为有限合伙人，成立一家有限合伙公司来持有股权池的预留股权。将来有新人或机构进入时，直接进到合伙公司。这种方法最好，但成本偏高。

（3）几名合伙人平均持有，分别代持。合伙人容易接受，但将来需要进行多次股权转让，流程烦琐。

针对"问题二"，我们给出两种解决方法。

（1）简单的方法：谁代持，谁出这部分资金。

（2）复杂的方法：合伙人按照各自代持的比例认缴出资，等新人进来时，股权转让至其名下，再由新人出这部分钱。

然而，不论简单的还是复杂的，在实践中立即引发"问题三"。如果A出了预留股权的40万元的注册资本，持有股权池40%的股权，就会享受这部分表决权和40%的分红；而B和C也想出这40万元或者出一部分，也想享受相应的权利和利益，怎么办？没有任何理由不允许这二人出这部分钱。

为了解决这个棘手的问题，我们的建议是：仍然由A单独出40万元，并享有这部分股权的表决权，但分红权在A、B、C之间协商分配（作为出资者，可以给A多一些分红；或者A与B和C三人均分）。而且A作为公司的掌控人，再享有更多的表决权，B和C并不会有什么意见。B和C最在意的是利益的分配，他们不用出资，却能得到一部分分红，就不会再有异议了。

二、股权成熟模式

股权有"未成熟"和"已成熟"两种。已成熟是达到股权兑现条件，能够由名义上的股权所有者变成正式的股权持有者，并能自由支配；未成熟是未达到股权兑现条件，名义的股权所有者资格将部分丧失，且不能自由支配未成熟部分的股权，必要时要退回这部分股权。

股权是否成熟,在股权激励机制中非常重要,可以直观界定股权是否正式由股权所有人所有。因此,股权是否成熟的划定方法必须非常严谨,既要保证企业利益,也要保证个人利益。下面给出三种常见的股权成熟的模式。

1. 按年成熟

将股权的成熟以"年"为单位划分。事先通过协议确定成熟的年限要求(统一年限与分段年限),在满足年限要求后,股权成熟。

A、B、C三人合伙创业,股权比例是6∶3∶1。一年后C决定退出,但他手上还持有公司10%的股份,不能给其坐享其成的机会。

根据合伙协议约定,股权按四年成熟为定(干满4年)。具体规则是:每个人的股权被均分为4份,每满一年成熟25%,4年期满后,所有股权全部成熟。

C干满1年,他可以享有自己所持股份10%的1/4,也就是2.5%,剩下的7.5%就不是C的了。这2.5%的股份处理方式,通常是其余创始人股东按照协议约定的金额进行现金回购。

现在还有最关键的"无主"的7.5%的股份的处理,有两种方法:一是强制分配给A和B,可以均分,也可以按照持股比例确定;二是以不同的价格按公平的方式给A和B,将来可以重新找新合伙人代替C。

2. 按项目进度成熟

以一个项目的完成度来考核股权拥有者,达到预先约定的标准的,可以享有股份,否则不享有。项目完成度可以按产品测试、更新迭代、推出进度、推广效果、达到用户数等指标考核。这种方式对于一些自媒体运营的创业项目比较有用。

采用这种方式必须坚决施行。比如,预计某项目可能要两年才能实现的用户数,但交给某位合伙人操作后,居然半年就做到了,这种情况下必须兑现股权成熟。

此外,还可以按项目的运营业绩实施股权成熟,如营收、利润等。因为有些项目离钱比较近,更容易赚到钱,就可以根据业绩约定。

3.按融资进度

除了来自内部的参考标准外,还可以动用外部的参考标准。融资进度就是一个不错的参考项。融资的数额可以印证产品的成熟度、资本市场对企业期待值的大小、企业未来的经营走向等。

这种成熟方式往往作为辅助股权约定方式,不能简单地以谁融资的贡献大,谁占的股份就多,而是在出资、渠道、资源、日常工作等方面进行综合考评后,确定对融资贡献大的合伙人给予额外激励。

股权激励的八种类型

研究表明,目前市场上通用的长期激励计划有八大模式(见表6-4)。

表6-4 股权激励的八种模式

模式一	股票期权
模式二	限制性股票
模式三	股票增值权
模式四	业绩股票
模式五	虚拟股票
模式六	经营者持股
模式七	延期支付
模式八	员工持股

一、股票期权

股票期权相当于一种"选择权",也就是赋予了激励对象选择的权利,可以购买企业股票,也可以放弃购买。

股票期权也称为认股权证,是指激励对象在交付了期权费后,在规定的时间内(行权期)以协议约定好的价格(行权价),购买一定数量的本企业的流通股票(行权)。

具体实施方式是:企业向激励对象发放期权证书,并承诺在一定期限内或实现协议的条件达成时(如净利润增长率得到保障、开发出新一代产品、实现上市等),激励对象可以以较低的价格购买股权。

某公司董事会审议通过了一份期权激励计划,拟向公司高层管理人员和核心技术人员定向发行100万份公司股票期权。行权资金的来源为个人自筹和激励对象自身工资担保所得的贷款。

规定的行权条件为:(1)激励对象在行权的前一年度绩效考核必须合格;(2)连续两年公司扣除经常性损益后的加权净资产收益率不得低于15%;(3)激励对象最近三年没有出现过重大违规违纪行为。

二、限制性股票

限制性股票是指上市企业按照预先确定的条件,授予激励对象一定数量的公司股票。"限制性",是指对激励对象工作年限方面的限制和企业业绩方面的限制。当工作年限和企业业绩达到股权激励计划规定的条件时,激励对象可出售被授予的限制性股票。如果激励对象未能满足激励条件,企业有权将免费授予的限制性股票直接收回,或以激励对象购买时的价格进行回购。

在我国,企业在授予限制性股票时,必须遵守《上市公司股权激励管理办法》的规定,因此上市企业在设计限制性股票激励方案时,对获得的条件只能局限于企业的相关财务指标和数据。《上市公司股权激励管理办法》还规定了实施限制性股票激励时应当设置具体的禁限售期,上市企业需根据自身需求设定禁售年限和其他符合出售的条件(见图6-4)。

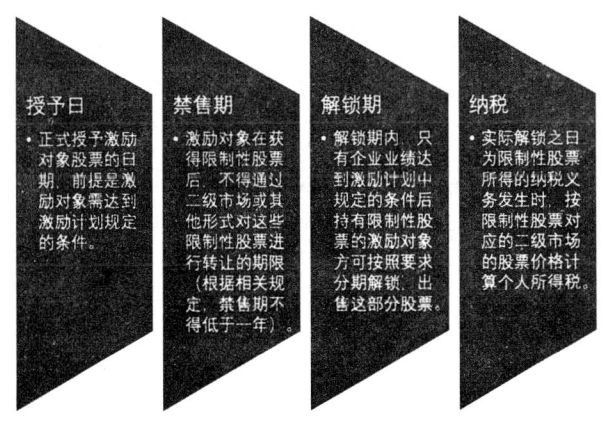

图6-4 限制性股票的各期限

某公司在"新三板"挂牌后，开始执行股票激励计划。在计划中，公司决定以定向发行的方式授予激励对象150万股限制性股票，占公司总股本的9.26%。其中，首次授予100万股，预留出50万股于首次授予日后的24个月内再次授予。

这些限制性股票的限制条件很明确：从激励计划实施开始后的三年中（解锁期分别为12个月、24个月、36个月），每年归属于母公司的扣除非经常性损益后的净利润收入分别不能少于600万元、1000万元、1600万元，而限制性股票解除限制的比例均为30%，每年解锁期的净利润必须为600万元、1000万元、1600万元。

三、股票增值权

企业以每股净资产的增加值对核心人才进行激励。这种方式比较适合非上市企业，因为在企业的财务指标中，每股净资产通常是指股东权益与股本总额的比率，公式为：

每股净资产＝股东权益÷总股本

所以，股票增值权反映的是企业的业绩水准，即每股净资产越高，说明企业的盈利能力越强，股东所享受到的权益也越大。但是，增加值不是真正意义上的股票，因此，激励对象并不具有所有权、表决权和配股权。但这种激励方式可以有效避免股票市场因素对股价的影响，因为激励对象最终能得到的奖励和股价并不相关。

股票增值权分为购买型和虚拟型两种模式。

（1）购买型：激励对象在激励计划执行之初，按每股净资产值实际购买一定数量的企业股份，在到期后再按每股净资产期末值回售给企业。

（2）虚拟型：激励对象在激励计划执行之初，不用实际出资就被企业授予一定数量的名义股份。在到期后，根据企业每股净资产的增量和名义股份的数量来计算收益，据此向激励对象支付现金。

四、业绩股票

业绩股票也称为"绩效股份计划"，是企业在某个时间点（通常为年初）制定一个合理的业绩目标，在另一个时间点（通常为年末）如果激励对象达到了该预定目标，则企业会授予之前与激励对象约定好的股票份额，或者提取一定的奖励基金购买企业股票再授予激励对象。

业绩股票常被看作一种短期的激励方式，很多企业在具体操作中也将其用以实现短期关键目标。当期满时，激励对象未能实现企业预定的目标，则当初被许诺的业绩股票不会得到兑现。

实际上这种激励方式并非只适用于短期激励，中长期激励也通常适用。因为业绩股票的流通变现通常有时间和数量限制，如果事先确定的绩效目标是长期的，比如三年或五年内达到，则激励对象要在若干年内通过业绩考核，才能获准兑现规定比例的业绩股票。

1999年初，福地科技对相关董事、监事和高管人员实施了业绩股票的股权激励计划，规定以年度为时间单位进行一次性奖励，按照会计师审计的税后利润，在提取法定公积金和公益金后，以1.5%的比例提取。其中，70%作为对董事和高管的激励，30%作为对监事的激励。发放时采取20%现金加上80%福地科技股票的形式。

五、虚拟股票

虚拟股票不是真正的股票，是企业发放给激励对象的一种虚拟的"股票"。这类"股票"不在企业股票总量之内，因此又称为"红利股"。根据企业内部章程规定，虚拟股票同实际股票享有同样的收益权，也就是说在企业实现业绩目标后，激励对象可凭虚拟股票享受应得的分红权和股价升值收益，但没有表决权和所有权，更不能转让和出售。在虚拟股票持有者离开企业后，虚拟股票会自动失效。

虚拟股票激励的执行流程如下（见图6-5）。

实施虚拟股票激励，不影响企业总资本和股权架构，对企业属于利好。这种虚拟形式有助于避开因市场不确定因素造成的股票价值贬值，对股票持有者也是利好。

虚拟股票激励兑现分红，可以用现金形式，也可以用等值股票（实际股票）形式，还可以用"现金＋等值股票（实际股票）"形式兑现。因此，虚拟股票更适合现金流比较充裕的企业。

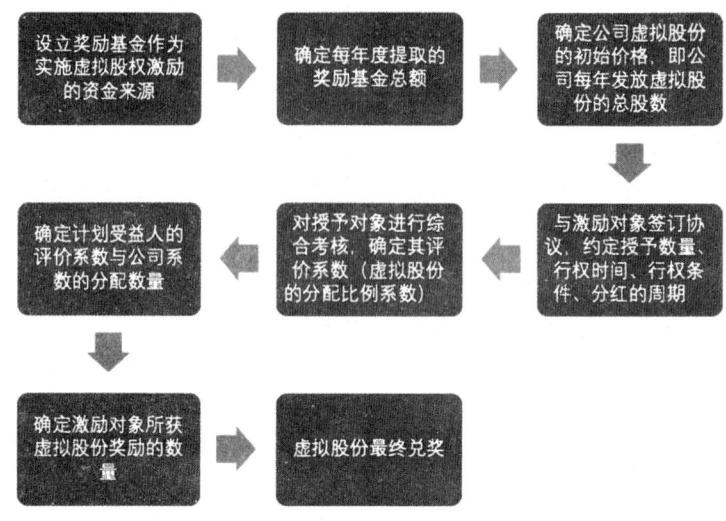

图6-5 虚拟股票激励的执行流程

六、经营者持股

经营者持股有广义和狭义两种,广义经营者持股是指经营者以种种形式持有本企业股票或购买本企业股票的权利;狭义经营者持股是指经营者按照与资产所有者约定的价格出资购买一定数额的本企业股票,并享有股票的一切权利,且股票收益可在当年足额兑现的一种激励方式。

这些股票的来源有:公司无偿赠送给受益人;由公司补贴、受益人购买;公司强行要求受益人自行出资购买。

比如,某公司借自身增发新股之际,向三位主要管理人员定向增发了一定数量的股票。股票的增发价格为8.87元/股,低于当时的市场价格(10元左右)12%。也就是说,在公司实施管理人员持股计划的过程中做出了一定补偿。公司三位管理人员的总持股数量达到了75万股左右,虽不足总股本的2%,但绝对数值达到700万元之巨。

经营者持股的特点如下:

1. 有效减少管理层的短期行为

企业强制要求高层管理人员从市场上购买本企业的股票,并在任期内锁定。由于股票在任期内锁定，持有者只有在离职半年后才能抛出。

2. 更好地保护中小股东的利益

管理层持有本公司的股份一般最多能到万余股，占到企业总股本的比例非常小。由于管理层本身是小股东，做决策时必定会照顾中小股东的利益。

3. 对管理层的约束多于激励

管理层购入公司股票的收益同期权一样，都有行权价差收入和转售增值收入两部分。但实施经营者持股的企业的管理层人员必须自行解决资金来源，先行购买股票，通常持有者会在企业质押自己的财产，虽然激励作用有所降低，但约束作用相当明显。

七、延期支付（分利不分权）

实施延期支付股权激励计划必须是上市公司，且主要针对企业高级管理人员。企业将管理层的部分薪酬（年度奖金、年终分红、前期股权激励收入等）按照当日企业股票的市场价格折算成相应的股票数量，存入企业为管理人员单独设立的延期支付账户中。到达既定的期限或者激励对象退休后，再以企业股票或根据期满时股票的市场价格，以等价现金的方式支付给激励对象。

激励对象在延期支付中所获的收入由两部分组成：一是股票自身的价值，二是几年内企业股票增值的部分。

比如，企业赠予激励对象80万股股票，每股价格2元，延迟四年支付，每年可行权20万股。第一年股价上涨到2.5元/股，如果全部行权，激励对象可获得50万元；第二年股价上涨到3元/股，全部行权后，激励对象可获得60万元。这五年中股价在不断变化，激励对象必须努力工作，以求企业股价提升，自己才能获利，如果股价下降，自己的获利将会减少。

八、员工持股

员工持股计划也称"员工股票所有权计划"，是通过让员工持有本企业一定数量股票和期权的方式，让员工获得长期奖励的方式。

实施这种股权激励模式时，需要由企业内部员工出资认购本企业部分股权，或者股东自愿捐出部分股份无偿授予员工，并委托一家专门机构（如员工持股委员会、员工持股计划信托基金会等）以社团法人的身份托管运作，集中管理，按股份分享红利。这意味着，员工持股委员会应代表持股员工进入企业董事会参与公司的各种表决及分红。

员工持股计划分为杠杆型和非杠杆型两种模式。

1. 杠杆型员工持股计划

利用信托贷款杠杆实现员工对企业股权的收购。这涉及四个方面：企业、企业股东、员工持股计划信托基金会或员工持股委员会、贷款银行。具体运作流程（见图6-6）。

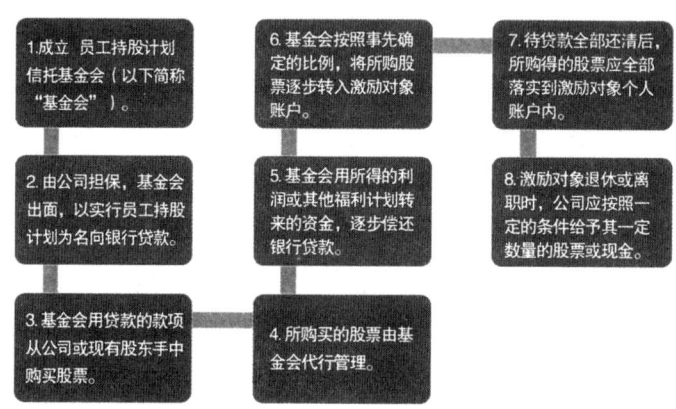

图6-6 杠杆型员工持股计划操作流程

2. 非杠杆型员工持股计划

非杠杆型员工持股是主动的受让行为，就是不用借助贷款，企业每年向员工持股计划信托基金会贡献一定数量的企业股票或者用于购买企业股票的现金。出于对企业股权掌控能力的控制，这部分股票的价值或现金不应超过参与员工持股计划受激励对象工资的25%。具体运作流程如下（见图6-7）。

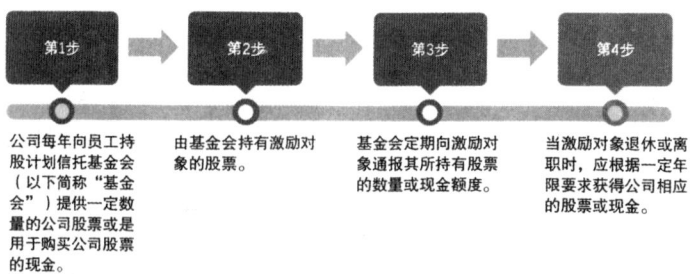

图6-7 非杠杆型员工持股计划操作流程

股权激励的八大要素

合伙制企业在操作股权激励时必须明确八大要素，也可以看作实施股权激励的八个步骤，即激励模式、激励对象、时间约定、行权条件、授予数量、授予价格、股票来源、退出方式。缺失了任何一个环节，股权激励都不可能做好。

一、激励模式

企业激励模式可以采用不同层面、不同背景的激励方式，以降低企业股权激励的风险。建议采用现股或者期股模式（见图6-8）。

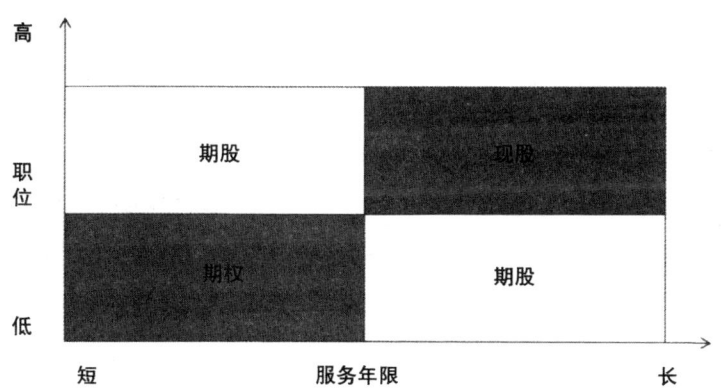

图6-8　股权激励宜采用的模式

选择何种激励模式，需从激励主体与被激励对象的角度进行考虑，其核心是考虑企业资产的保持与增值，以及员工的支付能力和支付意愿（见图6-9）。

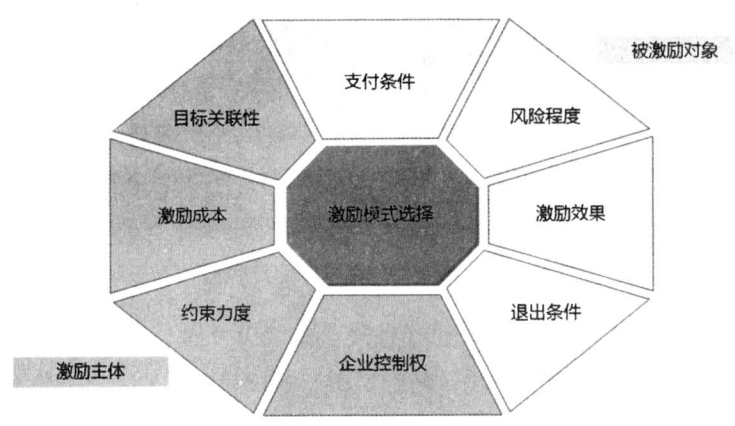

图6-9 激励模式选择的角度

二、激励对象

确定激励对象就是确定将哪些人列入激励范围,并以此确定激励对象的标准。选择激励对象要考虑多方面因素,既要考虑过去,更要面向未来,体现公平公正的原则,为激励对象遴选设定选拔标尺。

下面将激励范围、选择依据、人数比例、新老平衡等作为选择考量,以图片形式呈现(见图6-10)。

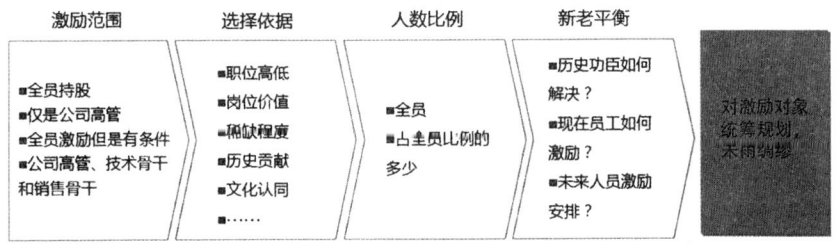

图6-10 激励对象的选择考量

为了避免因静态定人存在利益固化、激励不公的不足,企业在设计股权激励方案时需要采用兼具公平与适时调整的动态定人思路,保证做到"标准明确,动态调整"。

在设计股权激励确定被激励对象时,通常采用以下四种方式:

方式一,按合伙人类型分类确定,如创始合伙人、加盟合伙人等。

方式二，按员工类型交叉确定，如以"精英骨干＋创业元老"相交，符合者为激励核心。

方式三，按岗位价值、职能登记分层确定，如依据"员工能力档案"、人岗匹配程度等。

方式四，按不同激励平台分别确定，如总部管理人员、总部职能平台人员等。

至于在股权激励方案的设计中选择哪一种更为合适，需要依据具体商业环境和企业自身特点来确定。

三、时间约定

在股权激励方案中确定各量动态授予的具体时间及节奏，需要考虑在不同的激励模式下，被激励对象从行权到退出的时间如何安排，使得激励作用最大化。

股权激励计划中涉及的时间，主要包括授权日、等待期、行权日、窗口期、限售期和禁售期等。企业应该根据法律规定、激励中的约束及管理的需要，制定相应的时间表（见图6-11）。

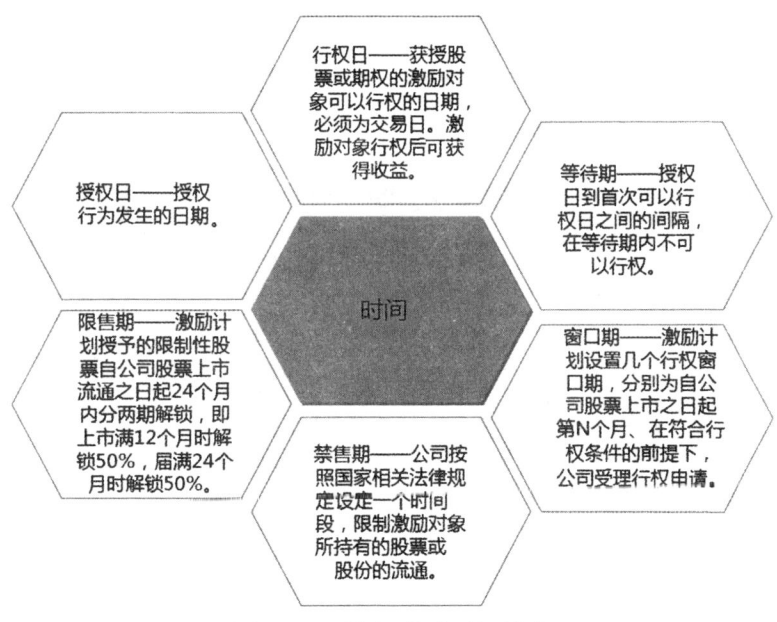

图6-11　股权激励时间约定

经过多年的总结，可以得出一套时间体系：（1）企业以2~3年为周期，按照授予激励对象的人数批量授予最为得当；（2）根据激励对象具体的绩效计算其每年应获得的股权数量;(3)在授予过程中按"5+3+2"(比例)或"4+3+3"(比例)等节奏采取逐步授予(行权条件)的形式。

在具体操作中,有五个关键时间节点需要把握(见图6-12)。

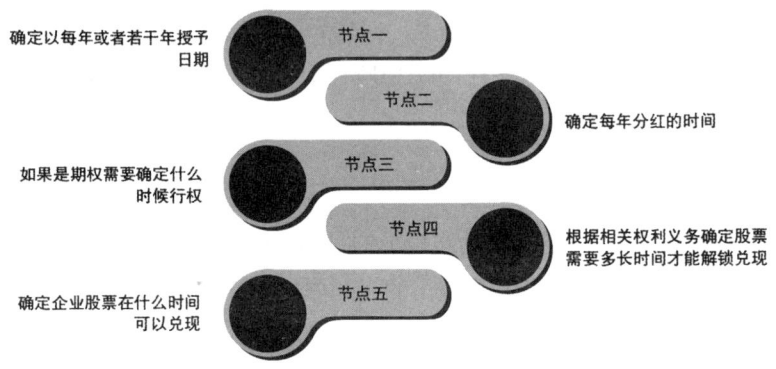

图6-12 确定时间的关键节点

此外,如果企业有上市计划,还需要注意考核期限的设置不要与上市计划相冲突,在上市前要结束期权计划。

对于非上市企业来说,授权日没有法律限制,可以自行确定。对于已上市企业来说,授予日必须为交易日,且需遵守以下原则(见图6-13)。

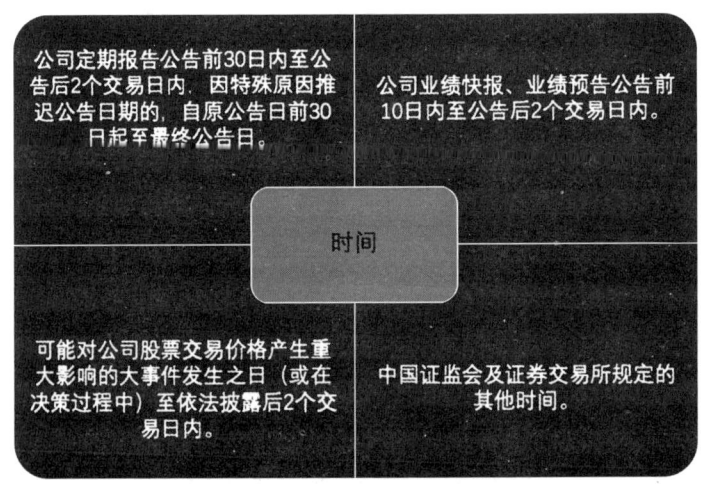

图6-13 上市企业设定股权激励需遵守的时间原则

四、行权条件

在股权激励方案的设计中，确定激励对象的考核条件。企业不同的层面，不同的激励模式，激励对象获授股权的条件与可行权条件要结合企业的战略目标实现、个人业绩、行业特点进行设定（见图6-14）。

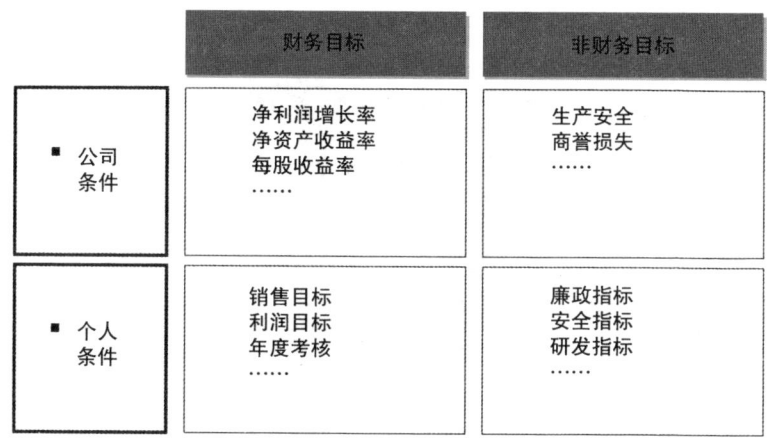

图6-14　股权激励的行权条件

如果企业整体业绩未达标，则所有激励对象不得行权或解锁获益；如果企业业绩已达标，则所有激励对象满足了行权或解锁的条件之一者，再根据个人业绩条件确定是否满足考核要求（激励对象个人业绩与授予比例挂钩）。

若激励对象的业绩达不到行权条件或达到条件但未及时行权的，可以分为两种情况具体考虑：

（1）激励对象的业绩或企业的业绩未能满足行权条件，则当期的股权激励计划不能实行，这部分股权激励计划的标的股票应由企业进行注销或按照原授予的价格予以回购。

（2）激励对象的业绩符合行权条件，而且企业的业绩也达到了行权条件，但激励对象未在行权期内全部行权，企业本着对员工负责的态度，应该及时处理此股权遗留状况，方法仍然是将激励对象未行权部分的股权进行注销或者按照原授予价格回购。

五、授予数量

激励数量分为两个方面，一方面是确定股权激励方案中用于激励股份的总量，另一方面是确定股权激励方案中给予个人激励的个量。

股权激励的股权总额要考虑企业规模、竞争地位、行业薪酬水平、人才稀缺情况、未来升值潜力和股东意愿等要素，还要考虑相关政策要求（见图6-15）。

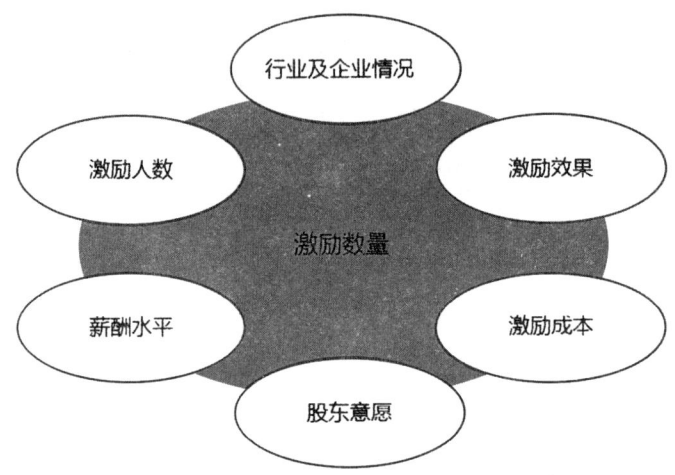

图6-15　股权激励授予总量的考量因素

1. 总量的确定需要从三个方面考量

（1）企业大股东的控制权、业绩目标、企业规模、波动风险的预防，是直接影响激励总量的关键因素。

（2）对股权结构进行分析，比如对股权集中程度、原始股东股权激励、股权投资及控制权等进行分析，以确定股权激励总额的上限。

（3）考虑动态分配股权模式，即根据公司的发展阶段、人才需求、行业变化等情况逐年分次释放，可以有效缓解因过度激励或过度释放导致的利益固化和利益偏斜。

2. 个量的确定需要从三个方面考量

（1）岗位因素。要对岗位在企业中的影响范围、职责大小、工作难度和强度、任职条件进行综合评价，以确定各种岗位在企业中的贡献价值。我们推荐"岗位分类法""海氏岗位价值评估法""IPE岗位价值评估法"，在此不做赘述。

（2）个人因素。对企业人员的价值评估应参考多个维度，如价值观认同度、历史绩效、工作能力、责任心、工龄等。具体有三个步骤：①选定对企业最重要的几项评估因素；②对各个因素赋予相对应的权重；③通过数据的录入和处理计算出个体的加权得分，作为个人因素的最终得分。

（3）绩效因素。决定了激励对象获得的股权最终可行权的数量。绩效指标通常由企业级指标达成率（营业收入、净利润、净资产收益率等）、部门级指标达成率、个人级指标达成率三项组成。

六、授予价格

在股权激励方案中确定授予激励对象股票的每股价格。先要确定企业价值，再确定每股价格，最后确定购买方式。除此之外，若想让所定价格更科学合理，在整个定价过程中需要考虑三个原则（见图6-16）。

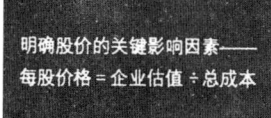 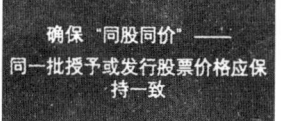 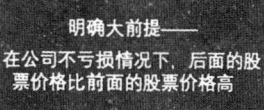

图6-16 定价的三个原则

在具体定价过程中，一般会考虑企业估值、定价、付款三个方面，以确定具体价格。

1. 企业估值方面

①基于企业资产可采取账面价值法、资产评估法估值；②基于企业收益可采用现金流折现法、PE估值法；③基于企业产品/服务市场可采取市场交易类比法进行估值。

2. 定价方面

需要综合考虑企业特点或者企业投资收益来确定授予价格。

3. 付款方式方面

借鉴实缴出资、分期付款等方式，具体方式需要与企业整体特点相匹配。

七、股票来源

确定用于股权激励的股份来源和资金来源。

1. 股份来源

分为上市企业和非上市企业两种。非上市企业的操作很简单，只要现有股东同意有偿出让或无偿让出一部分企业股票即可。已上市企业的操作要相对复杂，需要股东大会审批，还需要证监会审核。上市企业实施股权激励的股份来源有四种形式：

（1）以定向增发的形式发行的股票。

（2）企业大股东自愿无偿或有偿地拿出一定数量的企业股票。

（3）企业使用资金（用于激励的营业利润或通过融资等方式获得的资金）从二级市场上直接购买企业股票。

（4）在符合法律法规的前提下，企业采取其他方式获得的企业股票。

上市公司制订股权激励计划时一定要标明股票来源，否则即使股东会与董事会通过了方案，中国证监会也不会通过审核。

2. 资金来源

除了来自企业内部，还有一些外部渠道。非上市企业用于股权激励的股票是股东让出，因此不存在资金来源的问题。上市企业股权激励所用的资金，一定要注明资金来源，通常有四种：

（1）激励对象的薪酬：用激励对象的部分工资和奖金购买企业股票用以激励。

（2）激励对象直接出资：激励对象以自有资金购买企业股票，公司则以有偿的形式将股票或期权以优惠价格卖给激励对象。

（3）分红抵扣：可以用公司的部分分红资金，也可以用拥有公司股票期权的激励对象拿到的分红资金，以公司的名义回购二级市场上的企业股票。

（4）企业资助：此种情况出现得比较少，公司或激励对象用其他企业资助的资金来购买激励股票或期权。

中国证监会对相关的股权激励有明文规定："上市公司不得为激励对象提供融资和融资担保。"

八、退出方式

股权激励还需制定详细的股权退出办法，包括制定不同情况下的退出条件，以及正常合理的退出价格。

1. 明确退出方式

企业应在股权激励协议中对退出后的股权回收方式予以明确，通常有以下三种方式。

（1）直接退出。若发生股权激励退出情形，企业可即刻无偿收回对员工激励的期权。这适用于通过期权或代持股方式对员工开展股权激励的企业，因为员工并未真正拥有公司股权，也无须激励对象配合便可直接收回股权。可见，该方式最为简单、风险最低，但容易给激励对象造成"空头支票"和"随时失去"的感觉，因此只适用于激励对象过错性退出的情形。

（2）股权回购。企业向激励对象支付一定金额，用以购买此前实施某种激励方式承诺给予激励对象的股权（激励对象达到考核条件）。需要为激励对象设定相关行权条件和锁定期，避免激励对象过于轻易地取得股权并套现退出。该形式适用于各种股权激励模式的退出，虽然会加重企业的财务负担，但对员工激励效果较为明显。

（3）激励对象转让股权。激励对象可以把自己持有的股权转让给"第三人"。该方式必须明确约定转让条件，如确定合适的第三人的方式、转让的过程和优先购买权等问题。

2. 明确退出价格

对于已上市企业或在交易市场挂牌的企业，股价金额可以直接通过市场的客观评价来体现，且使用股票进行套现较为容易。

对于非上市公司，无法通过资本市场确定股价。这种情况下，有下列五种参考方式。

（1）以退出股权激励时最近一次财务报告上的公司净资产价格作为定价基础。此方案评估成本最低，但对员工最为不利。因此，要有一定比例的溢价，因为企业回购了员工手中未来的收益权。

（2）引进第三方机构对公司价值进行评估，以评估价作为定价基础。本方案最为公正，但成本最高。

（3）以退出股权激励时最近一次的公司融资估值作为定价基础。本方案基本没有评估成本，对员工最有利，但考虑到未来预期的溢价，对公司最不公平。因此，按照融资估值定价需有一定折扣，因为估值代表着企业未来一段时间的价格。

（4）约定一个固定的金额或者固定的价格计算方式。本方案没有评估成本，更利于价格的确定，但对于未来的变化会存在争议。

（5）以原来的购买价格为基础，并按年利率溢价作为定价基础。本方案没有评估成本，但对于溢价的幅度会产生争议。比如，某离职创始人原来用

10万元购买了公司5%的股份，现在公司拟按照年利率7%的溢价回购，但当事人认为溢价至少要达到10%。

由此可见，没有绝对优势的退出定价方式，企业应该根据不同激励对象的不同退出原因，组合应用不同的定价方式。

必须注意：无论采用哪一种方式定价回购，都会在一定时间内影响企业的现金流，因此需制定预防策略。

股权激励相关：几种股权行为激励企业前行

在商业经济不断发展的当下，企业的经营模式也在不断变化，股权质押、股权融资、股权众筹等都在不断变化。

一、股权质押——以时间换空间

股权质押又称"股权质权"，是指出质人以其所拥有的股权作为质押标的物而设立的质押。通俗地说，就是把股票持有人持有的股票（股权）当作抵押品，向银行申请贷款或为第三者的贷款提供担保。

质押以质押人的标的物为标准，可分为动产质押和权利质押。股权质押属于权利质押的一种，是市场上补充流动性的常用方式。通常情况下，如果一家企业选择股权质押，其融资会打折扣。比如，某公司向银行融资1000万元，可能需要质押的股权价值须在2000万元以上，折扣率在3～6折不等。

由于股票市场波动较大，如果股票价格下跌，企业就有可能出现无法偿付本金的风险。为降低风险，银行会为个股设置预警线（160或150）与平仓线（140或130）。

比如，一只个股质押时市值为10元/股，质押率为5折，预警线为160，平仓线为140，那么预警价位为 $10 \times 0.5 \times 1.6 = 8$ 元，即股价下跌20%即为预警价；平仓价位为 $10 \times 0.5 \times 1.4 = 6$ 元，即股价下跌40%银行就可以强制平仓，以保住本金。（另有股价跌幅达25%触及预警线，股价跌幅达35%触及平仓线）

当然，质权一方也不愿意强制平仓，如果股票价格一直下跌，质权方就会要求出质方补仓,这时候企业就要考虑是继续补还是就此收手平仓,因为补得多了,若股价仍不见好转,到时很可能会失去对企业的控制权。

综上所述,虽然目前股权质押已经成为企业补充资金流的常用方式之一,但风险较大,特别是上市公司股票质押。

为了让参与股权质押的各方都能最大限度地保证自己的经济权利,中国在 1995 年 10 月 1 日正式实施的《担保法》中明确规定了股权质押的内容,在 2007 年 10 月 1 日开始实施的《物权法》中再次明确股权质押相关内容。

根据《担保法》的规定:第一,以依法可以转让的股票出质的,出质方与质权方应当订立书面合同,并向证券登记机构办理出质登记。质押合同自登记之日起生效。第二,以有限责任公司的股份出质的,适用《公司法》股份转让的有关规定。质押合同自股份出质记载于股东名册之日起生效。

根据《物权法》的规定:第一,以股权出质的,当事人应订立书面合同。第二,以证券登记结算机构登记的股权出质的,质权自证券登记结算机构办理出质登记时设立。第三,以其他股权出质的,质权自工商行政管理机关办理出质登记时设立。

根据《关于外商投资企业投资者股权变更的若干规定》,企业投资者股权变更应经审批机关批准和登记机关变更登记,未经审批机关批准的股权变更无效。未经登记机关登记的则可由工商行政管理机关按照《公司登记管理条例》予以处罚。

综上所述,已上市的股份有限公司的股权质押应在证券登记机构办理质押登记;未上市的内资股份有限公司和有限责任公司的股权质押应在工商行政管理机关办理质押登记;外商投资企业的股权质押应向审批机关办理审批及向工商行政管理机关办理登记。

二、股权融资　　对接外部资本

股权融资是指企业的股东愿意让出部分企业所有权,通过企业增资的方式引进新股东,同时使总股本增加的融资方式。股权融资所获得的资金,企业无须还本付息,但新股东将与老股东共同分享企业的利润。

股权融资有以下三个特点。

(1)长期性:股权融资筹措的资金具有永久性,无到期日,无须归还。

（2）不可逆性：企业采用股权融资无须还本，若投资人欲收回本金，需借助流通市场。

（3）无负担性：股权融资没有固定的股利负担，股利的支付与否和支付多少视企业的经营需要而定。

股权融资在企业投资与经营方面具有以下三个优势：

（1）股权融资需要建立较为完善的公司法人治理结构（由股东大会、董事会、监事会、高级经理组成），相互之间形成多重风险约束和权力制衡机制，降低了企业的经营风险。

（2）在金融交易中，人们更重视信息的公开性与可得性。所以，证券市场（又称"公开市场"）在信息公开性和资金价格的竞争性两方面优于贷款市场（也称"协议市场"）。

（3）如果融资者（借款者）在企业股权结构中占有较大份额，那么其运用企业借款从事高风险投资和产生道德风险的概率将大为减小。因为如果这样做，借款者自己也会蒙受损失，所以借款者的资产净值越大，其按照贷款者的希望和意愿行事的动力就越大，银行债务拖欠和损失的概率就越小。

股权融资有以下四种方式。

1. 天使投资

这是一种风险投资。当企业创始人的梦想还停留在想法层面时，很难得到风险投资的眷顾。这时，天使投资人就会像"天使"一样出资帮创始人实现创业梦想。

一般情况下，天使投资是小型的个人投资行为，业界很多知名天使投资人都遵循自己的风格（考察与判断）进行投资。因此，天使投资与投资机构不同，没有严格的流程，但是时效性较强，而且项目开始越早风险越大，这也就决定了天使投资的金额通常在500万元以下。

天使投资人之所以投资初创企业，是因为他们更看重企业发展的潜力，偏重长期收益，而不在乎短期收益。

2. VC投资

VC投资就是风险投资，把资本投向具有较高风险的高新技术领域，促使高新技术产品尽快商品化、产业化，且风险投资的目的不是控股，也不是参与企业经营，只是通过投资和提供增值服务，让企业得到快速发展，然后通过合理的方式退出，在产权流动中实现投资回报。因此，风险投资人投出的资本全部归自己所有，而不是受托管理的资本。

接受风险投资的企业就是风险企业，风险投资人会有组织地进行募集、管理风险资本，寻求、挑选投资项目。

风险资本从资本投入到企业创立再到撤出投资，所持续的时间称为"风险投资期限"。该期限一般为3~5年，通常在7~10年进入成熟期。

3.PE投资

PE投资也称"私募股权投资"，向具有高成长性（不一定具有高科技与新技术）的非上市企业进行股权投资，并提供相应的管理和其他增值服务，以期待通过IPO或者其他方式退出，实现资本增值的资本运作过程。

在资金来源方面，私募股权投资主要面向机构投资者（风险基金、杠杆并购基金、保险公司等）或个人，以非公开的方式募集，其销售、赎回也是以非公开方式进行。

在投资工具方面，私募股权基金多采用普通股、可转让优先股以及可转债的形式。

在交集程度方面，私募股权投资者通常参与所投资企业的管理，为企业提供有效的策略、融资、上市和人才方面的咨询和支持。

在投资期限方面，私募股权投资期较长，通常为3~5年或更长。

在企业关注方面，相对于VC投资追求高回报率，PE投资更关注投资成功率，因此PE通常青睐成熟的企业。

在退出方式方面，对企业来说，上市可实现财富增长，提升企业抗风险能力；对投资机构来说，IPO后进入公开市场，利润也更容易变现。

4.新三板融资

目前，新三板是全国性的非上市股份有限公司股权交易平台，具有挂牌门槛低、挂牌费用少、挂牌效率高等优点。

在新三板挂牌的企业可以通过定向发行来融资，融资金额少则三五百万，多则三五千万。

新三板的挂牌速度较快，股改要2~3个月（如有需要），主办券商进场尽职调查及内部审核要1~2个月，协会审查要2个月，经协会核准后可以进行股份登记挂牌，完成全部流程约半年。

挂牌成功之后，进行融资和资本运营。定向发行股票融资是新三板挂牌企业最重要的融资方式，可以在申请挂牌的同时发行融资，可申请一次核准、分期发行。

在新三板平台上,挂牌公司的股票可以在全国股份转让系统中公开转让。新三板企业股份可以流动,老股东可以变现,只要不是控股股东和实际控制人,就可以随时变现退出。

三、股权众筹——连接大众力量

股权众筹是指企业出让一定比例的股份,面向普通投资者,投资者通过出资入股企业来获得未来收益。

1.股权众筹分类

(1)有担保股权众筹:在股权众筹的业务中加入了担保的元素,其规定由推荐项目并对项目进行担保的众筹投资人或机构作为保荐人,当众筹的项目一年之内失败,保荐人赔付全额投资款。保荐人即担保人。

(2)无担保股权众筹:投资人在进行众筹投资的过程中没有第三方的公司提供相关权益问题的担保责任。目前国内基本上都是无担保股权众筹。

2.股权众筹的运营模式

在实际操作中,股权众筹一般采取合投模式,即领投跟投模式。也就是说,项目融资人必须参与领投,而且对投资份额和持股锁定期都有一定的要求。股权众筹模式具体有以下三个。

(1)凭证式众筹:出资人付出资金取得相关凭证,该凭证又直接与创业企业或项目股权挂钩,但投资者不成为股东。

(2)会籍式众筹:在互联网上通过熟人介绍,出资人付出资金,直接成为被投资企业的股东。

(3)天使式众筹:出资人通过互联网寻找投资企业或项目,付出资金或直接或间接成为该企业的股东,但同时出资人有明确的财务回报要求。

3.股权众筹的运作流程

(1)向平台提交项目,平台要对项目进行初步审核。

(2)项目经过审核后,平台进行线上募资,有时也进行线下路演。

(3)募资期结束,签署投资法律文件,汇划资金。

大多数众筹平台在募资期满时,如果募资额达到或者超过原计划金额,则意味着众筹成功;如果募资额没有达到计划金额,则众筹失败,所募资金额全部退还给投资者。

落地篇
合伙人制度的实操保护

　　对合伙人制度的阐述，最终的目的就是平稳落地，收获应该得到的成绩。因此，最终的落地效果是衡量合伙制是否正确、有效实施的关键。我们通过定方向、定机制、定保障、优支撑四个方面将落地该注意的问题都列举出来，尽可能地减少实操过程中的错误，保证落地稳固。

定方向：以未来走向为企业发展奠基

企业在实施合伙人制度后，若希望按照既定轨道发展，就必须在方向上进行把握，确保方向的正确性，包括三个方面：战略方向、文化方向、组织方向（见图7-1）。

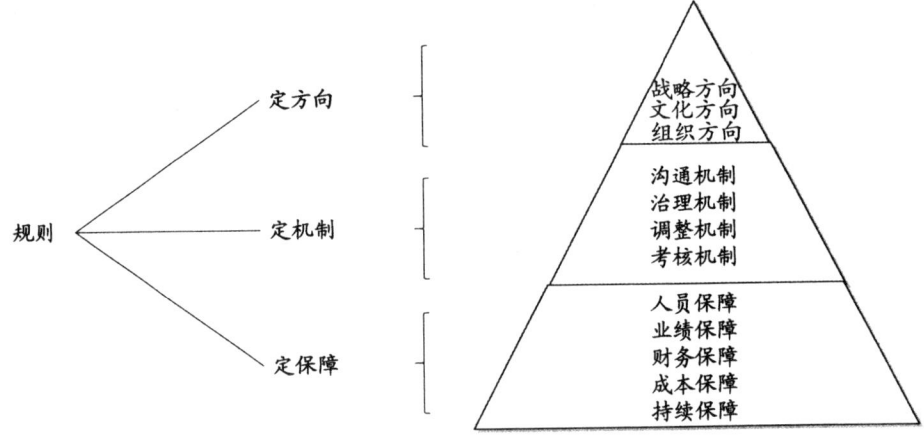

图7-1 不断创造更优的支撑环境

一、战略方向——长远大目标与短期小目标

X合伙企业成立时，创业者兴奋地宣布："我们现在创立了公司，要努力做大，目标是赶超'B-A-T'（百度、阿里巴巴、腾讯），大家有没有信心？"

Y合伙企业成立时，创业者兴奋地宣布："我们现在创立了公司，现在是6月份，我们第一批产品要在8月底上市，只要做好了这一步，公司不仅能走上正轨，还可以大赚一笔。所以我们要努力工作，大家有没有信心？"

那么，这两家企业哪家有机会能做好呢？答案是"没有"。X合伙企业的目标定得太长远——行业老大，Y合伙企业的目标定得太短期——两个月时间内。

创业必然会有目标，合伙企业更是如此，因为由一个人的目标变成了大家的目标。但目标不能"远视"，也不能"近视"，而是要远近结合，既有长远目标作为企业愿景，也要有短期目标作为执行动力。

二、文化方向——强力文化支撑方向不跑偏

每个合伙企业自成立之日就形成了自己独特的合伙文化。虽然每个合伙人的行为习惯不一样，但长期形成的合伙文化却成为合伙人共有的思维方式，因此合伙经营的时间越长，合伙文化对合伙企业的管理影响越大。

合伙文化的形成受首席合伙人的思维方式影响最深。所以，经营时间长了，合伙企业的文化往往会打上首席合伙人思想的烙印。因此，在合伙企业中如果没有一位高水平的首席合伙人，想要搞好合伙企业就是一句空话。

最深层次的合伙文化是合伙人具有共同信念，在此基础上形成合伙制度，这也是合伙文化的具体体现。

在不断完善合伙制度的同时，也必须完善合伙文化。合伙制度与合伙文化属于两个不同的管理层次和两种不同的管理方式。但是合伙文化管理高于合伙制度管理，合伙制度更多地强调监督与控制，即必须做到的；合伙文化更多地强调价值观、理想信念和道德力量，强调内在的自觉与自律。因此，只有将合伙文化与合伙企业管理有机结合，才能产生更大效益。

三、组织方向——从立体化到扁平化

扁平化组织结构隐含的人性假设是"自我实现"。人除了有社会需求外，还有充分表现自我能力、发挥自我潜力的欲望。而且随着互联网时代的到来，信息技术得到迅速发展，合伙企业更加迫切地希望实现那种人性假设，建立一种紧凑的横向组织的决策参与制度。于是，扁平化组织结构兴起，改变了原来层级组织结构中的上下级组织和领导层之间的纵向联系方式，形成了平级组织和各部门之间的横向联系方式。

扁平化组织结构的优点有两项：减少管理失误和降低管理费用。

减少管理失误。当组织扁平化后，从最高的企业决策层到最低的基本操作层，中间相隔的管理层级很少（通常为三层，甚至是两层）。按项目或业务

等把团队分解成无数小团队,部门的概念越来越弱化。管理层级越少,管理半径越短,管理过程中产生偏差与失误的概率就越低。并且,最下层单位拥有充分的自主权,形成对结果负责的理念结构。

降低管理费用。如今市场环境瞬息万变,企业组织若不能做出快速反应和迅速决策,将极大地增加管理成本。组织结构的扁平化彻底解决了这个问题,从决策层到执行层实现了去中心化、组织小微化、零距离、全接触,从根本上改变了企业和用户之间的信息不对称,增强了组织快速反应的能力,使之更加灵活、充满活力,全方位地响应市场需求。

1. 无级化,打破原有控制方式

传统企业中,因组织结构等级划分而呈现"指令式"工作方式,从企业高层向下发送命令,必须层层传达。虽然企业都是这样做的,但并不代表这种方式是最高效、最正确的。这种工作方式的很多弊端早已显现,企业只能尽力改进,却没办法从根本上改变。那么,这种工作方式究竟有什么弊端呢?

(1)沟通过程"漏斗效应"。口耳式传达命令,也是一种沟通方式,因为层级多了,势必会引发沟通"漏斗效应",高层的命令到了基层员工耳中,走样的概率达到80%,如此就很难保证员工执行到位。

(2)信息传递模糊现象。由于层级原因,上级向下传递的信息很容易模糊,最终导致"失真"。

这两点弊端在合伙企业中都得到极大的改善,甚至是彻底消除。合伙企业的领导不再高高在上,组织内的每个人都有发言权,信息传递从层级式变为垂直式,消除了单向命令式的管理所带来的不利影响,管理成本下降,管理效率提升(见图7-2)。

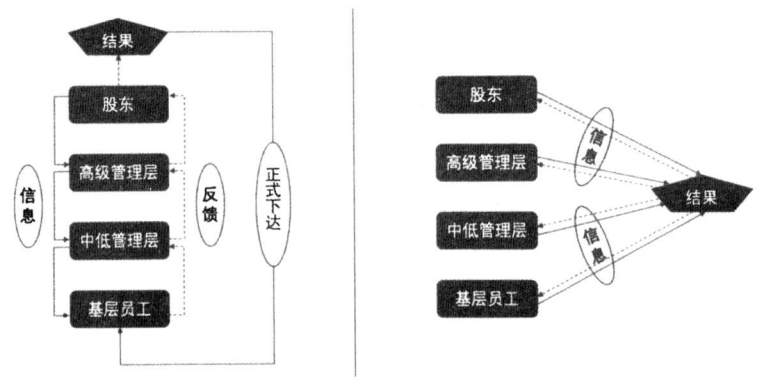

图7-2 传统企业与合伙企业的信息传递模式对比

2. 扁平化，打乱原有隶属关系

合伙人制度提倡全员参与、全员经营，产生的直接结果就是企业中部门与部门、员工与员工之间的隶属关系被彻底打破，以往限制员工的思考和解决问题的"部门墙"不见了，以目标为指引，以结果为导向，跳过所有中间环节，工作效率得到极大提升。

小米团队的管理层基本如同虚设，七八个合伙人下面分别有一个主管，管理着七八个小组；主管与管理层可以平等交流，提供自己的建议。最基层的员工距离公司管理层只隔着主管，而且不管在原来企业做什么职位，到了小米一律是工程师。

小米的管理层很少开会，遇到问题在"米聊群"里就解决，有人说："在小米团队里没有什么是一张截图解决不了的！如果有，那就两张。"比如，有位主管申报项目费用报销，只要在米聊中截图报上去就可以了。

可见，小米的组织是完全扁平化的，只有三级，从核心创始人，到部门领导，再到员工，一竿子插到底，直接与执行接轨。而且几位合伙人各管一摊，形成一个个自主的经济体。但每个经济体又不会过大，团队一旦达到一定规模就会被拆分，变成项目制。

因为组织扁平化，所以小米在管理上做到了极简。小米的做法体现了现代新兴企业管理上的最大特点——分散式的管理。

3. 服务化，改变原有经营模式

传统企业中，下级要对上级负责，服务成"倒装置"——以下对上的服务。但在合伙企业中，服务终于被"扶正"——以上对下的服务。这种改变的好处有两点：一是解除对员工的束缚和限制；二是展现高层的综合服务能力。这种改变让"能者"施展更多才能，"不能者"获得更多助益。

现代企业更像是"社群组织"，比如王思聪的电竞团队——IG电子竞技俱乐部。王思聪给他的IG人租别墅、雇保姆、买豪车。当然，王思聪有这样的经济实力，团队成员也因此倍加珍惜加入IG的机会，他们与王思聪之间不只是老板和员工，更是朋友关系。

在某家电商团队中,买手选品、商务谈判、策划创意、文案撰写、页面制作、物流监控、全程客服、财务付账等整套流程,全部由小组来完成。这样的小组模式只有在扁平化的管理理念之下才能产生,十分有利于电商企业发展。

这种模式要求合伙企业的合伙人或管理人员必须具备综合能力,尤其是服务能力,能为其他合伙人提供更好的平台、更优质的资源、更良好的环境。

4. 去中心化,颠覆原有组织架构

在传统企业的管理结构中,一定会有四个组织模块——产品研发、产品销售、原材料采购、售后服务。部门之间各司其职,共同完成一个项目。但在这样的组织结构下,权、责、利的划分就成了难题:如果业绩好,是哪个部门的功劳呢?如果业绩不好,哪个部门要负主要责任呢?

因此,开发一种不受部门限制、有助于相互配合协作的更理想的组织成为各企业迫切要实现的。在合伙制成熟后,人们发现扁平化的组织结构相当符合,后又设置另一种组织模式——去中心化。

以韩都衣舍负责销售的小组为例。某销售小组为三个人,如果上一年度销售 100 万元,今年预计销售 300 万元,公司要求毛利需达到 50%。那么,为了达到销售 300 万元的目标,该小组至少要用 150 万元的产品去实现。

销售 300 万元就是责。

根据公司规定,销售小组对产品有充分的话语权,如款式怎样设计,定到什么价位,参加什么活动,什么时候打折,降价幅度多少……一切围绕消费者的喜好进行。

销售小组的这些话语权就是权。

韩都衣舍规定,销售额 × 毛利 × 提成比例,就是销售小组该分配的利益,而每个小组能获得多少利益,由该小组的能力决定。

销售小组的所得就是利。

通过上述案例可知,去中心化组织模式就是提倡区域中心化,但又不设绝对中心。实行以"小组"为单位的小团体制度,每个小组有独立的权、责、利，每个小组都是一个中心。

合伙企业就是需要按照"小组作战单元"的方式达到结果。这使得企业演变成一个公共的服务平台，上面布满了自主经营体，着力培养具有经济思维的产品开发和运营人员。

5. 无边界化，重塑新型组织模式

在"互联网+"日益发达的当下，一些企业敏锐地意识到了边界对于发展的阻碍，于是开始布置"无边界化"，重塑新型组织模式。

"无边界"是由传统模式向新兴模式转型的最关键一步，企业必须结合现有资源对边界结构进行重新界定。界定的方式是由原先的垂直边界（容易形成"级别墙"）或水平边界（容易形成"部门墙"），向一体化方向发展。新的边界抛开所拥有的权利与地位，突破部门与个人之间的工作壁垒，让职位让位于能力，使间隔变得可渗透，以最有价值的建议为标准，这样企业才能集中员工的智慧，获得更优化的决策。

某家专门提供自动化整线包装方案及 EPCM 工程的企业，起初仅为机械设备行业进行包装。但经过推行"无边界"管理，如今已经建成多条整线项目，成为一个为医药、保健品、乳品、食品等行业提供服务的综合性企业。

在向客户发货后，客户验收完成并不算工作结束，只有当"客户利益保障部门"对各项指标予以认可后，才算真正履行完毕，否则评估部门会代替客户进行投诉。

客户利益保障部门的客户专员由技术人员兼任，因为技术设计者最需要了解客户需求，但若不走上一线就没有接触客户的机会。而且技术人员只有兼职客户专员时才会接触客户，更适合半圆监督者的角色。

由此可见，该公司的部门与部门之间、员工与员工之间"无边界"的岗位转换，能让各部门的所有人员最大限度地发挥能力，公司也因此形成了完整的大体系，构建起"全员不固定"的管理框架。

最后必须强调一点，无边界是以有边界为基础的，并非对所有边界的否定，其目的在于让各种边界更易于渗透扩散，更利于企业各项工作的开展。

定机制：四项必要机制强化合伙人制度实施效果

企业在实施合伙人制度后，若希望实施效果得到巩固，并能被强化，需要实现四项必要机制，包括沟通机制、治理机制、调整机制、考核机制。

一、沟通机制——"第一时间效应"

合伙企业的扁平组织之所以能运行流畅，与高效、无障碍的沟通机制密不可分。在合伙企业中，任何形式的沟通都要第一时间实现，即有问题立即沟通。

如今，各种软件搭建起来的工作组群已经成为沟通中最重要的媒介。但在传统管理模式下，企业管理者与基层员工不可能处在同一工作群中，通常顶端管理层与基层执行层能向下与向上延伸到中间管理层，而且不同部门间也很少处在同一工作群中，跨等级与跨部门沟通总是存在障碍。

在合伙企业中，一个工作群可以囊括企业所有员工（如果群数量允许），不论是企业创立者，还是基层执行者，大家在同一平面可以畅所欲言。一个部门或一个人出了问题，所有人都看得到，可以引以为戒，也可以集体想办法解决。

做到第一时间沟通的另一种方式是随时沟通，不论是否出现问题，大家在闲余时就可以交流。当然这种交流的前期还是有一定的级别要求的，不可能企业创立者空闲时间与基层员工经常交流，这样不符合企业经营的基本规律。

最典型的就是韩都衣舍的"圆桌会议"和"萝卜会"。

韩都衣舍的食堂专门留出一个房间供六位合伙人专用，六个人每天中午聚在食堂的圆桌前，半个小时吃饭，一个小时聊天，快速议决当天的大小事情。

每周四、周五或周六，要拿出半天时间，进行合伙人之间的"头脑风暴大会",赵迎光戏称为:"萝卜开会",讨论这一周的大事情,并为下一周铺路。与"圆桌会议"固定六人不同,"萝卜会"的队伍不断壮大,中高层都要加入,为公司发展献力献策。

二、治理机制——三个层面联动

合伙企业的治理(决策)机构分为三个层面:

一是股东(会)层面,决定企业最重要事宜,如融资、转股、委派董事及修改公司章程等,按股权比例(而非人数)表决。

二是董事(会)层面,决定企业日常重大事宜,如执行股东会的决议、决定企业内部管理机构的设置、经理人选和薪酬设定等,按董事人头数(而非所代表的股东或股权)表决。

三是总经理(执管)层面,负责企业日常事务。

企业终极决策权在股东(会)层面,股权比例决定结果。初创企业往往不设董事会,由创始股东担任执行董事,但引入天使融资后,投资人可能要委派董事,就需要设立董事会。

需要创始人注意的技术细节是:公司章程可以约定股东(会)和董事(会)的权限,而且可以约定各种决策机制,如特定股东(投资人)是否具有就重大事项的一票否决权。

三、调整机制——激励过程中的应变

在美国,对于合伙企业有这样一句评语:"合伙企业的成长过程,也是激励政策不断调整、发展的过程。"

第六篇我们阐述了合伙制的激励政策,并对股权激励进行了较为详细的介绍,但企业在实施激励政策时仍需注意一点,就是激励政策颁布实施后,并非一成不变的。因为激励的时间跨度不一样,短则一年,长则需要数年。这段时间内,企业会有发展变化,人员也会有变动,所以激励政策也要有所调整,如此才能适应企业内部的种种改变。其中,最常见的变化来自激励对象本身和企业投入的变化。

1. 激励对象职位发生变化

在激励期间,若激励对象的职位发生变化(包括离职),需参照新岗位的激励标准，或增加或减少或回购激励股份。

2. 企业追加投入或引进风险投资

激励对象持股比例降低，但持有的激励股份数量不变。

四、考核机制——明确顺利实施的唯一标准

为什么要考核？

（1）为退出留下接口。

（2）避免"人情债"流通，保护有能力者。

（3）让大家同心协力，共挑重担，实现目标。

考核应分为企业层面考核和个人层面考核，其中企业层面考核是对企业总体经营状况的统筹，个人层面考核是对企业层面考核的分解，是对个人工作状态的兼顾，两种考核结合的目的是达成企业经营目标。

1. 企业层面考核

企业层面考核可以从考核周期（多年考核、年度考核等）、考核指标（销售额、利润率、回款率等）、指标权重（根据发展阶段和预期战略目标由董事会确定）三个方面展开，形成分红考核、兑现考核、转实股考核的联动机制（见图7-3）。

图7-3　企业层面的三种考核联动

表7-1为某公司根据考核结构制定的分红比例调整办法，其中"K"为考核结果。

表7-1 某公司分红比例调整办法

加权完成率K区间	分红比例调整办法
60%＞K	当年不分红
80%＞K≥60%	当年分红比例调整为拟定分红比例的70%
80%＞K≥100%	当年分红比例调整为拟定分红比例的85%
K≥100%	按原计划分红比例实施分红

2.个人层面考核

（1）规定核心：①核心决策层/决策层的考核办法由董事会确定，并签订《业绩合同》进行明确规定。②其他岗位的分项考核采用打分制，综合考核成绩划分为A、B、C、D四个等级。其中，A为优秀，B为良好，C为及格，D为不及格。

（2）实施核心：①考核优秀（A等）的激励对象，当年参加分红，所得分红为拟定分红比例的120%；②考核良好（B等）的激励对象，当年参加分红，所得分红为原计划分红比例；③考核合格（C等）的激励对象，当年参加分红，所得分红调整为拟定分红比例的80%；④考核不合格（D等或未达到《业绩合同》所约定的保底目标）的激励对象，当年不参与分红；⑤若激励对象连续两年考核不合格（D等或未达到《业绩合同》所约定的保底目标），则公司有权按原始出资额收回所授期股/干股；⑥若激励对象连续三年考核不合格（D等或未达到《业绩合同》所约定的保底目标，但并未满足"前两年或其中某一年出现特殊情况导致业绩不合格，公司予以第三年考察机会的情况"），则公司有权也必须按原始出资额收回所授期股/干股。

定保障：五项终极保障让合伙人制度顺利落地

企业在实施合伙人制度后，若希望顺利实施合伙人制度，并最终落地，有五项保障必须做到位，包括人员保障、业绩保障（企业与个人）、财务保障、成本保障、规则保障。

一、人员保障——最合适的人才能参与合伙

人员保障要从合伙人团队说起。团队就如同是掌控合伙企业这艘大船前行的舵手，每时每刻都面临风浪的侵袭，需要不断抵抗内部与外部的危机，这就要求"舵手"必须具备极强的能力和极高的素养。

下面总结成功的合伙人团队具备的三要素与三原则。三要素包括价值观相同、能力值互补、领袖人物；三原则包括共同目标、奋斗精神、创业心态。

（1）价值观是真正能指引和支撑团队不断向前的核心。如果价值观不同，轻则分家，重则失败。

（2）都是一类人才的团队只能胜任于企业中某一部门，绝不能创业。因为能力不互补，当企业面临各种各样的麻烦时就难以解决，企业也将寸步难行。

（3）"人无头不走，鸟无头不飞。"合伙企业也是竞争性组织，要想成功就必须有一位灵魂人物带领大家往前奔，否则团队就会各自为战，决策效率和执行效率非常低，成功也将无从谈起。

（4）目标不一致，则观点不一致、行动不一致，但结果会一致——失败。合伙人之所以能合成一伙，是因为目标一致，否则就没有了合伙的必要。

（5）合伙企业不是"大锅饭企业"，见者有份。合伙人合在一起是为了创造，不是单纯地分享，分享必须建立在创造的基础上，不去奋斗，就不能创造。如果合伙人能做到"人人奋勇，个个争先"，该团队一定能无往而不胜。

（6）不是灵魂人物单独创业，而是所有合伙人共同创业。创业心态是一种拼搏心态、争胜心态、不服输心态，没有创业心态的人一定会被现实的困难击倒。创业心态说起来简单，做起来很难，是一个人内心的涌动，是天性中的不甘。

二、业绩保障——进行企业成绩分析

合伙企业与传统企业一样，业绩指标是其是否取得成功的唯一衡量标准。没有业绩这个硬指标，其他一切就等于白费。合伙企业的业绩分析应关注其生产经营的八个方面。

1. 收益力

收益力就是企业的获利能力，要对企业内部各个团队的收益力进行分析。

既要有纵向比较，又要有横向比较；既有比率比较，又要有净利额比较。

2. 市场地位

分析企业的产品、服务等在整个市场中所具有的价值和所处的地位。（1）创业阶段或中小阶段的合伙企业要注意自己的市场占有率不要低到边缘地位，否则在经济状况稍有挫折时将难以继续存活；（2）大型合伙企业不要使自己的市场占有率超过最高限额，防止占统治地位而失去忧患意识，有时候"养狼"比"杀狼"更利于企业长青。

3. 生产率

生产率和投入与产出之比，其中投入是指人力资源、物资资源和资金资源的基本投入；产出是指产品或服务的数量、销售额、企业的利润等。影响企业生产率的因素有知识的应用、时间的利用、产品的组合、程序的结合、企业的各种活动等。

4. 产品领导力

产品领导力不是指产品现有的市场地位，而是指在发展新产品与改善现有产品的品质时，企业在技术、制造及市场领域里是否具有创造、采用最新技术的能力。

5. 目标平衡性

目标平衡性是指短期目标与长期目标的平衡，企业要着眼于将短期目标与长期计划融为一体，时刻检查长期计划与短期目标是否具体、完善和相互呼应。

6. 开发能力

企业对于人的能力的开发要有计划，并备有人才储备表，列出有能力升迁的具体人员即所占员工的比例，保证需要的时候能找到合适的人才。

7. 员工的态度

合伙企业虽然较传统企业更能激发员工的工作动力，但人毕竟是有惰性的，对员工的态度仍然有必要长时间地监管，可以反映为主管人员对员工个人的基本欲求与目标满足是否负起了责任。测定员工态度的指标有员工的离职率、缺勤率、迟到次数、早退次数、安全记录、有关改善工作的提案数量等。

8. 社会责任

合伙企业与传统企业一样，应该对社会负责。可以从以下方面进行检验：

（1）对本人的工作和家眷的保障、薪酬福利、工作环境及生活水平的评价；（2）对生产、销售、协作厂商的评价和调查；（3）对工厂所在地的工资水平、谋职申请率、采用数量、向慈善机构的捐献等情况进行计量。

三、财务保障——合伙人控制财务

合伙企业的财产不属于某个人，而是所有合伙人共有，因此合伙人之间的财物一定要控制好，这不仅是法律的规范，也是道德的要求。要想避免不必要的误解和纠纷，需要从财务控制做起。不同的形式有不同的控制方法。

1. 均衡牵制

对于合伙企业的财务控制，首先要在均衡牵制的大背景下进行，使得企业财物透明，避免出现违规操作或侵犯其他合伙人利益的情形。

2. 制度控制

合伙企业之间的股东财物控制，可以协商约定，约定财物的知情查阅权和一整套审核、审批制度。

3. 权利控制

小规模合伙企业可以通过权利的行使和互相监督程序，从程序上控制企业的财物。

4. 审批与用章分离

为了加快企业运转，可以使用审批与用章分离的方法，使责任人获得审批权限，而在用章上又受合伙人牵制。

总之，在合伙企业运转中，财物的均衡是合伙人共同利益的保证，也是合伙企业得以长期生存的基石。无论作为企业控制人还是合伙人，都要保持财物控制的均衡，使企业稳步发展。

四、成本保障——有效节约与科学损耗

企业发展，技术研发是关键，最好最新的技术能生产出最好最新的产品，这样的产品能给企业带来高利润。但真正支撑企业发展的不仅是"开源"，还要有"节流"，而且节流更为重要。因为节约的成本就是降低的消耗，这样可以稳定企业的基础。

传统企业要重视有效节约与科学损耗，合伙企业更要注意这两点，因为合伙企业组织结构扁平，制度虽然严谨，但为了保证执行速率，会有很多灵

活措施，这就忽视了成本的无端损耗。

下面是企业生产经营过程中关于有效节约的几点建议（各类型企业在具体经营中应根据自身情况酌情而定）：

（1）企业在每一年开始要制订一份"节俭年度计划"，将必须节约的事项规定出来，坚决不可触犯；将有必要节约的事项列举出来，在工作中尽可能注意。

（2）企业经营过程中主要的节约方面是生产环节和商品流通环节。在生产方面要尽量严格把关，降低消耗，避免浪费；在商品流通环节要做到减少不必要环节，简化流通程序，降低损耗。

（3）在人力资源方面，最好有专门的人力资源师进行具体控制，让人才选择更精准，人才使用更得当，工作效率才会更高，企业也可以节约很大一笔人力成本。

五、持续保障——极力延伸，不留死角

合伙企业在创立之初，合伙人之间就签订协议，对各方面进行约定。而在传统企业向合伙人制度转型的过程中，也需要有相关规则进行规范。

有人将规则看成合伙制能长久实施下去的"终极密码"，这串密码必须保持完整性、实用性、独立性。规则要延伸到企业的各个角落，对任何环节、流程都尽可能覆盖，不留死角。

合伙人制度的规则有四大类。

1. 常规规则

常规规则包括对合伙人的选择标准、合伙人的出资形式、合伙人的股权划分、合伙人的分工原则、合伙人的利益分配、合伙人的监督准则、合伙人的罢免规则、合伙人的退出机制。

2. 激励规则

激励规则是合伙人实施股权激励时的一些规则，包括股权成熟模式的规定、股权激励中股票配型的确定，以及股权激励所确定的对象、数量、价格、条件、时间、来源等规则。

3. 软性规则

软性规则是合伙企业自行约定的一些协议，属于可以随时变更的协议，

但对企业的经营有着极大的保障作用。合伙企业在创立之初除了要向工商局提交公司章程外，还应拟定并签署合伙协议、股东协议、合伙财产协议、合伙人出资确认书、合伙人分工协议、合伙人股权分配协议、合伙人利益分配协议、合伙人股权激励方案协议、合伙企业财务制度、合伙人退出协议等。如有必要还需拟定并签署隐名合伙协议、新合伙人入伙协议、合伙人股权转让协议、合伙人股权代持协议、合伙人资产分割协议等。

4.硬性规则

硬性规则是一些国家法律文件，属于绝对不能触及的，必须遵守的，对企业有着终极保障作用。合伙企业必须遵守《中华人民共和国劳动法》《中华人民共和国合伙企业法》《公司法》《公司登记管理条例》《证券法》《公司注册资本登记管理规定》《上市公司股权激励管理办法》《上市公司收购管理办法》《担保法》《物权法》《中华人民共和国个人所得税法》《中华人民共和国契税暂行条例细则》《中华人民共和国企业所得税法实施条例》《国家税务总局关于简并增值税征收率政策的通知》《关于土地增值税一些具体问题规定的通知》《中华人民共和国印花税暂行条例》《印花税税目税率表》《关于外商投资企业投资者股权变更的若干规定》等相关法律法规中涉及合伙企业及合伙人范畴的规定。

优支撑：天时、地利、人和，强渡终极难关

企业在实施合伙人制度后，必须有非常强大的支撑力量才能渡过最后的险滩。有四项支撑需要保证，包括时机的支持、环境的支持、老板的支持、同事的支持。

一、时机的支持——下降期与上升期的能量转化

对于想要进行合伙人制度改革的企业来说，有两个好时机需要把握住。

1.危机到来时

我们都听过这样一句话："危机中藏着机会。"事实的确如此，很多机会

就在危机的裹挟中到来，但我们总是在慌张中只看到张牙舞爪的危机，却忽略了难而可贵的机会。只有改变才能渡过危机，在人人自危的情况下，会更容易接受改变。

2.走上坡路时

"做企业怕升不怕降"，这句话很受具有危机意识的企业经营者的推崇。企业处在上升通道时盈利能力较强，员工士气高昂，看似前景一片光明，实则很容易陷入麻木状态，待醒悟之后往往为时已晚。所以，在企业处于上升阶段时，作为企业经营者必须有危机意识，提前做好各种布局，包括合伙人制度，将企业在大好形势下快速带入更为正确的轨道。而且在企业盈利状况良好的阶段，员工对企业有信心，在出资成为合伙人的问题上会更加主动。

二、环境的支持——紧扣外部变化的脉搏

任何人都不可能独立于环境而存在，或多或少都会与外界有交集。作为一家有生命力的企业，想要生存发展，更要与外界保持密不可分的联系。可以说，从企业诞生的那天起，经营者做出的每一个决定，企业走过的每一步，都是在大环境的基础上得到的。作为企业经营者，必须时刻关注并及时跟上外界变化，才能让企业一直处于大环境的优质区域内，否则就会被大环境推向到恶劣的区域。

回到本书最初，我们说这是一个"雇佣制将死"的时代，合伙人制将不可阻挡地成为今后最重要和最主流的制度。外部环境已经发生了很大变化，虽然这种变化始终在进行着，但如今已经到了最迫切、最关键的时候。因此，实施合伙人制是大环境发出的声音，也是企业要做出响应的回音。

三、老板的支持——不可或缺的力量

如果成立伊始就是合伙企业，其内部的支撑性自不必说，从上到下都会认可合伙人这条路。但如果是"半路出家"实施合伙人制度的企业，就要进行彻底的改革。改革就是要改变旧制度，如果有人在旧制度下得利多，在新制度下得利少，就会排斥新制度，对新制度进行各种中伤、阻挠、诽谤。这个时候，作为企业的掌控者——老板，能否坚定地支持合伙人制度的设计与落地将至关重要。

2000多年前，商鞅在疲弱的秦国实施了一场"制度变革"，将每一个秦国百姓都纳入了计划，实施"多劳多得多受益"的新政，深深触动了那些原本不用"劳"也会"得"的旧贵族，他们与商鞅展开了一场长达20年、你死我活的斗争。最终商鞅在秦孝公坚定不移的支持下，将变法的种子深植于秦国这片大地。

笔者在直接主持或间接参与企业改革的过程中，深刻体验了商鞅的难处，也触及人性最险恶的一面。合伙人制度改革犹如企业黎明前最黑暗的时刻，挺过去就是光明，挺不过去就只有黑暗。

其实，实施合伙人制度改革只有两层含义：一是需要老板决策的，由上而下渐次推进；二是与老板直接相关的，别人也代替不了，如企业内部结构治理。

合伙人制度设计是企业的顶层设计，离不开老板的坚定支持，否则改革将如流星划过，只留下瞬间的灿烂。当改革的背后有一位深知利害而决意推动的老板时，则改革的星星之火必将燎原。

四、同事的支持——前进的最大动力

如果说老板是支持企业实施合伙人制度的支撑重器，那么其他同事就是这台器械身上的各种稳定件，虽然不起眼，但作用很大。

北宋的王安石变法非常有名，但也仅限于有名，因为变法最终失败了，并没有给北宋带来实质性改变。此次变法失败的根本原因是"同事们"不给力，以司马光、欧阳修为代表的重臣自始至终都是反对的。虽然宋神宗给予了大力支持，但王安石仍然孤掌难鸣，16年的变法以宋神宗去世而画上了句号。这就是商鞅变法与王安石变法的最大区别，两者持续的时间都不短，但商鞅变法得以长久被实施，王安石变法最终流产。

因此，在推行合伙人制度时，要与管理层、核心部门（业务、研发、人事等）保持沟通，多征求他们的意见，多听取他们的想法，在保持群策群力、共同努力的基础上实现改革。

法务篇
合伙人制度的法律问题与风险控制

  法律保障和风险控制对于合伙人制度的顺利实施有着至关重要的作用。不论采用怎样的合伙模式，有着怎样的合伙制度，不超越法律界限是根本底线；只要有经营行为就势必产生风险，合伙人制度因为涉及的经营主体增多、经营范围扩展，其经营风险也随之扩大。因此，在本篇我们将围绕法律和风控的问题展开讨论，帮助企业经营者降低在经营中犯错的概率。

股权划分中的股东问题

为进一步明确合伙企业中股东的权利，促使股东依照法律法规行使权利义务，促进企业的规范治理，本着谁投资、谁受益、谁承担责任与义务的原则，根据《中华人民共和国公司法》与企业根据法律法规制定的《公司章程》的规定，对股权的十四类权利逐一解释。

一、经营管理类权利

1. 表决权

表决权是股东按其持有的股份对公司事务进行表决的权力。股东表决权的大小取决于股东所掌握的股权份额。股东可以通过"赞成""反对""弃权"来行使自己的表决权。

普通股一般每股代表一票；优先股（有优先取得股息和分得剩余财产的权利）一般没有表决权，或者要受到种种限制。但是若优先股的股息被拖欠，这部分股东通常具有表决权。

表决权可以本人行使，也可以由股东委派他人行使。

大股东只需集中掌握30%~40%的普通股票就能左右股东大会的表决权，从而对公司形成控制。小股东在发现有影响自己权利或侵犯自身合法权益的议案时，需要联合其他股东维权。

根据规定，股东大会做出决议，必须经过出席会议的全体股东所持表决权过半数通过，但在对修改公司章程、增加或减少注册资本，以及公司合并、分立、解散或变更公司形式作出决议时，必须经过出席会议的全体股东所持表决权2/3以上通过。

2. 选举权

选举权是公司股东固定选举董事、监事等公司管理者的权利，是最基本的，也是最实质的管理公司的权利。

《公司法》对我国企业股东的选举权和被选举权做了明确规定，股东有权根据公司章程的规定选举自己信任的、符合任职资格的董事或监事。同时，股东本人若符合《公司法》规定的公司董事和监视的任职资格，也有权被选举为公司的董事和监事。

3. 经营权

企业的经营者具有对企业法人财产的占有、使用和依法处置的权利。企业的经营者只有拥有了企业法人财产的经营权之后，才能根据市场需要独立做出经营决策，自主开展生产经营。与所有权相比，经营权少了收益的权利。

经营权在通常情况下属于所有者本人，但也可根据法律、行政命令和依照所有者的意志转移给他人，这种转移是合法的，应受到国家法律的保护。

4. 管理权

管理权是对所有权人授予的、为获取收益而对所有权人的财产享有占有、使用的权利（亦包括对所有权人的财产处分权），包括产、供、销、人、财、物各个方面，主要有经营方式选择权、生产经营决策权、资金支配使用权、人事劳务管理权、产品销售权、物资采购权、物资管理权及其他经营管理权。

二、利益分割类权利

1. 所有权

所有权是所有人依法对自己财产所享有的占有、使用、收益和处分的权利。所有权是物权中最重要也最完全的一种权利，具有绝对性、排他性、永续性三个特征。

在企业经营中，公司给予股东的各种权益，就是股东的所有权，具体指股东基于自身股东资格而享有的从公司获取经济利益并参与公司管理的权利。

股东性质是根据股东出资划分的，一般分为个人股东、投资基金、合格境外机构投资者、其他非居民企业。

股东所有权包括至少10项子权利：（1）发给股票或其他股权证明请求权；（2）股份转让权；（3）股息红利分配请求权；（4）优先认购新股权；（5）股东会临时召集请求权或自行召集权；（6）出席股东会并行使表决权；（7）公司章程和股东大会记录查阅权；（8）对公司财务的监督检查权；（9）对公司经营的建议与质询权；（10）公司剩余财产分配权。

2. 优先认购权

优先认购权是公司发行新股或可转换债券时，老股东可以按原先持有的股份数量的一定比例优先于他人进行认购的权利。

《公司法》第三十四条规定："股东按照实缴的出资比例分取红利；公司新增资本时，股东有权优先按照实缴的出资比例认缴出资。但是，全体股东约定不按照出资比例分取红利或者不按照出资比例优先认缴出资的除外。"

此外，还有两种情况：

（1）未实缴的股东是否享有优先认购权。由《公司法》第三十四条规定可知，股东应按照实缴的出资比例行使优先认购权，同时公司股东通过公司章程等自治约定，允许未实缴的股东行使优先认购权。

（2）风险投资中的优先认购权。风险投资人为了同步参与增资，防止股权被稀释，一般会要求得到优先认购权。该条款常见的表述如下：①目标公司以任何形式进行新的股权融资，投资方有权按所持股权比例享有优先购买权；②目标公司以任何形式进行新的股权融资时，目标公司、创始股东应自目标公司初步确定新的融资计划之日起十个工作日发出《拟增资通知》通知投资方，通知内容包括但不限于目标公司的融资方案、融资价格、融资条件和新投资者的名称等；③自投资方收到《拟增资通知》之日起连续60日（以下简称"增资优先期"）内，投资方有权选择是否根据《拟增资通知》中明确规定的条款，以《拟增资通知》中明确规定的价格，按各投资方届时持有的股权比例认购拟增注册资本。选择认购拟增注册资本的投资方，必须在增资优先期内将其选择以书面形式通知公司。完成拟增注册资本认购的时限应不超过自增资优先期届满后的第一天起算的六十日。

3. 资产收益权

资产收益权是获取基于所有者财产而产生的经济利益的可能性，是人们因获取追加财产而产生的权利义务关系。收益权是所有权在经济方面的实现形式，该权利的行使可以为所有人带来经济上的收益。

投资者购买上市公司股票，成为该公司股东的最重要目的就是获取收益。股东获得财产收益的方式主要包括：公司分配股利，转让所持有的公司股票以获得差价收益，参与公司解散清算后的剩余财产分配。

资产收益权最直接的体现就是股东按照实缴的出资比例或者公司章程规定

的其他收益方式分取红利。

上市公司分配股利为两种形式：一是现金股利，就是现金分红，公司直接以货币形式向股东发放；二是股票股利，也称"送红股"或"送股"，公司将可分配利润折算成股票（红股），按照股东持股比例无偿分派。

4. 转让权

转让权是公司股东依法将自己的股东权益有偿转让给他人，使他人取得股权的民事法律行为。前提是不存在禁售限制。

一般只要在法定场所，并依法定方式，股份公司的股东可以自由转让自己所持有的公司股份，但以下几种人转让股份受到一定限制：

（1）股份公司发起人。发起人持有的本公司股份，自公司成立之日起一年内不得转让。

（2）持有公司公开发行股份前已发行的股份的股东。自公司股票在证券交易所上市之日起一年内不得转让。

（3）公司董事、监事、高级管理人员。在任职期间，每年转让的股份不得超过其所持有的本公司股份总数的25%，并且其所持的本公司股份自公司股票上市交易之日起一年内不得转让。此外，这些人在离职后半年内，不得转让其所持有的本公司股份。

5. 剩余财产分配权

剩余财产分配是企业解散清算总程序中的一个步骤。流程为：（1）将财产变现后，所得支付各类所需费用（包括清算费用、职工工资、社会保险费用、法定补偿金、所欠税款等）；（2）根据确定的债务清偿顺序依次清偿债务；（3）债务清偿后，如尚有剩余财产，可按公司章程、协议规定或者各方的出资比例进行分配。

三、个权维护类权利

1. 知情权

知情权是公司股东了解公司信息的权利。这是一个权利体系，由三项子权利组成：财务会计报告查阅权、账簿查阅权、检查人选任请求权。上述三项权利针对的中心是股东对公司事务知晓的权利，目的是保证股东获得充分的信息。

2. 质询权

质询权是指公司股东有权就公司的经营情况向公司经营者提出质询。公司经营者也有义务针对股东的质询予以答复，并说明情况。

《公司法》第九十八条规定："股东有权查阅公司章程、股东名册、公司债券存根、股东大会会议记录、董事会会议决议、监事会会议决议、财务会计报告，对公司的经营提出建议或者质询。"

3. 查阅权

查阅权指公司股东对公司的会计账簿、会计文书等相关的会计原始凭证和文书、记录进行查阅的权利。

法律设立股东账簿查阅权，是因为公司的财务会计报告是笼统、粗略地反映公司的经营管理情况，原始的会计账簿更能够充分反映公司的经营管理事务发生的具体情况。股东要想获取更详细的公司经营管理信息就必须查阅公司的会计账簿。

出资人行使该权利，需由其组合股东提出书面请求，并说明目的，再由组合股东写出书面报告提交公司，经公司同意后由股东行使并转告。公司如有合理理由认为出资人查阅会计账簿有不正当目的，可能损害公司合法利益的，可以拒绝提供查阅，并自股东提出书面请求起15日内予以书面答复，并说明理由。

4. 信息接收权

信息接收权是股东要求公司提供公司信息的权利。从公司角度而言，属于强制信息披露义务。按照公司不同类型，股东信息接收权可分为：

（1）有限责任公司股东信息接收权。有限责任公司应当按照公司章程规定的期限将财务会计报告送交各股东。

（2）股份有限公司股东信息接收权。股份有限公司的财务会计报告应当在召开股东大会年会的20日前置备于本公司，供股东查阅；公开发行股票的股份有限公司必须公告其财务会计报告。

5. 诉讼权

当股东会、董事会决议在程序上或内容上违反法律或章程规定时，赋予中小股东提起撤销决议之诉讼权或确认决议无效之诉讼权。

《公司法》规定，公司董事、高级管理人员侵害公司权益时，股东可以书面形式请求监事会或者不设监事会的有限责任公司的监事向人民法院提起诉讼；监事侵害公司权益时，股东可以书面形式请求董事会或者不设董事会的有限责任公司的执行董事向人民法院提起诉讼。

当监事会、监事或董事会、执行董事在收到股东书面请求后拒绝提起诉讼，或者自收到请求之日起 30 日内未提起诉讼，或者情况紧急，不立即提起诉讼将会使公司利益受到难以弥补的损害等情况时，股东有权为了维护公司利益以个人名义直接向人民法院提起诉讼。

他人侵害公司合法权益、给公司造成损失时，股东也可以依照上述规定向人民法院提起诉讼。

合伙人制度的章程问题

现实中，许多企业并没有认真地对待公司章程，不是照抄法律文件，就是照抄工商局发布的公司章程样板。这是很不负责的做法，出现问题时，才会发现公司章程的巨大作用，可是草率而定的章程基本无用，风险极大。

下面讲一讲公司章程在几个关键问题中起到的作用，以及能预防的潜在风险。

一、公司章程对《公司法》的补充

《公司法》是政府制定的法律，制定过程中要考虑最大范围的可能性，因此无法照顾到所有企业面临的现实问题。因此，公司需要制定出针对本公司实际状况的章程，对《公司法》进行补充。

1. 公司章程可排除股东资格的继承

《公司法》第七十五条规定："自然人股东死亡后，其合法继承人可以继承股东资格；但是，公司章程另有规定的除外。"也就是说，公司章程在确定及认可股东资格继承权时具有更高的顺位，若公司章程有明确规定排除某位股东继承人的资格，就视为有效。

2. 公司章程可以详细规定股东会议的议事方式

章程中可以约定股东会议的议事方式，包括何时开会、如何召集、如何代理、如何表决、如何记录等。

3. 分红比例与股权比例可以做不一致约定

《公司法》第三十四条规定："股东按照实缴的出资比例分取红利；公司新增资本时，股东有权优先按照实缴的出资比例认缴出资。但是，全体股东约定不按照出资比例分取红利或者不按照出资比例优先认缴出资的除外。"比如，A、B、C三人合伙创办公司，其中A和B既出钱也出力，但出钱资本不多，C只出钱不出力，但出钱资本最多。三个人如何分配利益，需要在公司章程中进行约定。

4. 表决权可与出资比例不一致

《公司法》第四十二条规定："股东会会议由股东按照出资比例行使表决权；但是，公司章程另有规定的除外。"

5. 召开股东会的通知期限可另行约定

《公司法》第四十一条第一款规定："召开股东会会议，应当于会议召开十五日前通知全体股东；但是，公司章程另有规定或者全体股东另有约定的除外。"

6. 公司章程对公司董事、监事、高级管理人员转让本公司股份的限制高于《公司法》

《公司法》第一百四十一条第二款、第三款、第四款规定："公司董事、监事、高级管理人员应当向公司申报所持有的本公司的股份及其变动情况，在任职期间每年转让的股份不得超过其所持有本公司股份总数的百分之二十五；所持本公司股份自公司股票上市交易之日起一年内不得转让。上述人员离职后半年内，不得转让其所持有的本公司股份。公司章程可以对公司董事、监事、高级管理人员转让其所持有的本公司股份作出其他限制性规定。"

7. 全体股东一致同意的，可以书面形式行使股东会职权

《公司法》第三十七条第二款规定："对前款所列事项股东以书面形式一致表示同意的，可以不召开股东会会议，直接作出决定，并由全体股东在决定文件上签名、盖章。"其中，股东会职权包括：（1）决定公司的经营方针和投资计划；（2）选举和更换非由职工代表担任的董事、监事，决定有关董事、监事的报酬事项；（3）审议批准董事会的报告；（4）审议批准监事会或者监事的报告；（5）审议批准公司的年度财务预算方案、决算方案；（6）审议批准公司的利润分配方案和弥补亏损方案；（7）对公司增加或者减少注册资本作

出决议;(8)对发行公司债券作出决议;(9)对公司合并、分立、解散、清算或者变更公司形式作出决议;(10)修改公司章程;(11)公司章程规定的其他职权。

二、股东资格丧失后

X公司股东A担任采购经理,占公司股份的15%,但因吃回扣,采购价格远高于市场均价,经查实后公司召开股东会议,93%持有公司表决权的股东同意将A从股东名册上除名,并通知A领取原始股金15万元。但此时公司股权价值已经超过了原始股金一倍多,A不服,于是提起诉讼。

X公司之所以让A领原始股金走人,是因为公司章程(经表决通过,并在工商局备案)对此种情况有明确规定:"本公司股东如有违反公司章程,如出现危害公司利益、出卖公司利益、泄露公司机密、侵占公司财产等不法行为,经公司股东大会按股份额表决权70%通过后立即除名,剥夺其股权。按注册资本额退还股金,不给付股本利息。"

法院最终驳回A的诉讼请求,认定公司章程的相关规定有效,公司依据章程将A除名的行为合法。

这个案例集中体现了公司章程的自治功能。其实,《公司法》中也有关于股东除名的规定,包括以下情形:

(1)股东自愿、合法转让其所持有的股权。
(2)人民法院依强制执行程序转让股东的股权。
(3)对股东会决议持异议的股东可请求公司回购其股权。
(4)自然人股东死亡。
(5)法人股东解散或破产。
(6)公司解散或破产。

即使股东资格丧失,也不意味着一分钱拿不到就出局。一般情况下,公司应向其退回原股本(即原投入的注册资金)或按市场价值给予其补偿。

三、股权转让的章程规定

在现实中实行合伙人制度的企业,可以通过公司章程限制股权转让时其他股东的同意权、优先购买权。

《公司法》第七十一条规定："有限责任公司的股东之间可以相互转让其全部或者部分股权。股东向股东以外的人转让股权，应当经其他股东过半数同意。股东应就其股权转让事项书面通知其他股东征求同意，其他股东自接到书面通知之日起满三十日未答复的，视为同意转让。其他股东半数以上不同意转让的，不同意的股东应当购买该转让的股权；不购买的，视为同意转让。经股东同意转让的股权，在同等条件下，其他股东有优先购买权。两个以上股东主张行使优先购买权的，协商确定各自的购买比例；协商不成的，按照转让时各自的出资比例行使优先购买权。公司章程对股权转让另有规定的，从其规定。"

最后一句"公司章程对股权转让另有规定的，从其规定"，说明在股权转让的事宜上，公司章程的优先级大于《公司法》，但需建立在法律法规允许的基础上。

四、股东协议更具柔性

创立公司时，除了要向工商局提交公司章程（公开性的），还要签署股东协议（私密性的）。股东协议中，对出资、分红、公司运营管理、股权激励、股权转让、代持股权等作出了相关约定。这些内容与公司章程规定的内容有极大的重复性，于是很多合伙人认为公司章程因为要提交登记则更为重要。这是错误的认识。对于公司和股东来说，股东协议是很重要且具有法律性质的文件。

因为私密性更好，股东协议可以弥补公司章程中难以涉及的方面，比如，股东不愿意对外透露的内容可以放在股东协议里。

同时，股东协议可以更灵活地安排：无须工商登记，随时协商变更；不仅适用于股东之间，也适用于股东与公司、股东与非股东之间，可以通过变通的方式对干股、技术股、期股、股权回购等进行有效安排，并约定违约责任。

因此，凡是涉及《公司法》中没有明确规定，而公司章程有权处理但又不便于直接写入公司章程的事项时，建议通过股东协议来处理。

最后强调一点：公司章程与股东协议应尽可能保持一致。如果先签署股东协议，则应该在法律许可的范围内将其落实到公司章程中去。

合伙人制度的财务问题

合伙企业的经营过程中会出现诸多漏洞,其中最为严峻、最容易引起法律纠纷的就是财务方面。其对内会导致经营团队成员无法团结,对外则导致公司信用指数大幅下降,而且处理财务问题会极大消耗企业的时间成本。因此,订立合理的财务制度,完善企业的财务会计制度,严堵漏洞,严防蚁穴,对于初创企业或较为成熟的企业都极其重要。

一、合伙企业财务制度的主要内容

1. 合伙人的出资费用

(1)企业注册成立前,各合伙人所花费的开办费用计入合伙人的出资额,合伙人足额认缴出资。

(2)企业依法注册成立后,各项开支计入企业费用,从企业注册资金中支出,合伙人个人不再承担企业支出费用。

(3)合伙人用于企业正常经营所花费的实际费用,按公司章程规定及企业财务制度规定,由企业财务报销。

2. 合伙人的利润分配

(1)合伙人的利润是企业在支出各项费用、依法纳税,并提取三金后的纯利润,按合伙人出资比例进行分红。

(2)合伙人的投资逐年以利润分配的方式进行回收,合伙人不得随意撤回投资。

(3)利润分配在每个会计年度进行一次,如企业经营亏损,则依法进行亏损弥补。

3. 借款事项

(1)借款原则为"前不清,后不借",企业合伙人借款须经企业其他合伙人及企业负责人签字批准。

（2）借款范围为日常费用、差旅费用、采购款项及其他费用等需要预先借款的。

（3）借款流程如图8-1所示。

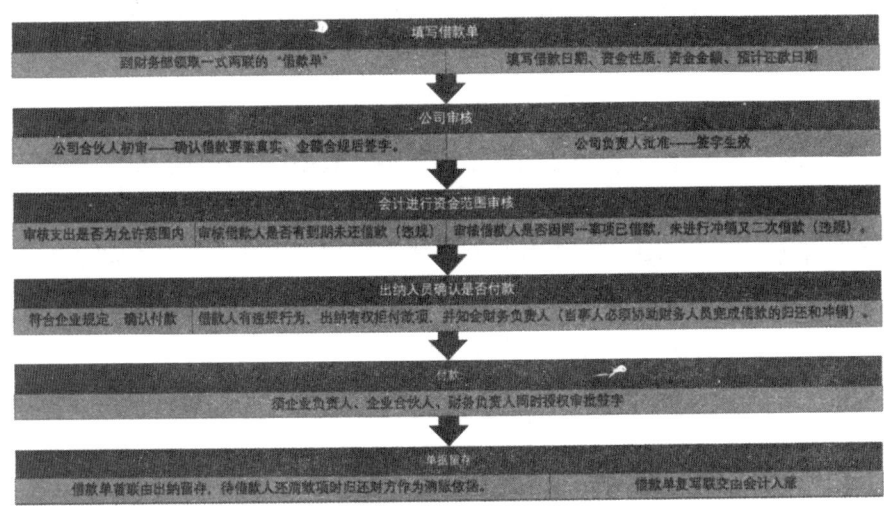

图8-1 合伙企业财务制度的借款流程

4. 年终财务会计报告

企业应在每一会计年度终了时制作财务会计报告，由财务会计于每年2月28日之前送交各合伙人，如有亏损应做详细的书面说明（见图8-2）。

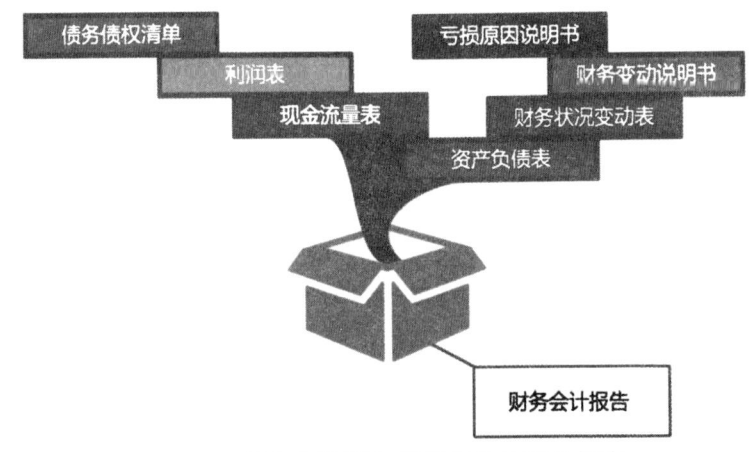

图8-2 财务会计报告必须包含的财务报表

二、财务制度中需明确两点

1. 企业必须以其全部财产对合伙债务承担无限连带责任

在企业财产中增添了新的普通债权（《物权法》规定，担保债权清偿时优先于普通债权，但是担保债权必须登记方发生法律效力，否则视为普通债权）担保，并且与企业自身的一般债权人的债权无先后顺序。如果企业全部财产不足以清偿对一般债权人和合伙企业债权人的债务，即按比例清偿，那么企业的债权人可能得到的清偿比例会下降。

2. 合伙人不得随意请求分割企业财产

（1）合伙人向非合伙人的第三人转让其在合伙企业的财产份额时，必须经过其他合伙人的一致同意。

（2）根据《中华人民共和国合伙企业法》规定，合伙人在合伙企业清算前，不得请求分割合伙企业的财产。

三、财务清算中的注意事项

按相关规定，有合伙人退出或在合伙企业解散后应当对企业所属财产进行清算，并通知和公告债权人。清算人应由全体合伙人共同担任，如未能由全体合伙人担任清算人的，须经全体合伙人过半数同意，自合伙企业解散后十五日内指定一名或数名合伙人，也可以委托第三方担任。

合伙清算通常有两种类型：一是普通清算，又称"一般清算"，合伙人或合伙人同意的第三人对合伙企业组织清算；二是特别清算，又称"强制清算"，合伙人不组织清算或无法组织清算时，由法定机构进行清算。

清算过程中，需要注意以下三个事项：

（1）个人合伙财务只能自行清算，不像有限责任公司可由法院主持进行破产清算。

（2）个人合伙财务清算要建立在完整财务账册的基础上，否则清算难以实现，之前投资的财产也可能无法得到最有效的保障。

（3）合伙企业在清算之前应做好协议和准备工作，因为合伙企业散伙或破产引发的清算可能会涉及法律问题，若处理不好，会有法律风险。

合伙人制度的税务问题

不论是普通合伙人还是有限合伙人,均分为自然人、法人和其他组织。那么,你清楚合伙企业存在哪些涉税风险吗?

一、股东借款的个人所得税风险

2015年3月,某市地税局对当地一家公司2014年度的纳税情况进行全面核查,发现该公司的"其他应收款"账簿中有一笔74万元的股东借款一直挂账,到该年年底尚未归还。经调查核实,该笔"其他应收款"为公司一名股东所借,用于支付子女出国留学费用。最终,稽查部门认定对于股东的74万元"其他应收款"企业应按照"利息、股息、红利所得"代扣代缴个人所得税14.8万元,对企业处以未代扣代缴税款额度50%的罚款,计7.4万元。

财政部、国家税务总局《关于规定个人投资者个人所得税征收管理的通知》(财税〔2003〕158号)第二条规定:"纳税年度内个人投资者从其投资企业(个人独资企业、合伙企业除外)借款,在该纳税年度终了后既不归还,又未用于企业生产经营的,其未归还的借款可视为企业对个人投资者的红利分配,依照'利息、股息、红利所得'项目计征个人所得税。"

二、股权结构设计不合理的涉税风险

2014年6月,北纬通信科技股份有限公司(以下简称"北纬通信")发布重组方案,拟以3.62亿元的价格收购蔡红兵等6个自然人股东和北京汇成众邦科贸有限公司共同持有的杭州掌盟软件技术有限公司(以下简称"杭州掌盟")共计82.97%的股份。

同年11月20日，中国证监会核准本次交易。但在具体操作过程中，杭州掌盟的自然人股东蔡红兵等6人无力支付股权转让产生的超过7000万元个人所得税。次年1月16日，北纬通信发布终止收购杭州掌盟软件的公告。

这件收购案最终流产的根本原因，是杭州掌盟的股权设计不合理。公司股东包括自然人股东和法人股东，有限公司、股份公司、合伙企业属于法人股东。

我国针对自然人股东和法人股东的税收征管模式并不相同。

1. 自然人股东和法人股东的征税形式不同

（1）对自然人股东采取按次征纳。

（2）对法人股东采取按期预缴，年度汇算清缴，股权转让的收益可以合并计入收入，如果本年度利润为负可以不用交税；符合条件的公司可以申请特殊税务处理，从而不必当即缴纳转让税款。但《国家税务总局关于企业重组业务企业所得税征收管理若干问题的公告》（国家税务总局公告［2015］48号文件）规定："当事各方中的自然人应按个人所得税的相关规定进行税务处理。"

2. 自然人股东和法人股东的股权转让个税缴纳形式不同

（1）对自然人股东的股权转让，期限通常在十五日之内。根据《国家税务总局关于发布〈股权转让所得个人所得税管理办法［试行］〉的公告》（国家税务总局公告［2014］67号）第二十条规定："具有下列情形之一的，扣缴义务人、纳税人应当依法在次月十五日内向主管税务机关申报纳税：（一）受让方已支付或部分支付股权转让价款的；（二）股权转让协议已签订生效的；（三）受让方已经实际履行股东职责或者享受股东权益的；（四）国家有关部门判决、登记或公告生效的；（五）本办法第三条第四至第七项行为已完成的；（六）税务机关认定的其他有证据表明股权已发生转移的情形。"

（2）对法人股东的股权转让，可以分五年缴纳个人所得税。根据《财政部 国家税务总局关于个人非货币性资产投资有关个人所得税政策的通知》（财税［2015］41号文件）规定："一次性交税有困难的，可合理确定分期缴纳计划并报主管税务机关备案后，自发生上述应税行为之日起不超过五个公历年度内（含）分期缴纳个人所得税。"这一规定基于现实征管的实际，有两个好处：一是缓解纳税压力，纳税不同于会计报表，而是实际的现金流出；二是带来潜在的资金的时间价值。

由此可见，杭州掌盟在股权转让过程中，如果蔡红兵等6名自然人股东能成立合伙企业，将身份转变为法人股东，就不会产生大额个税无法缴纳的问题了，还可以享受特殊性税务处理政策和五年缴清个税政策。

三、股权对赌协议的涉税事项

X公司拟以"现金+换股"的方式收购A股东持有的Y公司60%的股权，并约定对赌协议。A股东向收购方X公司承诺，在2018至2020年Y公司仍由A股东经营期间，Y公司每年的净利润分别不低于1000万元、1200万元、1350万元。承诺净利润数额与实际实现的净利润的差额部分由A股东以自有现金方式补足。如果A股东超额完成业绩承诺，则每年给予超额利润20%的奖励。

股权对赌协议是按照《股权转让所得个人所得税管理办法（试行）》（国家税务总局公告〔2014〕67号）第九条的规定来执行的，该条款内容为："纳税人按照合同约定，在满足约定条件后取得的后续收入，应当作为股权转让收入。"

由此可知，本案例中的A股东在2018至2020年取得的超额利润20%的奖励，应被视为股权转让价款的一部分，并据此调整股权转让收入的应纳税所得额并补缴个人所得税。如果A股东未能完成协议中的业绩，需对X公司进行补偿，否则X公司要对A股东作出补偿。这种来回调整股权转让收入的做法，增加了征纳双方的财务管理成本。

四、遵循"先分后税"原则

现有A、B、C三人合伙创业，其中A隶属于一家法人公司，B和C属于自然人。2018年度，三人的合伙企业创造了1000万元纯利。根据合伙协议，A因占股权40%而分得400万元，B和C因各占股权30%而每人分到300万元。那么，这3人该如何上缴所得税呢？

根据《财政部 国家税务总局关于合伙企业合伙人所得税问题的通知》（财税〔2008〕159号）第三条规定："合伙企业生产经营所得和其他所得采取'先分后税'的原则。具体应纳税所得额的计算按照《财政部国家税务总局关于个人独资企业和合伙企业投资者征收个人所得税的规定》（财税〔2000〕91号）及《财政部国家税务总局关于调整个体工商户个人独资企业和合伙企业个人所得税税前扣除标准有关问题的通知》（财税〔2008〕65号）的有关规定执行。"

所谓"先分后税"是指税务部门先区分合伙人的性质，再根据其性质确定应上缴的所得税款。如果合伙企业中的合伙人是自然人，上缴个人所得税；如果合伙企业中的合伙人是法人或者隶属其他组织，上缴企业所得税。

同时，根据财政部、国家税务总局《关于印发〈关于个人独资企业和合伙企业投资者征收个人所得税的法规〉的通知》（财税〔2000〕91号）的相关规定：合伙企业中的合伙人均为法律上的纳税人。而每一个纳税人也应按个人所得税法规定，按3%~35%的五级超额累进税率，缴纳合伙企业所得税。

本案例中，A应缴纳的税额为100万元（400万元×25%）；B和C应该按照五级超额累进税率的方法缴纳税款，应缴纳的税额为103.525万元〔300万元×35%-14750（速算扣除数）〕。

合伙人制度中的HR问题

合伙企业从创立之日就面临各种风险。很多风险属于外界突发，我们无法掌控，只能谨慎行动，步步防范。但有些风险属于原本可控的，只是因为合伙人自身防范意识差，让危险成为现实，对于这样的风险必须防患于未然。

一、合伙前不认真签订合伙协议

合伙协议是合伙企业最重要的法律文件之一，用以规范约束合伙人的一切权利和义务。但很多合伙人在创立合伙企业时竟然忽视了合伙协议的签订，在网上拷贝一些条文应付差事。但企业经营中难免发生必须依靠法律法规或合伙协议才能解决的问题，如果合伙协议并不具有解决问题的效用，等于合伙人在给自己挖坑。坑挖得越深，企业死亡的概率越高。因此，合伙人之间认真地、正式地、严肃地签订合伙协议是合伙企业生存、发展的重要前提；当企业出现问题时，也能依据合伙协议来处理。合伙协议通常包含的内容如表8-1所示。

表8-1 合伙协议包含的内容

项目	内容
1	合伙企业的名称、所在地地址以及其他基本信息
2	各合伙人的姓名、住址、电话等基本信息
3	合伙企业成立的日期
4	合伙企业的经营内部以及设定的存续期限信息
5	合伙人的出资、投资方式
6	合伙人应当享有的权利和履行的义务
7	合伙人权益分配方案
8	合伙企业结账日和利润分配时间
9	合伙人利益分配和受损承担方式
10	合伙人退伙和入伙相关事宜
11	合伙企业终止以及合伙财产分配
12	其他需经全体合伙人同意的事项

二、合伙财产归属不明

在合伙企业中，合伙人的出资形式多种多样，既可是现金、实物，也可以是各类无形资产，包括土地使用权、知识产权、技术使用权、其他劳务出资等。

无论是哪一种投资都涉及财产归属问题，合伙人必须重视。而不同的出资形式所产生的财产归属是不同的，若不在合伙协议中做出相应约定，遭受财产损失的概率很大。因此，合伙人之间有必须签署一份合伙财产协议，约定好财产出资形式、权利和义务。

合伙财产协议包括三个方面。

1.办理合伙财产登记

合伙财产的登记、备案，是明确合伙财产所属的第一步。

（1）合伙财产协议中必须明确约定财产登记手续的办理权利者和义务者，以及办理费、所有权和其他物权的所属。

（2）对于不需要进行审批的，如商标许可使用权、专利许可使用权等，需要将相关合同、协议送到有关部门备案。

2.约定合伙财产归属

合伙财产归属问题比较复杂，需要合伙人在协议中进一步明确约定。

（1）现金或财产的所有权出资的，应认定为共有财产。

（2）以房屋使用权、土地使用权出资的，在合伙经营期间，应由全体合伙人共同享有使用权，但并不享有所有权。

（3）合伙人以商标、专利等无形资产出资的，既可能以所有权出资，也可能以使用权出资。

（4）以劳务、技能等非财产权出资的，劳务、技能虽然可以进行价值评估，但因为这类技能具有行为性的特征，因此并不能成为合伙企业的财产。

3.约定相应处理方式

2012年6月，A、B、C三人各自出资成立矿产合伙企业。2013年1月，D加入合伙企业并签订了书面合同。合同中约定，D以机械设备和生产线设备投入，占利润的45%；A、B、C三人以企业证照、山场资源、场地等设施材料投入，占利润的55%。合同签订后，各方依约履行，开始生产经营活动。但在经营过程中，A、B、C 3人与D就利润分配产生分歧，矿场于2014年5月停工。由于分歧无法解决，D起诉至法院要求确认自己退伙，并返还投入的设备。

合伙协议中约定的财产处理方式可以很清楚地进行利润分配。但在本案例中，由于双方当事人没有约定财产的处理方式，也无法提供相关资料，因此法院无法作出裁决，最后只能将D的资料退回。

三、劳务代替出资的风险

在所有出资形式中，劳务出资是非常特殊的一种，因为劳务不具有可量化性，因此无法进行完善的法律保障。因此，当出资人以劳务形式出资时，一旦控制不好，就会引发多种法律风险。

1. 劳务价值不能量化

劳务有价，但不能量化，大多是在实践中由行业约定俗成。正因此，在合伙人中有劳务出资人时，大多只能依赖合伙人之间签订的协议。虽然也是双方认可的意见，但这类协议的局限性比较大，往往带有较为强烈的个人情感和个人主见，因而容易违反常理，甚至违反国家相关法律。

因此，当合伙人只是以劳务出资，但没有明确其价值时，签订此类协议条款时就需要格外谨慎，尽量避免可能出现的不确定因素，更不可以触犯法律。

2. 劳务出资人的责任划分不清楚

按照合伙企业的相关规定，合伙人之间应该共负盈亏，共担风险，共享收益，对外承担无限连带责任。劳务出资合伙人也应是连带责任和利益共享者之一，然而由于劳务出资合伙人本身并不具有财产出资能力，就无法明确各自的责任，因此在实际经营中较容易出现权、责、利不对等的情况，为合伙经营埋下隐患。

正因如此，合伙协议必须事先明确劳务出资合伙人是否按照正常合伙人来承担责任。当劳务出资合伙人具有一定财力，可以承担责任时，该法律风险可以忽略；如果劳务出资合伙人没有财力，也无法承担责任时，风险系数会很高。

3. 停止提供劳务不等于自动撤回出资

某公司由A、B、C、D、E五人合伙创立，其中A、B、D、E四人是正常出资合伙人，C是劳务出资合伙人。在公司创立4年后，C被查出患上中度脑梗，不能再为公司提供劳务输出。其他4位合伙人依据当初所签合伙协议约定的"劳务出资人不提供劳务就属于主动撤回出资的退伙行为"，剥夺了C在公司的出资份额并给予一定的补偿后，将C从合伙人名单中除名。C对此不认可，他认为合伙协议中既然约定了自己劳务出资所对应的出资比例，不能因为自己由于非主观因素而不再为公司提供劳务的行为，就将其出资份额视作自动消失。于是，C起诉至法院，要求公司继续认可自己应该占有的出资比例。

该案件的争议在于"劳务出资对合伙企业的贡献在于劳务的提供和输出"，如今输出没有了，是不是贡献值就归零了？

很多合伙企业会因为这种情况产生争议，争议的焦点在于劳务出资者若不能继续为企业提供劳务或者为企业提供较之以前相同水平的劳务时，是否应剥夺或降低其所占的出资比例。对于这种争议，因为劳务出资无法量化，因此解决起来十分困难。

此外，如果劳务出资合伙人无故退伙呢？因为并未实际出资，所以可以随时退伙。若是该劳务出资合伙人又掌握着对企业经营来说非常重要的技术能力，对于企业来说将会遭受致命的打击。

四、隐名合伙的法律风险

在合伙企业中有一种特殊的合伙人，就是隐名合伙人。当事人一方对另一方的生产、经营出资，分享企业的营业利益，并且以出资额为限来承担亏损责任，但却不参加实际的经营管理活动，这种合伙形式就是隐名合伙。

之所以称为隐名合伙人，是因为该种合伙人不会出现在企业登记中，其所有的权利和义务都通过签署隐名合伙协议进行约定。当一家合伙企业中存在隐名合伙人时，风险系数也会增大，因此必须注意以下问题。

1. 隐名合伙人在合伙企业中不具有相应的法律地位

其他合伙人不得在公司出现亏损时披露隐名合伙人，因此在签署的隐名合伙协议中须明确约定其他合伙人的保密义务。

2. 隐名合伙人不实际参与企业的经营管理

隐名合伙人只是作为单纯的投资者，只需承担有限责任，这种情况下若参与到企业管理，信用风险会很高。

3. 隐名合伙人不能以劳务形式出资

不参与经营管理，就不具备劳务出资条件，因此必须以财产形式出资。

实践篇

通过案例分步解析合伙人制度

在本篇中,我们将借助两个相对完整的案例,完整呈现合伙人制度。在阅读本篇的案例时,要特别注意案例中合伙人制度的关键点,即书中的知识点。只有认真阅读和用心领悟,才能深刻地了解合伙人制度。

某创业企业合伙人模式设计

本案例涉及股权分配、收益分配、新人介入、合伙价值测算等问题,可以一边分析一边了解创业期间的各种风险防控知识。

一、合伙人股权分配

A、B、C三人合伙组建创业公司X,公司类目定位为家具类。

(1)A具备管理经验及一定的资金资源,曾任职于某大型家具企业高管,作为新公司的操盘手,投资30万元。

(2)B具备运营经验,还带来了两名能力出众的员工,等于自建了一支成熟的运营团队,但其只出资10万元。

(3)C是A的朋友,由A介绍加入合伙,有资金资源,同意出资60万元,但不参与公司经营管理。

在股权分配上,如果简单地按照出资金额划分,C将占据60%,但显然这并不合理。因为企业前期靠资金,运作顺畅之后要靠运营人才和经营团队。如果单纯按照出资金额,将忽略A和B的价值及贡献,必然会引起这二人不满。因此,要按照"关键成功因素的价值贡献做不同创业要素的合伙规则与股权架构设计"的原则,设计创始股权规则。例如,可以按资金股占比40%和人力股占比60%、人力股分三年解锁来做股权架构设计(见表9-1)。

表9-1 X公司按价值贡献进行创始股股权设计

股东	定位	参与方式	投资额	投资占股比例	资金股40%	人力股60%	三年后占股
A	操盘手	出钱也出力	30万元	30%	30%×40%=12%	36%	12%+36%=48%
B	运营团队	出钱也出力	10万元	10%	10%×40%=4%	24%	4%+24%=28%

续表

股东	定位	参与方式	投资额	投资占股比例	资金股40%	人力股60%	三年后占股
C	出资方	出钱不出力	60万元	60%	60%×40%=24%	0	24%
合计			100万元	100%	40%	60%	100%

二、利益分配

如果按表9-1那样直接划分股权，看起来能平衡合伙人中各类角色的利益，但对C来说并不公平，因为其前期投资最大，承担的早期风险也最大，如何让C在承受风险最大的时候也保持利益最大？人力股份解锁期就起这个作用。X公司前三年的利益分红情况如表9-2所示。

表9-2　X公司前三年的利益分配

	解锁时间	A	B	C	合计
分红权	第一年年末	12%+12%=24%	4%+8%=12%	64%	100%
	第二年年末	12%+24%=36%	4%+16%=20%	44%	100%
	第三年年末	12%+36%=48%	4%+24%=28%	24%	100%

注：A在每年年末的分红是上升的，B在每年年末的分红也是上升的，C在每年年末的分红是下降的。

三、新人介入

X公司在经营中遇到了技术方面的困难，A、B、C三人希望招入一位懂技术和有生产经验的新合伙人，于是C向大家介绍了D。

D具有出色的家具生产经验和技术能力，他的加入解决了X公司面临的实际困难，而且鉴于D在行业内具有一定的人脉，X公司在向D介绍的公司订货时，会享受更加优惠的账期，从而缓解了公司的资金压力。

这种情况下，X公司的股权架构应当如何调整呢？正确的做法是：按关键成功因素的价值贡献做不同创业要素合伙规则与股权架构设计。

先对D进行价值定位：

（1）介绍更多合作厂家，但只提供账期优惠。

（2）为X公司提供技术帮助，负责产品研发。

假定资金占股 36%，人力运营占股 54%，产品占股 10%，则引入掌握产品资源的 D 3 年后，股权架构调整如表 9-3 所示。

表9-3　X公司引入产品资源3年后的股权架构

股东	定位	参与方式	投资额	投资入股占股比例
A	操盘手	出钱+出力	30万元	43.2%
B	运营团队	出钱+出力	10万元	25.2%
C	出资方	出钱不出力	60万元	21.6%
D	研发+产品	出产品+出力	产品	10%
合计			100万元	100%

四、合伙价值测算

对于合伙人的考量必须是全方位的，只有如此企业才能更好地规避管理和经营风险。那么，该如何判断合伙人价值呢？我们将合伙人价值测算表分为两个维度（见表 9-4、表 9-5）。我们以 X 公司的 A、B、C、D 4 位合伙人做参考。

表9-4　合伙人价值测算表（一）

价值要素	权重	A	B	C	D
创业想法	8	7	3	2	0
商业计划书	5	4	1	3	0
专业性	5	3	2	2	3
上下游资源	5	4	5	3	2
责任风险	6	1	2	2	0

表9-5　合伙人价值测算表（二）

价值要素	A	B	C	D	合计
创业想法	56	24	16	0	×
商业计划书	20	5	15	0	×
专业性	15	10	10	15	×
上下游资源	20	25	15	10	×
责任风险	6	12	12	0	×
分数合计	117	76	68	25	286
股权比例	40.9%	26.6%	23.8%	8.7%	100%

某成长企业合伙人模式设计

某连锁医院设计的合伙人计划是将符合资格的核心人才（包括核心技术人才与核心管理人才）作为合伙人股东与公司共同投资设立新医院（含新设、并购、扩建）。

在新医院达到一定盈利水平后，公司依照相关法律、法规，通过发行股份、支付现金或两者结合等方式，以公允价格收购合伙人持有的医院股权。

一、实施背景

1. 政策背景

2013年10月，《国务院关于促进健康服务业发展的若干意见》出台，明确了到2020年健康服务业总规模达到8万亿元以上的发展目标。2014年1月，国家卫计委发布《关于加快发展社会办医的若干意见》，要求加快落实十八届三中全会鼓励社会办医的指示精神，中国医疗行业面临前所未有的发展机遇。

2. 行业背景

2016年，我国卫生总费用达到了4.6万亿元，在2012年的基础上增长了64.8%（2012年为2.8万亿元，2013年为3.1万亿元，2014年为3.5万亿元，2015年为4.1万亿元），年复合增长率约为13.3%。虽然增长较快，但占GDP的比重仅为6.2%，与原卫生部组织研究发布的《"健康中国2020"战略研究报告》中提出的目标——到2020年卫生总费用占GDP比重达到6.5%~7.0%，还有进一步增长的空间。截至2016年，全国民营医院的数量已经超过公立医院，达到全国医院总数的56%，但医疗人次仅为全国医院服务量的12.8%，与国务院"十二五"医改规划提出的2015年达到服务总量20%的目标差距甚大。

3. 发展需要背景

随着市场重心不断下移，医疗机构进一步贴近基层患者。这也促使医疗水平快速提高，未来只有拥有更多的执业平台、更好的激励措施的医疗机构，才能在市场竞争中占据主动地位。

4. 企业自身背景

该民营医院成立时间超过10年，已经在品牌、人才、网络、资本市场等方面形成了先发优势。但随着历史性机遇的到来，公司必须大力提高技术水平和管理效率，不断完善分级连锁模式，才能更快速地建成以地级市为中心的基层医疗网络，进一步分享医疗改革红利。因此，有必要进行二次创业，目标是在未来五年内连锁网点覆盖大部分省份60%以上的地级城市，实现"2020年收入100亿元"的发展目标。

二、实施的迫切度

1. 三大挑战

人才是支撑民营医院持续发展的核心资源之一，但目前民营医院在人才管理方面的困难颇多，总结起来为三点（见图9-1）。

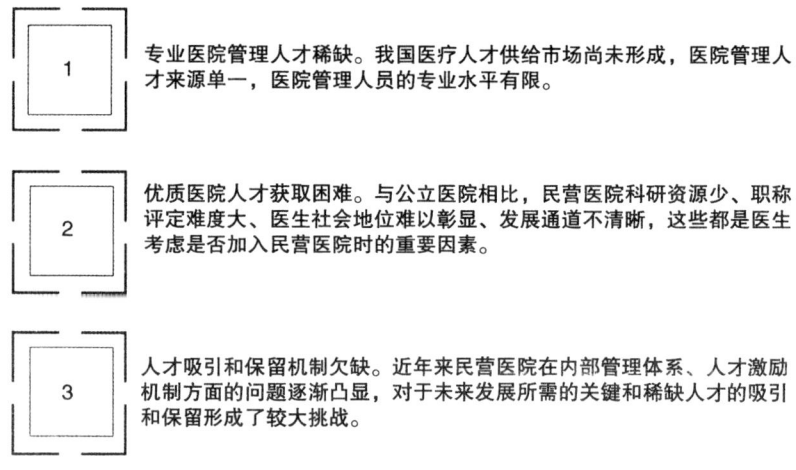

图9-1 民营医院人才管理三大挑战

2. 三点考量

面临着人才管理的巨大挑战，民营医院纷纷引入长期激励作为人才管理的重要手段。在进行激励计划设计时有诸多因素需要考量，但最重要的因素有如下三点（见图9-2）。

与顶层股权架构设计紧密结合
（1）民营医院在进行顶层股权架构设计时，通过引入合伙人机制股权激励等实现医生持股与管理层持股。
（2）通过合理的股权架构设计，既预留足够的激励空间，又着眼于对公司控制权的把控。

与公司资本运作规划合理挂钩
（1）民营医院的发展通常经历初创、融资、上市（或并购）等环节；需要匹配资本运作规划，选择合适的时点进行。
（2）长期激励的设计需要与公司不同阶段的战略方向紧密相连，才能准确传递长期激励导向。

方案设计与民营医院类型息息相关
（1）由于不同类型民营医院的运营模式和盈利模式差异较大，因此激励模式与民营医院的类型息息相关。
（2）例如上市公司通常采用限制性股票或股票期权，连锁医疗机构更倾向于采用合伙人机制。

图9-2　民营医院设计长期激励计划时的三点考量

3. 三条路径

长期激励在民营医院得到广泛应用，不同类型的民营医院采用的长期激励存在差异化，导致这些差异化的就是所选择的激励路径不同。下面总结出民营医院常见的激励路径（见图9-3）。

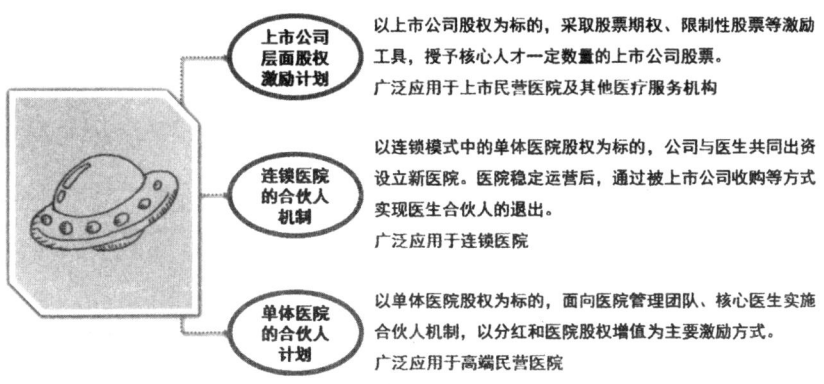

图9-3　民营医院常见的三种激励路径

三、具体实施

1. 实施方式

（1）合伙人计划采取"有限合伙企业"的实施方式。公司下属子公司作为合伙企业的普通合伙人，负责合伙企业的投资运作和日常管理。

（2）核心人才作为合伙企业的有限合伙人，享有合伙协议及公司章程规定的权利，履行相应义务。

（3）公司负责对合伙人进行动态考核，包括其本职岗位的工作业绩及作为合伙人的尽责情况。

（4）合伙企业在全国范围内的设立，可视各省、市新医院投资的进展情况而定，以分期设立为宜。

（5）合伙企业成立后，与公司或"公司并购基金"共同设立新医院（见图9-4）。

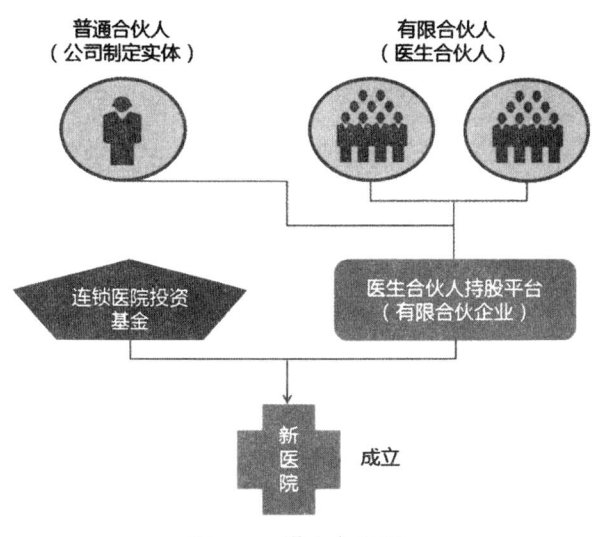

图9-4 设立新医院

2.资格认定

有四类人员被纳入本计划（公司授权"合伙人计划"领导小组决定具体名单）：（1）对新医院发展具有较大支持作用的上级医院的核心人才；（2）新医院（含地、州、市级医院及县级医院、门诊部、视光中心）的核心人才；（3）公司认为有必要纳入计划及未来拟引进的重要人才；（4）公司总部、大区、省区的核心人才。

这就形成了合伙人的梯队管理模式，可以分为资深合伙人、高级合伙人和普通合伙人三类（见表9-6）。

表9-6 合伙人梯队

合伙人梯队	常见激励标的	激励原理
资深合伙人	连锁医院总部层面的股权	在总部层面实现人才激励，有效整合资源，实现企业整体可持续发展
高级合伙人	单个医院层面的股权	以单体医院为载体，医院与医生形成命运共同体，合伙人支撑医院发展壮大
初级合伙人	单个医院层面的分红权	鼓励医生着眼于医院层面的业务发展和经营效益，提高单体医院的经营管理质量

3. 出资额分配

（1）合伙企业的出资规模依据新医院的数量及投资总额确定。

（2）新医院将由公司或"公司并购基金"与合伙企业共同出资设立，股权比例由公司根据各家新医院的实际情况而定。

（3）合伙人必须在被允许额度内认缴出资（依个人具体额度而定）。

（4）在设立地级医院时，总部的合伙人按照地级市新医院的投资进度分期出资，各地级医院与其直属的省区医院的合伙人按照直接隶属的地级市新医院的投资进度分期出资，地级市新医院的合伙人在各自所在医院注册成立时一次性出资到位。

（5）在设立县级医院（含门诊部、视光诊所）时，直属的上一级地级市医院的合伙人按照各县级新医院的投资进度分期出资，县级市医院合伙人在所在医院注册成立时一次性出资到位。

4. 管理组织

为确保合伙人计划实施到位，管理必须有序推进、有效激励，公司总部应设立合伙的实施细则及对实施进度的监管方案。此外，还要负责审批与督导各省、市的计划方案。各省、市需成立计划实施小组，负责拟订并实施本省的计划方案，并对合伙人履职情况进行动态考核。

四、收益分配与权益转让

1. 收益分配

新医院持续经营过程中，医生合伙人可获得工资、奖金及股权分红收益（见图9-5）。

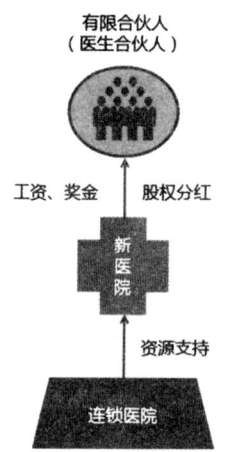

图9-5 股权持有阶段的收益

（1）合伙企业经营期限常规为3~5年。若因项目实际需要，可延长或缩短经营期限。

（2）普通合伙人对合伙企业不收取管理费。

（3）合伙企业在取得收益并扣除各项运营成本、费用后，按照各合伙人的出资比例分配利润。

（4）条件成熟后，连锁医院（母公司或连锁医院投资基金）以股权或现金形式收购医生合伙人的所持股权，医生合伙人获得收益（见图9-6）。

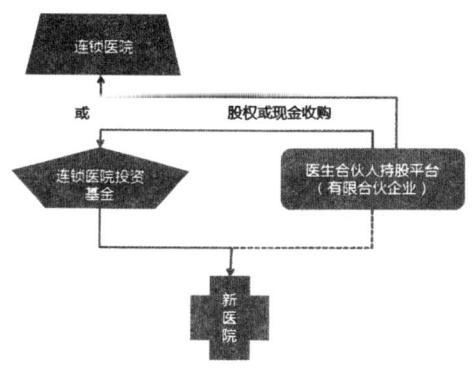

图9-6 总部股权或现金收购

2.权益转让

（1）在合伙企业存续期间，若发生合伙人离职、被辞退或开除等情况，其所持有的合伙企业权益必须全部转让。

(2)合伙人在公司任职期间,有权转让其部分或全部合伙权益。

(3)合伙人在出现退休、丧失工作能力或死亡等情形时,其合伙权益可以转让,也可以由亲属继承。

注意:在上述情况下,合伙权益的受让人仅限于普通合伙人及其同意的受让人(现任或拟任合伙人)。

该连锁医院通过该项合伙人计划,对公司的治理结构进行了战略性调整,组织效能提高,全面实现了院际资源共享的聚合效应,形成共创共赢的合伙人文化,为公司未来的"创新发展战略"和"业务倍增计划"提供了强有力的支撑。

某成熟企业合伙人模式设计

为招募和发现顶尖人才成为企业合伙人,雪松控股集团有限公司(以下简称"雪松控股")实施合伙人制度,旨在共同理想、价值观的指引下,使合伙人为推动"雪松产融协同"与战略实现而共同奋斗。

一、合伙人选择标准

雪松控股合伙人的选拔标准包括以下三点(见图9-7)。

(1)岗位级别,任职于雪松控股的关键岗位。

(2)组织级别,任职于雪松控股的关键组织。

(3)个人业绩,对集团或子公司业务有重大业绩贡献。

维度	说明	评价方式
组织级别	在雪松体系内承担重要角色,如对集团战略与业绩目标达成有重大贡献(核心子业务),或集团层面具有重大影响力的组织	集团总部 核心子业务
岗位级别	需要满足能够驾驭全局的岗位,或具备极重大影响的岗位	集团总部:核心高管,考虑VP及以上 核心子业务:CEO
业绩	对雪松集团或子公司业务有重大业绩贡献达或超额达成业绩目标	对现有人员:业绩考核结果 对新加入人员:在考核期内有重要贡献,由创始人判断

图9-7 雪松控股合伙人选拔标准具体说明

成熟企业具有相当规模，员工数量众多，不可能都划入合伙人序列，要择优录取，即便已经有了上述三个维度范围，也不能最终确定，还需要进一步筛选。

（1）愿景一致。包括认同公司战略，有能力驱动业绩达成，主动受控，并寻求指导。

（2）价值观一致。包括摒弃短期思维，立足长远；以公司目标为重，协同配合，不计较个人得失；不畏艰难挑战，做到极致；在工作中找到乐趣，在事业中收获满足。

二、合伙人的权利和义务

雪松控股的合伙人权利共有三项：一是参与重大决策——通过合伙人会议，参与集团重大事件的评议与决策；二是参与合伙事务——享有举荐与提议除名合伙人的权利；三是分享经济利益——享有长期分享"雪松生态"经济利益的权利，包括集团控股权和持股流动性。

1. 参与重大决策

（1）雪松控股创始人定期（月、季度）或不定期召开合伙人会议，与会合伙人就重大事项发表个人观点并讨论，由创始人形成最终决策。

（2）集团重大事项包括但不限于如图9-8所示内容。

- 中长期战略与经营方针
- 年度经营方针与投资计划制订
- 超过一定额度的重大投资、出售或购置财产的决定
- 重要的业务协同或关联交易事项
- 组织发展架构及重要管理制度的建立与调整
- 其他由创始人判断，但需由合伙人共同讨论的重大事项

图9-8　雪松控股重大事项

2. 参与合伙事务

（1）举荐权：合伙人每人每年享有一个举荐名额，候选人获得两名及以上的现任合伙人联名举荐时可进入合伙人选拔流程。创始人可根据实际情况裁量判断，直接纳入新合伙人。

（2）提议除名权：三名及以上的现任合伙人可联名提议除名其他合伙人，进入合伙人除名流程。创始人可根据实际情况裁量判断，直接除名合伙人。

3. 分享经济利益

（1）持股主体。合伙人无论在集团还是子公司任职，均持有且仅持有以雪松控股股权为标的的激励。

（2）持股额度。由创始人根据合伙人个人实际情况判断和决定，按照占集团股权的一定比例作为授予额度。

（3）持股模式。合伙人按照入股时雪松控股的公允价格出资入股，可一次性缴纳或分批缴纳入股资金。资金来源为自有资金、股东借款、外部借款等。

（4）持股架构。由雪松控股设立一家"有限合伙企业"作为持股平台。创始人是担任有限合伙企业的普通合伙人，雪松合伙人是担任有限合伙企业的有限合伙人。雪松控股向有限合伙企业定向增发或者创始人向有限合伙企业转让股权，有限合伙企业因而直接持有雪松控股股权。雪松合伙人通过持有有限合伙企业的份额间接持有雪松控股的股权。

（5）解锁安排。合伙人每次获授份额自授予日起，每满一周年可解锁其中的四分之一。

（6）退出安排。退出安排包括退出周期、退出比例、退出价格、退出路径、退出程序（见图9-9）。

关键点	建议
退出周期	• 一次授予的股权最快6年完全退出（合伙人可选择当期不退出）
退出比例	• 合伙人每次获授的集团股权，自当次授予日起，第二周年和第四周年可分别退出一次 • 退出比例不超过已归属部分的50% • 剩余比例可在第五周年和第六周年每年匀速退出

退出价格	• 雪松控股定价原则：各业务板块估值加总
	  • 非上市业务板块：**按上一年年末估值确定**。如六个月内有战投价格，则按照战投价格确定；如六个月内无引入战投，则按照第三方评估价格或按照与公司协商一致的价格确定。
	  • 上市业务板块：可考虑两种定价方式，一是按历史交易价格（如窗口期前三十交易日平均收盘市值）确定；二是在实际减持时点确定（两种方式的对比分析详见附录）

退出路径	• 雪松合伙人所持的"有限合伙企业"份额可由创始人或雪松控股回购
退出程序	• 在可退出年度，每季度第一个月开放一次窗口期，合伙人可自行申请（不得超过当年可退出的比例）

图9-9 雪松控股合伙人的退出安排

（7）离职。通常包括一般离职和恶意离职两大类（见图9-10）。除此之外，合伙人无论是否在职、在岗，可永久保留其已解锁和未解锁（但未退出）

的份额，并享受持股相应的权利。

关键点	建议
一般离职人员	• 已归属部分在离职时全部清算退出，退出价格可按最近一次交易价格的一定折扣确定（如60%）和离职时点估值价格的低值确定，由公司或创始人回购； • 未归属部分全部取消
恶意离职人员	• **其获授的股权全部取消**，公司保留对已兑现权益的追索权 • 在创始人同意的前提下，合伙人之间可以进行股权交易

图9-10 合伙人离职

三、合伙人的管理机制

合伙人的管理主体是合伙人会议和合伙人秘书长（见图9-11）。

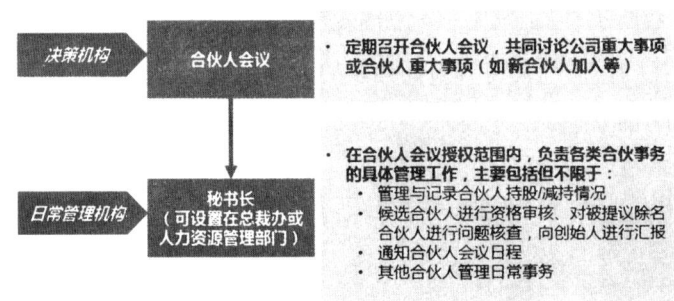

图9-11 合伙人管理主体

1. 合伙人选拔程序

合伙人选拔程序包括常规选拔程序（见图9-12）和外部招聘的合伙人确认程序（见图9-13）。

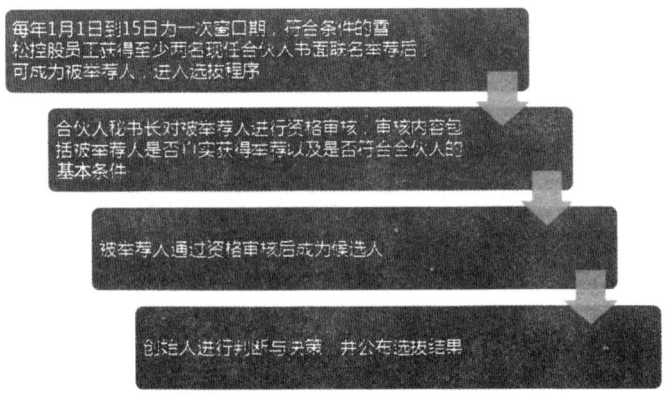

图9-12 合伙人选拔的常规选拔程序

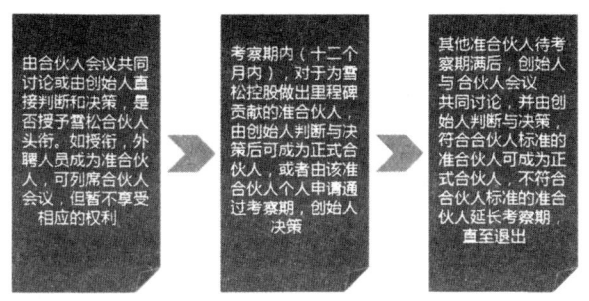

图9-13 合伙人选拔的外部招聘的合伙人确认程序

2. 合伙人的授衔和确认程序

（1）授衔时，准合伙人与创始人签署授予协议，约定：①合伙人持股额度；②合伙人的权利和义务；③合伙人考察期及相应的业绩或工作任务目标；④其他合伙人应了解的内容。

（2）考察期内或考察期后，当准合伙人完成授予协议中约定的业绩或工作任务目标，并收到创始人发出的确认函后，准合伙人签署有限合伙协议和入伙协议，正式成为雪松合伙人。

（3）如准合伙人在签署授予协议之日起 24 个月内未收到创始人发出的确认函，则授予协议自动作废。未来是否重新签订授予协议，由创始人视情况判断和决策。

3. 合伙人的退出程序

合伙人的退出程序分为常规退出程序和除名程序（见图 9-14）。

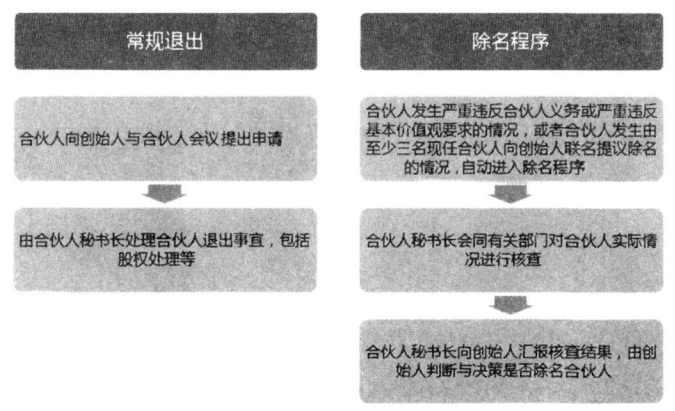

图9-14 合伙人退出程序

参考文献

［1］郑指梁、吕永丰著：《合伙人制度：有效激励而不失控制权是怎样实现的》，清华大学出版社 2017 年版。

［2］［阿根廷］费洛迪著，高玉芳译：《合伙人：如何发掘高潜力人才》，中信出版社 2015 年版。

［3］胡华成、马宏辉著：《合伙人：股权分配、激励、融资、转让》（第 2 版），清华大学出版社 2020 年版。

［4］王美江著：《合伙人裂变与股权密码》，人民邮电出版社 2019 年版。

［5］张诗信、王学敏著：《合伙人制度顶层设计》，企业管理出版社 2018 年版。

［6］鲍玉成著：《合伙人制：创新型企业管理与运营实战策略》，化学工业出版社 2018 年版。

［7］毛桥坡、周超著：《合伙人制度》，中国友谊出版公司 2018 年版。

［8］康至军著：《事业合伙人：知识时代的企业经营之道》，机械工业出版社 2016 年版。

［9］张诗信、王学敏著：《合伙人的自我修养》，企业管理出版社 2018 年版。

［10］钱方磊著：《重新定义合伙人》，北京理工大学出版社 2017 年版。

后 记

找对合伙人——知识时代的企业经营之道

彼得·德鲁克早在数十年前就预言:"在知识时代,人力资源将成为唯一有意义的资源。只要拥有人才,其他的资源就会纷至沓来。"

这句话道出了人力资本正一步步成为目前经济和企业可持续的核心,也必将颠覆传统的价值分配方式。建立合伙人制度,不仅是做一些股权激励工作,而且是彻底颠覆和重构人才与组织、人才与资本、人才与市场、人才与发展之间的关系。

综合性人才就是优质合伙人的候选,只有瞄准有潜力、有能力、有动力、有素质、有创业动机的人才,并吸纳其为企业的合伙人,才能让合伙企业和实施合伙人制度的企业快速进入正轨。

合伙人制度不仅仅是一项简单的制度,更是一种分享机制、一种发展机制、一种管理机制。这才是知识时代企业的经营之道,在"人才合伙人团队"的共同努力下,在共创发展、共担风险、共享收益的基本模式下寻求突破。

总之,找对合伙人,选准合伙模式,企业才有未来!